아버지는 이렇게 말씀하셨다

아버지는 이렇게 말씀하셨다

2023년 1월 20일 초판 1쇄 펴냄

펴낸곳 도서출판 **삼인**

지은이 유광수
다듬은이 나루
펴낸이 신길순

등록 1996.9.16 제25100-2012-000046호
주소 03716 서울시 서대문구 성산로 312 북산빌딩 1층

전화 (02) 322-1845
팩스 (02) 322-1846
전자우편 saminbooks@naver.com

디자인 디자인 지폴리
인쇄 수이북스
제책 은정제책

ISBN 978-89-6436-232-7 03230

값 16,000원

평신도 고전학자의 성서 읽기

아버지는 이렇게 말씀하셨다

유광수 지음

삼인

내가 어렸을 적, 아버지는 무척이나 바쁘셨다. 내가 자식이라도 다가가기엔 조금 어렵고 먼 존재였다. 나만 그런 것이 아니라 그때 그 시절에는 다들 그랬다. 아들들은 데면데면 조금 멀찍이 떨어져 아버지를 바라볼 뿐이었다.

서먹한 관계였어도 아버지의 말씀은 잘 들었다. 내가 착해서가 아니라 아버지의 말씀은 어쩌다 들을 수 있는 귀한 지침 같았기 때문이다. 내가 아직 모르는 눈앞의 어려움을 헤쳐나갈 수 있게 도와주는 나침판 같은 말씀이었다. "일찍 자라", "성실하게 살아라" 같이 아버지 말씀은 귀담아들을 내용이 많았는데 종종 이해하기 쉽지 않은 말씀도 있었다.

"텔레비전을 볼 때는 불을 <u>끄고</u> 보아라."

우리 집은 늘 어두컴컴했다. 특히 아버지가 계실 때는 그래야만 했다.

"영화관에 가면 컴컴하지 않느냐. 그래야 집중이 잘 돼서 잘 볼 수 있는 거다."

멍한 내 눈빛을 본 아버지가 설명을 덧붙여도 도통 이해할 수 없었지만 그래야만 했으니 우리 집은 늘 불을 끄고 텔레비전을 보았다.

시간이 흘러 내가 결혼해 분가한 후 두 가지 일이 생겼다. 집에 늘 환하게 불을 켜놓게 된 것, 아버지가 백내장 수술을 받으신 것이다. 컴컴한 곳에서 텔레비전을 본 탓에 아버지에게 백내장이 생겼다고 생각하지는 않는다. 같이 봤던 다른 식구들은 백내장에 안 걸렸으니 인과관계가 그리 높아 보이지 않아서다. 하지만 난 맘에 걸린다. 지금도 그렇다.

아버지가 중학생 때 나의 할아버지, 곧 내 아버지의 아버지가 돌아가셨다. 졸지에 가장이 된 아버지는 그때부터 몸져 누울 때까지 버스 운전을 하셨다. 운전 중에는 늘 라디오를 들었는데 라디오에는 유명한 의학 박사들이 자주 나왔다. 1970년대에는 박사들을 감히 만나기 어려웠고 라디오에서나 그나마 접할 수 있었다.

가정에서 텔레비전을 볼 때 불을 끄고 보는 것이 좋다는 것, 쌀밥 대신 꼭 잡곡을 먹어야 한다는 것, 혼·분식이 좋다는 것, 고기를 많이 먹으면 안 된다는 것, 짜게 먹으면 안 된다는 것 모두 라디오에 나온 박사들이 말해준 정보였다. 아버지는 박사들 말을 잘 기억했다가 잊지 않고 우리에게 가르쳐주셨다. 이해할 수 있었든 아니든 난 아버지 말씀을 잘 들었다.

시간이 흘러 어쩌다 보니 난 아버지보다 더 오랜 기간 학교에 다녔다. 속된 말로 머리가 커졌다. 학교에서 배운 거라곤 이런저런 걸 따지는 방법이었다. 어느 날 문득 나는 건방지게도 어릴 적 들었던 아버지 말씀에 대해 하나둘씩 따져보게 되었다. 생각이 복잡해졌다. 아버지께 말씀드리지는 않았지만 나도 모르게 깊은 회한이 생겼다.

아버지께서 운전하시면서 들었던 박사들의 소견이 틀리지 않았고, 하면 좋은 것이지만, 반드시 꼭 그렇게 해야만 하는 것은 아니란 사실을 아버지는 모르셨다. 짜게 먹는 것이 좋지 않지만 그 짜다는 것이 어느 정도인지 가늠하기 어렵다는 것도 모르셨다. 어린 시절 이것이 과연 김치인가 싶은 김치를 내내 먹은 것도 그 때문이었고, 사실 가난해서긴 하지만 고기를 거의 먹지 못한 이유도 그 때문이었다. 스테이크를 주식으로 삼는 미국인이나 걸릴 심장질환이 다이어트라는 말도 없던 1970년대 한국인에게 찾아올 확률은 거의 없었지만 아버지는 그걸 아실 수 없었다. 박사들이 라디오에 나와 혼·분식을 강조한 이유가 당시 우리나라가 쌀을 자급자족할 수 없었기에 쌀 소비를 줄이려고 한 말이란 것을 모르셨다. 전등을 끄고 텔레비전을 보란 소리가 전력 부족 때문이란 것을 짐작하실 수 없으셨다.

아버지는 아버지의 생각이 있으셨을 테다. 그것이 틀렸다고 감히 내가 말할 수는 없다. 모든 시대는 그 시대의 짐이 있고 그 시대의 한계가 있다. 그 누구도 함부로 재단해 말할 수 없는 삶의 숭엄함이 있다.

아무리 그렇다 하더라도 머리만 잔뜩 찌운 어리석은 아들에게는 왠지 모를 아쉬움과 안타까움이 사라지질 않는다. 박사들도 그렇게 하지 않았을 일들을 아버지만 하셨기 때문이다. 아버지는 믿으셨지만 다른 사람들은 그렇게 철석같이 박사들을 믿지 않았기 때문이다. 그냥 흘리는 말로, 그냥 좋은 이야기로, 그냥 그럭저럭한 지식으로 여기고 지나간 다른 사람들과 달리 아버지는 금과옥조처럼 맹신하셨기 때문이다. 아버지 아닌 다른 분들은 어쩌면 라디오를 듣지 않았을 수도 있고 또 어쩌면 버스 운전을 하지 않았을 수도 있기 때문이다.

나는 지금은 초등학교라 부르는 국민학교 2학년 때부터 교회에 다녔다. 아버지가 온 가족 모두 교회에 가야 한다고 하셨기에 온 가족 모두 교회에 다녔다. 왜 그랬는지는 생략하고, 아무튼 그때부터 지금까지 난 교회에 다니고 있다. 교회에 나가서 가장 좋은 일은 남의 말을 듣는 거였다. 믿기지 않겠지만 난 말하는 것보다 듣는 걸 더 좋아한다. 쓰는 것보다 읽는 걸 더 좋아한다. 교회에 가면 늘 목사님이 말씀을 해줘서 정말 좋았다. 지금도 여전히 좋다. 그 말씀대로 살지는 못하지만 그래도 좋다. 말씀이 처음엔 어려웠지만 나이가 들면서 차츰 이해되었던 것처럼, 성경도 읽어내기 어려웠지만 이렇게 저렇게 읽다 보니 차츰 알게 되는 것이 많아졌다. 그래서 역시나 좋았다.

아버지가 설날이나 추석 때 추모예배 드릴 때 종종 성경 말씀을 우리에게 하셨지만 불을 끄고 텔레비전을 봐야 한다는 식의 뜨악한 말씀은 없었다. 간혹 문어를 먹어서는 안 된다는 것이나 가능한 주일날에는 돈을 쓰지 말라는 것 같은 말씀을 하신 적은 있지만 불을 꼭 꺼야 하는 것과 달리 그걸 강요하지는 않으셨다.

아버지도 아셨다. 문어나 오징어처럼 생긴 해산물을 먹어서는 안 된다고 〈레위기〉 율법에는 적혀 있지만, 예수가 십자가에 죽은 이후 그 율법의 질곡에서 벗어났다는 사실을 교회 목사님이 말씀하셨으니 말이다. 선짓국을 먹어도 죄가 아니고 주일날 일을 하는 것이 죄가 되지 않는다는 것도 아셨다. 훌륭한 목사님 덕분이다. 훌륭한 목사님이 곳곳마다 있었던 것은 아니지만 우리 아버지 같은 분들은 곳곳마다 늘 계셨다. 아버지는 오징어볶음을 좋아하셨고 주일날 시장도 보셨다. 선짓국은 안 드셨는데, 그냥 싫어해서이지 성경 때문은 아니었다. 하지만 그렇지 않은 분들을 이따금 뵈었다. 그것이 못내 아쉽고 속상했다.

어쩌다 보니 계속 공부를 하게 되었고, 또 어쩌다 보니 대학에서 학생

들을 가르치게 되었다. 그리 많이 알지 못하고 잘 알지도 못하기에 내가
아는 만큼만 가르치려 했다. 모르는 것은 모른다 했고 아는 것은 안다 했
다. 집에서는 어느새 나도 아버지가 되어 버렸지만 옛날 아버지가 내게 들
려주신 말씀처럼 좋은 말을 하기는 어려워서 입을 다물었다. 가정은 학교
가 아니고, 신성한 가정을 공부로 오염시키면 안 되는 정도는 알기 때문이
기도 하다.

간혹, 정말 가끔, 나의 아버지 같은 아버지가 되고 싶어질 때가 있다. 그
럴 때면 내가 공부한 것이 고전문학이다 보니 주로 옛날이야기를 섞어 이
런저런 말을 들려주었다. 아이들은 재미있어하기도 했지만 인상을 찌푸
린 적도 적지 않았다. 그 모습을 보며 아무래도 난 아버지처럼 되기는 어
려운 것 같단 생각이 들었다.

《기독교사상》에 '평신도 고전학자의 성서 읽기' 칼럼을 연재할 기회가
생겼다. 우리 고전문학과 성경을 연계하여 풀이하며 의미를 찾자는 기획
이었다. 당시 청소년기를 지나던 아들·딸에게 들려주면 좋겠단 생각을 했
다. 밥상머리 잔소리보다 훨씬 효과적일 것 같았다. 젊은 부부, 청·장년에
게도 의미 있을 것 같았다. 교회에서 목사님이 하시는 말씀이 아닌 '날라
리'가 하는 말이니 피식 웃고 지나갈 수도 있다는 생각으로 편안하게 2년
이나 연재를 했다.

연재하는 동안 많은 분이 읽고 좋은 말씀을 많이 해주신 것도 기뻤지
만, 내 아이들이 열심히 읽는 모습을 볼 때 무척이나 다행스러웠다. 내가
진짜 아버지가 된 느낌이었다.

이 글은 《기독교사상》에 연재했던 글을 바탕으로 고치고 다듬었다. 그

동안 고전에 대해 내가 쓴 글 『고전, 사랑을 그리다』, 『문제적 고전살롱, 가족기담』에서도 일부 가져왔다. 또 연재 당시 미처 하지 못했던 이야기를 새롭게 넣었고, 각 편 끝마다 고전에 대한 짤막한 지식을 모아 '고전 한 스푼'에 정리했다.

교회를 다니는 사람이라면 궁금해 했을 것에서부터, 가족으로서 일상에서 어찌해야 하는지까지 두루 담았다. 읽다 보면 아마도 너무 당연해서 미처 생각해보지 못한 많은 것들을 깨닫게 되실 게다. 하나님의 이름에 대한 이야기가 조상의 이름을 함부로 부르지 못하는 것과 어떻게 통하는지, 부활한 예수의 부탁이 얼마나 황당하고 무모했는지, 어린이 주일과 어버이 주일이 왜 우리를 곤혹스럽게 하는지 등등을 아시게 될 게다.

눈 밝고 귀 맑은 분들이시니 분명 이 글의 부족함을 보시고도 큰 아량으로 덮어주시리라 믿는다.

많은 분이 고맙지만, 《기독교사상》에 연재할 수 있게 추천해준 동료 연세대학교 김학철 교수와 연재를 허락해주신 《기독교사상》 주간 고(故) 김수남 목사님, 그리고 이 글을 흔쾌히 출간해주신 도서출판 삼인의 홍순권 사장님께 감사드린다. 이 분들이 계시지 않았다면 이 글이 세상에 나올 수 없었다.

모두 고맙습니다.

2022년 12월
백양관 연구실에서
유광수

목차

교회 가기 싫은 이유? 재미없으니까

관심도 없고 철학도 없고

요즘 정말 다행으로 여기는 것이 있다. 신의 특별한 은총으로 우리 집 애들이 교회에 다닌다는 거다. 어려서 주일학교에 다녔는데 지금도 여전히 교회를 다니고 있다. 정말 감사할 따름이다.

뭔 소리냐며 뜨악해하신다면, 최근 우리 교회의 현실을 너무 모르고 계시는 거다. 교회학교 출석률이 해마다 뚝뚝 떨어지고 있고 고등학교 졸업과 동시에 교회를 떠나는 청년들의 숫자가 급증하고 있는 심각성을 체감하지 못하시는 거다. 심지어 담임목사님이나 장로님들조차 이런 상황에 대해 무심하신 것 같다. 어쩌면 이런 생각일지도 모른다.

'목회는 어른들을 대상으로 하는 것이고 애들은 그저 부모 따라오는 거지, 오면 좋고 안 와도 그만 아니겠어.'

교회학교가 부진한 핑계를 삼을 것도 수두룩하다.

"요즘 애들은 공부하기 바빠서."
"하나님의 영광을 위해서는 우선 대학에 가야지, 안 그래?"
"젊을 땐 원래 그러는 거 아니겠어. 방황하다가도 결국은 돌아와."

이 중 아무거나 갖다 붙여도 얼추 맞는 말이 된다. 이대로라면 조만간 어른들 장례예배에 가서 찬송할 사람도 구하기 힘들 수 있겠구나, 하는 생각이 든다. 허풍을 조금 보태면 십수 년 안에 말이다.

내 성정이 원체 삐딱해서 그런지, 교회에서 "한 생명이 천하보다 더 귀하다"고 말할 때 그 '한 생명'은 어른들만 말하는 것 같다는 느낌이 든다. 얼라들(?)은 쏙 빼고 말이다. 하긴 그러니 예수도 이런 너무나도 당연한 이야기를 한껏 강조해서 말씀하지 않았던가.

어린 아이들이 내게 오는 것을 용납하고 금하지 말라. 하나님의 나라가 이런 자의 것이니라. (마10:14)

귀에 익은 말씀이어서 정황이 잘 안 들어올지 모르지만, 당시 아이들이란 인간 숫자에도 들지 못하는 '것들'이었다는 걸 생각하면 예수가 왜 이렇게 빤한 말을 했는지 알 수 있다. 당시 예수의 복음을 어른들만 들었던 거다. 약장수처럼 "훠이, 애들은 가라"며 아이들을 쫓아버렸던 거다. 그래서 예수가 그러면 안 된다고, 천국은 아이들의 것이라고, 누구든 오는 자를 쫓지 말라고 강조하며 당부한 것이다.

그렇게 힘써 말하지 않으면 안 될 정도로 아이들에 대한 무시와 태만이 일반적이던 세태는 예나 지금이나, 저쪽이나 이쪽이나 여전한 것 같다. 친구 하나가 "애들은 헌금을 안 내잖아, 그래서 그래"라고 한 냉소가 진실처럼 들릴 지경이다.

너무 경우 없이 심한 소리라며 눈살을 찌푸리실지 모르겠지만 이런 걸 한번 생각해보시라.

아무리 초신자라도 어른들은 주일 날 담임목사와 한 번은 만난다. 예배 시간을 통해서 직접 보고 말씀을 들을 기회가 있다. 아이들은 그렇지 못하다. 교회학교가 전부다. 그 안에서 신앙을 배우고 생활을 익힌다. 어느 정도 양식과 인격을 지닌 어른과 이제 그런 것들을 갖춰가야 할 아이 중 어느 쪽이 더 취약할까? 어디에 더 힘을 써야 할까? 굳이 답이 필요한가?

"그래서 교회학교에 전문 교역자가 있잖아."
"부장·부감·교사들이 맨투맨으로 달라붙어 열심히 가르치잖아."

틀린 말은 아니다. 그분들의 노고를 모르지 않는다. 정말 그럴까? 죄송한 말씀이지만 정말 그분들이 '전문적인', '아이들 눈높이에 최적화된' 분들인가? 정말 그런 전문가라면 교회는 왜 그분들을 제대로 대우하지 않는 것인가? 왜 부목사, 전도사들이 제대로 능력을 펼 수 있는 터전을 마련해 주지 않느냔 말이다.

대부분 교회가 파트타임 교역자를 청빙하고, 준전임교역자에게 교회학교를 맡긴다. 파트타임은 말 그대로 시간을 조각내서 사용한다. 그분들이 아무리 전문적 능력과 최적화된 식견이 있다 해도 파트로 시간을 내서 과연 성취할 수 있을까? 정말 미래 세대가 중요하다면 전문 교역자들을 제대로 청빙해야 하지 않을까?

분명 구조적 문제다. 전임교역자를 교회학교에 모시지 못하는 이유는 비용이 많이 들기 때문이다. 어느 조직이나 재정은 늘 부족하다. 교회만 그런 게 아니다. 어느 조직이든 한정된 자원으로 최대한 일을 할 수 있는, 가장 최적의 방법을 찾는다. 무엇이 더 중요하고 무엇이 덜 중요한지 우선순위를 정해서 재정을 투여한다. 우선순위를 결정하는 기준은 지도자의 가치판단, 곧 철학이다. 교회에서는 '목회철학'이다.

전 교회 재정의 몇 퍼센트가 교회학교에 투여되는지, 어른들이 관련된 성가대·전도대, 장례를 비롯한 경조사 운용, 식당 봉사, 친교 등에 사용되는 재정과 비교해 어느 정도인지를 살펴보면 정말 교회가 교회학교를 어떻게 생각하고 있는지 알 수 있다. 그 교회의 철학이 드러난다. 어른들을 위한 교회인지 아이들을 위한 교회인지 말이다.

교회학교는 단순한 부서가 아니다. 어른들과 똑같은 생명 하나하나가 그곳이 전부인 것처럼 신앙생활을 하는 공동체다. 어른들이 조금 더 신앙 생활을 잘하고 봉사하기 위해 모인 성가대와 같게 여긴다면 너무 어처구니없다. 아이들 처지에서는 억울할 정도다. 난센스도 이런 난센스가 없다. 냉정하게 생각해봐야 한다. 교회학교를 전문 교역자에게 맡긴 것인지 그냥 방임한 것인지, 심혈을 기울이고 있는지, 단지 그럴싸한 형식만 갖춘 것인지 말이다. 혹시 아이들은 어른보다 그리 수준 높지 않으니 파트 정도로도 충분하다고, 그냥 견습하는 마음으로 맡으면 된다고 하는 건 아닌지 곰곰이 따져보시라. 진실은 물론 하나님만 아실 거다.

언젠가 돌아올 테니 내버려 두라 하고

교회학교 교사를 하면서 가장 많이 들었던 말은 이런 거였다.

"애들이 얼마나 힘든데요, 학교 다니랴 학원 다니랴 정신없어요. 교회 와 서라도 편하게 있어야지요."
"핸드폰 가지고 게임을 하지만 걱정마세요. 안 듣는 것 같지만 다 듣는다 니까요."
"저러면서 크는 거지요. 언젠간 다 돌아와요."

교회학교 선생님들은 뭐라도 하나 더 챙겨주려고 무진 애를 쓴다. 그분 들 노고가 눈물겨울 지경이다. 정작 아이들은 시큰둥하다. 아이들을 보고 있자면 '대체 쟤네는 교회에 왜 오는 거지?' 하는 생각이 절로 든다. 교회 에 오는 이유가 카톡 확인하기 위해서도 아닐 테고, 스마트 폰 게임을 하 기에 최적화된 장소가 교회여서도 아닐 게다. 혹시 교회 찬양과 프로그램 이 훌륭해서일까? 그도 아닌 것 같다. 별로 참여하지 않고 그리 적극적이 지도 않으니 말이다. 정말 교회에 왜 올까?

아마도 부모가 우겨서일 거다. "교회 가라"는 잔소리에 밀려오든지 아 니면 그냥 다니던 관성으로 시간 보내러 오는 거다. 안 오면 찜찜하고 막 상 가면 재미없고 하니 스마트 폰으로 시간만 때우는 게 우리 교회학교가 처한 극명한 현실이라고 하면 너무 막말일까?

아이들은 자라날수록 점점 교회학교에 오지 않는다. 중·고생 자녀를 둔 집사님들이 "애들 머리가 굵어져서 이젠 우리 입김이 통하질 않아"라며 걱정을 하신다. 지금은 교회보다 공부가 더 중요하다고 판단해 학원으로 돌리는 신앙인 부모들도 제법 많이 본다. 교회학교보다 학원이 더 중요하다고 선택하는 부모들 탓할 것 하나 없다. 그분들 보기에 교회학교가 별로 가치(?) 없어 보이는 것을 어쩌겠는가.

아이들이 대학에 가고 취직하면 더더욱 교회를 떠난다. 중·고등학교 때도 바빠 교회를 빠졌는데 대학과 직장은 더 바쁘지 않겠는가. 게다가 이젠 나이를 먹어 예배 시간에 배짱 좋게 스마트 폰 게임을 하기도 얼굴이 화끈거리니 그럴 수도 없고 말이다.

모르겠다. 동료 교사들이 나보다 더 경험이 많고 더 신실하시니 그분들 말씀처럼 "때가 되면 돌아올 테니, 기다려라"가 정답일지도 모르겠다. 그런 말을 들을 때마다 솔직히 짜증난다. 그렇게 예수를 떠나 세상에서 방황하는 것이 좋다는 건지, 아니면 젊어서 방황을 해야 다시 돌아와서 더 열심히 예수를 믿을 거라는 1970, 80년대 부흥강사 식의 '와장창 뚝딱'론을 신봉하는 것인지 도무지 종잡을 수 없다. 무엇보다 예수를 떠난 아이들이 세상에서 방황하며 겪을 고통과 괴로움을 공감하지 못한다면 어떻게 교회 교사라 할 수 있단 말인가? 그렇게 내버려 둬도 때가 되어 다들 제자리 찾아올 거라고 철석같이 생각한다면, 지금 교육한다고 애쓰는 것은 또 뭐란 말인가? 좁아터진 내 머리론 도무지 이해할 수 없다.

옛날 교회는 참 재미난 곳이었다

내 어릴 적 교회는 재미난 곳이었다. 초등학교 2학년 때 처음 교회에

나갔는데, 무허가 건물들이 죽 늘어선 곳에 있던 개척교회였다. 대부분 개척교회가 그렇듯 어른들 위주였다. 아이들은 지금 우리 교회들처럼 그저 귀염이나 재롱의 대상일 뿐이었다. 아이들도 많지 않았고 특별한 교육 같은 것도 없었다. 시간이 지나 조금 교인들이 늘어도 사정은 크게 달라지지 않았다. 초등학교 2학년부터 중·고등부가 되는 동안 교회학교의 담당은 그냥 담임목사님이었다. 전도사님조차 없었다. 그럴 형편이 안 되었던 거다. 유치부에서 초등부까지 전부를 합한 교회학교에서 설교는 교회 집사님이 하셨고, 교사들도 시커먼 교복을 입은 고등학교 형·누나들이었다. 프로그램? 그런 것이 있을 여건이 아니었다.

당시 교회와 학교를 비교하면, 학교 프로그램은 상상할 수 없을 정도로 선진적이었고 세련되었으며 교사도 당연히 정규대학을 나온 이들로 구성했다. 교육심리, 교육공학, 교육방법 등등을 배운 그런 분들과 고등학교 학생인 교회학교 선생님은 처음부터 댈 것도 아니었다. 그래도 교회는 재미있었다. 여름성경학교도 사정이 어려우니 주변 몇 교회와 연합해서 띄엄띄엄 어렵게 운영했는데 그래도 교회는 재미있었다. 냉정하게 말해 교회에서 하는 것들은 하나같이 어설프고 미숙했다. 내가 다니던 교회만 그랬던 것이 아니라 대부분 교회들이 그때는 다 그랬다. 학교에 비해 그랬고 텔레비전에 나오는 프로그램에 비하면 더욱 그랬다. 그래도 학교보다 텔레비전보다 교회가 훨씬 더 재미났다. 왜 그랬을까? 아니 그보다, 그랬던 교회가 지금은 왜 재미없어졌을까? 아이들의 심성이 변해서? 그때는 사교육이 없고 입시 스트레스가 없어서? 그 이유는 잘 모른다 해도, 틀림없는 것은 지금 교회는 뭔가 이상하게 돌아가고 있다는 거다. 그런데도 자각이 없다.

어릴 적 내가 다니던 교회는 가난한 개척교회였기에 목사님 혼자 어른들 상대로 목회를 하는, 교육적으로는 불모지 같은 교회였는데도 아이들은 교회가 재미있었고 교회 가는 것이 행복했다. 지금은 온갖 교육 방법의 세련된 프로그램이 넘쳐나는데도 재미없단다. 애들이 시큰둥하다. 교사들은 그런 아이들을 두고 "기다리면 돌아와요"만 줄기차게 읊조린다. 교회가 무슨 부산항인가, 기다리면 돌아오게. 한 마디로 요즘 교회에서 목청껏 다음 세대를 위한 목회를 한다고 외치지만 예전에 비해 훨씬 더 재미없다. 막말하자면 옛날에 비하면 한참 후지단 말이다.

나 어릴 적 교회에 가는 것이 그토록 재미있었던 이유는 사실 간단하다. 형·누나·동생 들과 놀려고 교회에 가기도 했지만, 놀이라면 동네 골목에서도 얼마든지 그리고 더 다양하게 놀 수 있으니 이 때문만은 아니었다. 연애도 마찬가지다. 눈치 보이는 교회보다는 바깥이 훨씬 더 스펙터클했다. 우리가 교회에 갔던 이유는, 교회 가는 것이 너무나도 재미났던 이유는, 단 하나 때문이었다.

"그곳에는 예수가 있다."

그렇다. 믿기지 않겠지만 난 예수를 만나러 교회에 갔다. 목사님이 가르쳐준 대로 열심히 기도하는 흉내를 내며 예수를 찾았고 찬송을 부르며 예수의 마음과 하나 되려고 무진 애를 썼다. 뭔 소린지 하나도 알 수 없는 성경도 보려고 노력했다. 교회는 자나 깨나 예수만 이야기하고 예수를 믿고 예수처럼 살라고 했다. 그 말이 무척 낯설고 투박하고 어설프며 심지어 웃겼지만 그 속에 담긴 예수에 대한 진정은 조금도 우습지 않았다. 세상 어디에도 없을 열정과 진지함이 그곳에 있었다. 학교에서도 텔레비전에서도 보지 못한 진심이 바로 교회에 있었다.

솔직히 말해 나는 고민이 된다. 내 아이들이 재미없는 교회에 다니고 있는 것은 아닌가 불안하다. 세련된 학교 흉내에 급급하고 텔레비전 프로그램과 콘서트 베끼기에 여념 없는 교회에 다니고 있는 것은 아닐까, 걱정도 된다. 애들이 교회를 나가지 않겠다고 폭탄선언을 할까 두렵다. 애들은 귀신이다. 어른보다 더 잽싸고 빠삭하다. 흉내인지 진정인지, 베낀 것인지 본질인지 귀신처럼 알아챈다.

예수 없는 교회가 어떻게 재미있을 수 있단 말인가? 예수 빠진 예배가 세련된 세상의 프로그램과 맞장 떠 어떻게 이길 수 있단 말인가? 예수 없는 우리는 공갈빵보다 더 한심한 허깨비일 텐데, 정작 예수 빼고 나머지 모든 것을 가르치고 있다면 대체 우리는 무엇을 하고 있는가? 정말 이러고 있다면 교회가 재미있을 리가 없다. 그동안 억지로라도 교회 다녀준 것만 해도 눈물 날 정도로 고마울 지경이다.

한 번 속고 두 번 속고 그리고 또 속고

턱에 혹이 달려 평생이 고달팠던 영감이 산에 나무하러 갔다가 밤에 도깨비들을 만났다. 혹부리 영감은 노래를 잘 불렀는데, 도깨비들은 그가 혹 덕분에 노래를 잘 부르는 줄 알고 혹을 떼어가고 대신 금은보화를 주었다. 마을로 돌아온 영감은 자신이 겪은 일을 자랑했다. 동네 또 다른 혹부리 영감이 그 말을 듣고 밤중에 도깨비를 만나러 갔다.

"자, 이 혹이 노래를 잘 부르게 합니다. 이 혹을 드릴 테니 금은보화를 주시오."

이미 겪은 일이 있던 터라 도깨비들은 화가 나 있었다.

"그래, 혹이 노래를 잘하게 한다고? 그러면 이 혹도 가져가라."

욕심쟁이 혹부리 영감은 제 혹에 또 다른 혹까지 붙인 채 늘씬하게 두들겨 맞고 쫓겨났다.

코흘리개들도 아는, 혹 떼러 갔다가 혹 붙이고 왔다는 〈혹부리 영감〉 이야기다. 도깨비들은 멍청했다. 제멋대로 혹을 노래 주머니라고 생각해서 떼어갔으니 말이다. 노래는 영감이 잘 부른 것이지 혹 때문이 아니었다. 그것이 진실이고 본질이었다. 그걸 모르는 어리석은 도깨비들은 엉뚱한 것에 눈이 벌게졌던 거다. 도깨비들은 원체 그런 족속들이니 그러라고 하자. 어수룩하고 아둔한 바보들이니 말이다. 하지만 도깨비도 한 번 속았지 두 번 속지는 않았다. 금방 본질을 알아차렸다.

가끔은 우리가 도깨비만도 못한 것 아닐까, 하는 생각이 든다. 번번이 잊고 번번이 속아 엉뚱한 곳에서 본질을 찾고 있으니 말이다. 덜렁거리는 혹을 들고서 밤새도록 노래 나오기를 기다리는 것이 더 답답할까, 예수만 빼고 다 가르치면서 교회가 재미있기를 바라는 것이 더 답답할까? 답은 나도 잘 모르겠다. 다만 계속 이렇게 어리석게만 한다면 좀 곤란할 것 같다. 계속해서 멍청한 짓을 반복하면 미련퉁이 개나 다름없다고, 성경이 혀를 쯧쯧 차는 듯하다.

개가 그 토한 것을 도로 먹는 것 같이 미련한 자는 그 미련한 것을 거듭 행하느니라. (잠26:11)

엉뚱한 혹만 주무르며 노래 나오기를 기다리던 어수룩한 떠꺼머리 도깨비도 단 한 번만 속았을 뿐인데, 우리만 토한 것을 다시 먹는 멍멍이가 될 수 없는 노릇이다. 하지만 요즘 교회들이 돌아가는 상황을 보면, 그리 쉽지 않아 보인다.

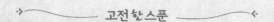

고전한스푼

〈혹부리 영감〉 이야기가 일본에서 건너왔다는 주장이 있지만 그렇지 않다. 그런 오류가 생긴 것은 일제강점기에 일본 학자들이 우리나라 설화를 집중적으로 수집·연구하면서부터였다. 그들은 일본에서 12~13세기부터 널리 알려진 〈혹부리 영감〉이 조선으로 건너간 것이라 주장하며, 일본과 조선이 하나라는 내선일체內鮮一體를 주장하는 근거로 활용했다.

〈혹부리 영감〉 이야기가 실린 최초의 책은 1910년 다카하시 도오루高橋亨의 『조선의 이야기집朝鮮の物語集』이다. 이후 조선총독부에서 편찬한 『조선동화집』(1924), 나카무라 료헤이中村亮平의 『조선동화집朝鮮童話集』(1926) 등 지속적인 수집·연구가 있었다. 조선인에 의한 수집·연구도 없지 않았지만, 결정적으로 일제강점기 보통학교 교과서인 『조선어독본朝鮮語讀本』에 25년 가까이 실리면서 〈혹부리 영감〉에 대한 왜곡이 고착화되었다.

어린이날을 제정한 방정환方定煥(1899~1931)은 '조선에서 일본으로 건너간 설화'를 연구를 통해 증명하면서, 〈혹부리 영감〉과 같은 이야기가 동양만이 아닌 독일, 이탈리아, 프랑스에도 있음을 밝혀냈다.

일본의 〈혹부리 영감〉은 우리 이야기와 결이 다르다. 일본 이야기는 무서워하는 영감을 다시 강제로 노래를 부르게 하려고 도깨비들이 혹을 저당 잡는데, 우리 이야기는 혹을 노래 주머니로 생각해서 떼어간다. 일본 이야기는 싫다는데도 강제로 약점을 잡는 것이기에 금은보화로 보상을 하지도 않는다. 일본의 오니おに가 우리 도깨비와 품성이 다르기 때문이다. 일본 도깨비 오니는 우리 도깨비와 달리 머리에 뿔이 달려 있어 뿔이 없는 우리 도깨비와 외양부터 다르다.

조금 연세 있는 분들이 어릴 적 보았던 '뿔 달린 도깨비' 모습은 대부분 일제강점기에 만들어진 교과서에 영향을 받은 그림책·동화책이 일본 오니를 그대로 답습한 결과이다. 우리 도깨비는 뿔이 없다.

소금이 녹으면 보이지 않는다

교회는 윤동주를 말하지 않는다, 당연히?

목사님들은 말씀 중에 종종 록펠러John Davison Rockefeller(1839~1937)
나 슈바이처Albert Schweitzer(1875~1965) 같은 인물을 예로 든다. 비슷한
레퍼토리 예화를 여러 해 동안 또 여기저기서 들은 것으로 보아 아마도
예화집이나 설교집 같은 것을 보고 말씀을 마련하는 것 같다.

솔직히 난 그들 이야기가 나올 때마다 딴 생각을 한다. 목사님은 록펠
러나 슈바이처 등이 설교 목적에 적절한 예라고 판단해 말씀하시겠지만
난 입맛이 씁쓸하다. 예로 드는 그들이 실제로 그렇게 기독교적인 삶을 산
사람들도 아니고 또 훌륭한 인물이라 하기에도 부족한 점이 있다는 생각
때문이다. 세상에 완벽한 사람이 어디 있겠는가. 어떤 인물을 예로 들든
나처럼 삐딱한 인간이 못마땅해 하는 일이 생기지 않을 수는 없다. 록펠러
든 슈바이처든 필요하다면 그 누구든 그들의 좋은 점을 부각해서 예로 드

는 것을 꼭 나처럼 고깝게 볼 필요는 없다.

　문제는 그 반대 경우다. 사람들이 존경하고 좋아하며 훌륭한 분이라 일컫는, 기독교적 삶을 산 인물들을 교회에서 별로 주목하지 않는 것이 더 문제다. 누가 봐도 멋지고 훌륭한 사람에 대해 "그 사람이 예수 믿는 사람이야"라고 말하면 비난의 화살이 날아오기 쉽고, 견강부회해서 예수와 연결하려는 예수쟁이들의 극성으로 몰리기 쉽다. 그래 그런지 예수의 삶을 살았던 훌륭한 분들에 대해 말하면 왠지 어색하게 서걱거리는 느낌이 들기도 하고 무조건 우기는 것 같기도 하다. 사실인데도 말이다. 심지어 록펠러, 슈바이처를 말할 때보다 더 불편한 기분도 든다. 남 얘기가 아니다. 나부터 그러고 있다.

　몇 년 전부터 윤동주尹東柱(1917~1945)에 대해 심포지엄, 시상식 강연, 특강, 대중 강연까지 십 수 번이나 공식적인 자리에서 말할 기회가 있었다. 각기 모임의 목적이 달라 그때마다 윤동주의 다른 측면을 부각해 말하다 보니 그에 대해 거의 다 살펴본 셈이다. 솔직히 고백하자면 윤동주의 여러 면을 속속들이 다 설명했지만 정작 중요한 점, 가장 근본이라고 생각되는 점은 어디서도 말하지 못했다. 아니 안 했다. 구차한 변명을 하자면 앞서 말한 이유 때문이다.

　윤동주는 우리나라 사람이 가장 좋아하는, 다섯 손가락 안에 드는 시인이다. 한국인의 애송시 5위 안에 꼭 그의 시 〈서시序詩〉가 들어간다. 윤동주의 핵심이 예수를 믿는 신앙에서 비롯되었다고 말하면 아마도 대부분 눈살을 찌푸릴 거다. "그런 식으로 편협하게 보면 안 되지"처럼 점잖은 충고부터 "교회의 '교'자만 나와도 예수쟁이래. 니들 멋대로 해라"라는 비아냥거림까지 꽤 많은 비난에 직면하게 될 것이다.

윤동주가 예수를 따르는 삶을 살았던 것은 분명하다. 그가 만주滿洲 용정龍井에서 교회에 다녔고, 기독교 신앙을 받아들였고, 미션스쿨인 연희전문을 나왔고, 〈십자가〉 등과 같은 기독교적 시를 썼기 때문이 아니다. 그런 것은 본질이 아니다. 미션스쿨을 다니지 않았어도, 그의 시에서 예수와 관계된 것을 눈곱만큼도 찾아볼 수 없어도 상관없다. 그의 삶이, 그의 걸어간 발자취가 예수와 떼려야 뗄 수 없는 훌륭한 삶이었다.

두 가지를 살펴보려고 한다. 분명 예수의 삶, 예수를 따르는 제자의 삶과 어쩌면 그렇게도 똑같은지 알게 될 것이다.

시를 썼기에 시인이다, 당연히?

실패를 좋아하는 사람은 한 명도 없다. 우리는 성공한 사람들의 성공스토리를 듣고 싶어 한다. 나도 그렇게 되었으면 좋겠다는 심정으로 고개를 주억거린다. 여기에 약간의 함정이 있다. 매번 언제나 성공'만' 하는 사람은 없다는 엄연한 사실을 종종 잊는다. 성공한 사람도 이런저런 주춤거림과 실패나 곤경을 당연히 겪었지만, 성공스토리에는 그런 점이 두드러지게 나타나지 않거나, 언급되어도 결국 성공했기에 그 괴로움이 축소되어 나타난다. 그래서 잘난 사람들은 하나같이 성공만 했다고 생각하게 된다. 실패·좌절·낙심은 전혀 없이 줄기차게 성공, 성공, 성공만을 향해 달렸고 그렇게 성취했다고 철석같이 믿는다. 전혀 그렇지 않은데 말이다. 성공스토리를 읽으면 읽을수록 성공한 사람과 자신을 비교해서 자꾸 자신을 비하하는 마음이 생기기 쉽다. "나는 죽었다 깨어나도 저렇게 될 수 없어"라며 쓸쓸히 고개를 젓는다.

사람들은 자기 능력을 과도하게 생각하는 교만이 문제인 줄로만 알지, 거꾸로 자신을 너무 하찮게 보는 것이 더 문제인 것은 모른다. 바울이 "내가 나 된 것은 하나님의 은혜로 된 것(고전15:10)"이라고 한 것은 단순한 겸손의 말이 아니다. 자신을 있는 그대로 보는 냉철한 혜안에서 그렇게 말한 것이다. 그가 당당히 "나를 본받으라(빌3:17)"며 교만으로 비칠 만한 말을 하기도 했다는 점을 놓치지 않는다면 그의 진심을 파악할 수 있다. 바울이 정말 하고 싶었던 말은 이것이다.

"당신을 있는 그대로 보십시오. 당신은 못나지도 그렇다고 잘나지도 않았습니다. 하지만 당신은 하나님이 사랑하는 사람입니다."

이렇게 생각하고 사는 건 생각보다 어렵다. 남들이 환호해도 흥분하지 않고 남들이 비난해도 주눅 들지 않는 삶 말이다. 성공해도 제 분수를 알고 실패해도 좌절하지 않는 마음의 평정이란 여간 힘들지 않다. 우리 역사에서 이런 인물을 한 명 꼽으라면 나는 주저 없이 윤동주를 꼽는다.

윤동주는 성공한 삶을 살았는지 모르지만 성공한 사람은 아니다. 뜬금없는 말장난 같지만, 그의 인생을 엄밀히 따지면, 그는 고흐Vincent van Gogh(1853~1890) 같은 인물이었지 피카소Pablo Picasso(1881~1973) 같은 인물은 아니다. 죽은 후 유명해졌지 살아생전 한 번도 스포트라이트를 받지 못했다.

그는 시를 쓰고 싶어 했다. 그래서 시를 썼다. 단지 그뿐이었다. 시인으로 당대에 인정받은 것도 아니고 그의 시집이 출간된 것도 아니었다. 그의 시를 읽은 지인들이 훌륭하다고 찬탄했을지는 모르지만, 단지 그 정도였다. 냉정히 말해 평생 동안 단 한 번도 시로 인정받지 못했다고 해도 거짓이 아니다. 그가 연희전문 졸업 때 스스로 자기 시를 뽑아서 『하늘과 바람과 별과 시』라는 시집을 내려 했지만 이도 무산되었다. 시의 내용이 불온해서 일제의 검열에 걸릴 거라는 충고 때문이었다. 2016년에 개봉한 영화 《동주》를 보면 그가 자신의 시를 영어로 번역해서 출간하려 했다는 내용이 나오지만 그건 영화적 허구다. 그런 적 없다. 그는 자신의 시로 누군가에게 인정받고 싶은 마음이 있었는지 모르지만 이루지 못했다. 생을 마칠 때까지 그랬다. 놓쳐서는 안 되는 중요한 점은, 그래도 그는 '계속' 시를 썼다는 점이다. 숨이 멈추는 때까지 그랬다.

윤동주는 고민과 갈등이 많을 수밖에 없는 환경이었다. 조국을 떠나 만주에 정착한 디아스포라diaspora였다. 일제강점기라는, 말과 글을 빼앗긴 암울한 시대에 살았다. 하나 무엇보다 그를 힘겹게 했던 것은 어쩌면 고종사촌 형 송몽규宋夢奎(1117~1945)였을지 모른다. 윤동주와 송몽규는 사이가 아주 좋았고 평생 같이 했다. 하지만 둘의 관계는 르네 지라르René Girard(1923~2015)가 말했던 '짝패double 갈등'을 겪을 수 있는, 가장 전형적인 상황이었다.

송몽규의 나이가 훨씬 많았다면 덜 했을 텐데 불과 몇 개월 먼저 태어난 사이여서 윤동주와 친구처럼 지냈다. 송몽규는 김구 계열의 민족운동 집단에 들어가 활동하다 잡혀 고초를 겪기도 했고, 동아일보에 〈숟가락〉이란 단편으로 등단까지 했다. 게다가 그 지역 최고의 수재였다. 이들과 같이 어린 시절을 보냈던 문익환 목사에게 윤동주에 관해 묻자, "우리 중 가장 뛰어난 이는 송몽규였고 다음이 윤동주, 그리고 나였다"라고 대답했다. '윤동주'를 묻는데 '송몽규'를 맨 먼저 꼽은 것만 봐도 송몽규는 보통 인물이 아니었다. 문익환 목사가 자신을 셋 중 마지막에 놓은 것은 문 목사의 겸손일 뿐이다. 냉정하게 꼽자면, '송몽규 – 문익환 – 윤동주'라고 보는 것이 맞다.

모두가 인정하는 탁월한 이가 바로 송몽규였다. 따지고 보면, 송몽규는 하는 것마다 최고였다. 일도 술술 풀려나갔다. 대학 입시에서도 송몽규는 당당히 교토제국대학에 붙었지만 윤동주는 떨어졌다. 창씨개명까지 하는 치욕과 심적 괴로움을 안고 도전한 대학이었는데 말이다. 그 탓에 윤동주는 도쿄의 릿교 대학으로 진학했다. 공부도 잘하고 민족운동도 했고 게다가 하는 일도 잘 풀리는 송몽규를 보고 윤동주는 무슨 생각을 했을까? 그는 자신을 어떻게 생각했을까? 송몽규를 미워했을까, 질시했을까?

"대기만성大器晩成이야, 대기만성……."을 늘 되뇌었다는 지인들이 회고를 들으면, 그도 인간이니 스트레스를 받은 것 같다. 왜 아니겠는가, 자신은 죽어라 노력하는데도 등단도 못하고 대학도 떨어지는데, 송몽규는 민족운동도 하고 등단도 하고 대학도 척척 붙으니 말이다. 그는 송몽규를 미워하지도 질시하지도 않았다. 스스로 낙심하거나 좌절하지도 않았다. 그는 그저 제 길을 갔다. 아무도 알아주지 않는 시를, 발표도 하지 못할 시를, 언제 출판할지 기약도 없는 시를 등단도 하지 못한 채 그저 계속 썼다. 묵묵히, 죽는 날까지. 그러지 않았다면 오늘날 윤동주는 윤동주가 아니었을 것이다.

윤동주가 훌륭한 민족시인이 된 것은, 너무 당연한 말이지만, 시를 썼기 때문이다. 그의 삶을 살펴보면 '너무 당연하다'는 말을 하기가 저어된다는 것을 잊지 말아야 한다. 남들의 시선에 주눅 들지 말아야 한다. 남들의 환호에 우쭐댈 필요도 없다. 그냥 묵묵히 제 길을 가면 된다. 쉬운 일은 아니지만 그것이 예수의 삶을 따르고자 하는 이들의 삶이다.

매력적인 사람은 멋지다, 당연히!

오늘날 우리가 윤동주의 시를 볼 수 있게 된 것은 두 명의 헌신적 인물 덕분이다. 한 명은 윤동주의 연희전문 후배 정병욱鄭炳昱(1922~1982)이고 다른 한 명은 윤동주의 연희전문 동기 강처중姜處重(1917~1950?)이다. 이들이 없었다면 비록 윤동주가 시를 썼어도 그는 시인이 될 수 없었다. 그가 쓴 시가 남아 있지 않았을 테니 말이다.

윤동주가 연희전문 졸업으로 『하늘과 바람과 별과 시』라는 자선 시집을 출간하려고 했으나 은사인 이양하李敭河(1904~1963) 교수가 출간을 보류하라 했다. 윤동주는 원고지에 자필로 쓴 『하늘과 바람과 별과 시』세 부를 만들어 하나는 이양하 교수에게 건네고 다른 하나는 자신이 갖고 또 다른 것은 후배 정병욱에게 준 뒤 일본으로 건너갔다.

이후 시집들은 소설만큼이나 드라마틱한 경로를 겪는다. 윤동주 자신이 지니고 있던 것은 일본에서 검거될 때 같이 압수되어 이후 어떻게 되었는지 모른다. 이양하 교수에게 준 것도 사라졌다. 한국전쟁 때 잃어버렸다고 한다. 생각해보면 그럴 만도 하다. 곧잘 쓰기는 했으나 학생이 쓴 육필 원고를 신주단지처럼 보관할 이유도 또 그럴 여유와 경황도 없는 전쟁통이었으니 말이다. 그런데 정말 신주단지처럼 보관한 사람이 있었다. 바로 정병욱이다.

전쟁에 광분한 일제는 태평양전쟁 막바지에 학도병으로 우리 젊은이들을 마구 끌고 갔다. 대부분 총알받이로 전쟁터에서 죽어 돌아오지 못했기에, 학도병으로 끌려간다는 것은 한마디로 죽으러 가는 거나 마찬가지였다. 학도병으로 끌려가게 된 정병욱은 자신의 어머니께 이렇게 말했다.

"어머니, 일제가 망하든지, 일본에서 동주 형이 돌아오든지, 아무튼 이 시집을 잘 보관했다가 출간해주세요."

이것이 실화이기에 그렇지, 소설이나 영화를 이렇게 만들면 개연성이 없다는 평론가들이 혹평에 시달릴 거다. 아니 세상에 죽음의 길을 가는 사람이 자기 것도 아니고, 또 유명한 시인의 시도 아닌 것을, 모친에게 잘 보관해달라고 유언처럼 말하다니, 이것이 말이 되는가? 하지만 사실이다. 그 어머니도 대단한 분이었다. 아들이 돌아올 수 없는 길을 갔는데 그깟 시집 하나, 아무런 관계도 없는 어떤 젊은이의 시집을 신주단지처럼 보관했다. 따지고 보면 그 젊은이는 지금 일본에서 유학을 하고 있다지 않은가, 자신의 아들은 학도병으로 끌려가는데 너무나도 편안하게 말이다.

어머니는 윤동주의 육필 원고를 보관한다. 마루 밑을 파서 솥단지를 묻은 후 그 안에 태극기와 함께 넣고는 다시 마루를 덮어 잘 보관했다가, 일제가 항복하는 바람에 구사일생으로 귀환한 아들에게 그것을 꺼내 주었다. 이렇게 윤동주의 위대한 시집 『하늘과 바람과 별과 시』가 우리에게 왔다.

강처중은 윤동주가 일본에 건너가 쓴 시들을 꼼꼼히 모았다. 덕분에 윤동주가 일본에 건너가서부터 옥에서 죽기까지 창작한 그의 시들을 볼 수 있게 되었다. 강처중은 그의 시뿐만 아니라 그가 썼던 기물들까지 빠짐없이 보관했다가 후일 그의 유족들에게 건네주었다. 참으로 대단한 인물이라 하지 않을 수 없다.

여기서 너무 당연한 질문이 떠오른다. 대체 이들은 왜 자신이 아닌 다른 사람의 일에 이토록 열성적으로 나섰을까? 자신이 죽으러 가는 마당에도 그의 시를 보관하고, 일본의 서슬 퍼런 감시에 가지고 있으면 곤란할 만한 것들을 하나도 허투루 취급하지 않았다. 대체 이들은 왜 그랬을까?

윤동주의 시가 너무나도 탁월하고 뛰어나서? 잘 보관하면 훗날 좋은 일이 생길 거라고 미래를 내다봐서? 말도 안 된다. 아니다. 그런 것이 아니다. 그들이 윤동주의 시를 보관했던 이유는 간단하다. 윤동주가 너무나도 매력적인 인물이었기 때문이다. 자신보다 그가 더 좋았던 게다. 죄송한 말씀이지만 이양하 선생이 시집을 상대적으로 소홀하게 보관했던 것과 비교된다. 이양하 선생에게는 한 명의 학생일 뿐이었지만 이들에게 윤동주는 너무나도 매력적이고 멋진 인물이었다. 그것이 결정적인 차이였다.

소금은 녹아야 짜다, 너무나도 당연히

자신이 차별당해 승진하지 못했다고 앙앙불락하는 졸업생에게 미국 사람과 한국 사람의 리더십을 비교해 말한 적이 있다. 회사에서 복사하는 예를 들었다.

"한국 사람은 복사하다가 종이가 부족하면 옆에 있는 복사 용지를 채워 넣은 후 복사를 마저 한다."

뭔 소린가 할 정도로 너무 당연하고 빤한 소리라며 그가 나를 쳐다봤다. 나는 모든 미국 사람이 그런 것은 아니지만, 대부분의 미국 사람들은 이렇게 한다고 말했다.

"그들도 복사하다 종이가 떨어지면 복사 용지를 채워 넣지. 그런데 때때로 종이가 떨어지지 않아도 자신의 복사가 끝난 후 복사 용지를 채워 넣어."

그리고 정말 중요한 것을 덧붙였다.

"그냥 그래. 남을 위한 행동이라고 조금도 생각하지 않으면서."

당신이 선택자라면 자기가 쓴 만큼 복사 용지를 채워 넣는 일이 남에 대한 배려도 선행도 아닌, 그냥 당연한 삶의 행동일 정도로 체질화된 사람과 그렇지 않은 사람, 둘 중 누구를 뽑을까? 누구를 승진시킬까? 굳이 대답이 필요하지 않다.

한번 생각해보라. 당신 주변 사람 중에 같이 있으면 왠지 모르지만 편안하고 행복하며 쾌활해지는 사람이 있는지. 왜 그런 편안함을 느끼는가? 그가 유머러스하고 말을 잘해서? 돈에 구애받지 않아서 호감인가, 아니면 미남 혹은 미녀여서 호감인가? 반대로, 싫은 건 아니지만 왠지 같이 있으면 불편하고 긴장시키는 사람이 있다면 왜 그런지 생각해보라. 그가 하는 말이 틀린 것은 없고, 그의 행동이 사회 규범에 어긋나는 것이 없어도, 왠지 그와 함께라면 불편하고 거북하다면 왜 그럴까? 당신은 어떤 사람인가? 둘 중 누가 더 매력적인가? 누구와 함께 있고 싶은가?

예수의 가르침은 간단하다.

'당신 하나 힘들고 어려워도 주변이 행복해진다면 그것을 선택하도록 하라'가 아마도 예수가 가르친 사회윤리의 핵심일 것이다. 힘들고 어려운 일을, 좁은 길을 따라가라는 것이 예수의 철저한 가르침이다.

예수를 믿는다는 사람이 넘치고 넘쳐도 도무지 주변이 쾌적하지도 행복하지도 편안하지도 않다. 옳고 그름을 따지며 사사건건 조금도 손해 보지 않겠다는 목소리만 가득하다. 예수 믿는 자니 바보처럼 시비를 가리지 말고 무조건 손해를 보라는 것이 아니다. 예수는 절대 그런 말을 하지 않았다. 성전의 장사하는 사람들을 쓸어버렸고, 분노했고(마21:12~13), 사회 불의를 보고 사사건건 비판했다. 바보가 되라는 것이 아니라, 배려가 배려인 줄 모를 정도로 평안과 행복의 영역이 커져 있는, 진정한 리더십을 갖춘 인물이 되라는 것이다. 매력적인 사람이 되란 말이다. 윤동주는 매력적인 사람이었다. 그의 후배가, 그의 친구가, 자신보다 더 그를 사랑했고 그를 따르고 그의 것을 지키고 아꼈다. 바로 그들이 윤동주를 윤동주가 되게 했다.

고백하자면, 윤동주가 예수를 믿었기에 훌륭한 사람이 되었다 어떻다 하는 이야기를 하고 싶지 않다. 세상 사람들이 그것을 인정해주든 않든 그가 예수의 제자처럼 살았다는 사실은 변하지 않으니 말이다. 굳이 교회에서 윤동주를 외칠 필요도 없다. 윤동주처럼 "세상의 빛과 소금(마5:13~16)"처럼 사는 것이 진정한 그리스도인이라는 것을 아는 것만으로도 충분하다.

예수는 소금이 짠맛을 잃어버리면 쓸데없다고 했다. 소금은 녹아야 짜다. 있지만 있지 않은 것처럼 되어야 진정한 맛이 난다. 소금이 그대로 허옇게 굵게 보인다면 맛이 날 수 없다. 낙심하지도 포기하지도 말고 묵묵히 자신의 길을 가면서 배려가 배려인 줄 모르고 선행이 선행인 줄 모르는, 그저 넉넉하게 웃고 받아주고 이해하는 매력적인 사람이 되는 것, 그것이 예수의 길, 제자의 길, 소금의 길이다.

소금은 보이지 않는다. 녹으면 말이다. 소금은 녹아야 짜다. 당연히 말이다.

윤동주는 평생 시인이 되기를 원했고 마지막 순간까지 시를 썼지만, 살아 있는 동안에는 단 한 번도 '시인'으로 인정받지 못했다. 그런 그가 죽은 후 불멸의 '시인'이 되어 우리 마음속에 자리 잡게 된 이유는 그가 시를 '우리말'로 '우리 감정'을 '우리에게 전하려' 했기 때문이다.

윤동주가 살았던 시대는 일제강점기였다. 지금과 달리 일본어는 상당히 중요했다. 일본어는 살아가는 데 편리할 뿐만 아니라 유용했다. 그것이 아니라면 그가 태어난 중국 간도 땅의 언어를 익히는 것이 자연스럽다. 물론 윤동주는 일본어도 잘했고 중국어도 잘했다. 우리말은 더할 나위 없이 잘했으며 더 잘하려 했다. '소수어'가 된 우리말로 언어로 이룩할 수 있는 최고봉이라 할 수 있는 시詩를 쓰려 했고, 결국 평생 그렇게 했다.

윤동주의 시를 읽으면 별다른 설명이나 각주 없이, 당대 상황에 대한 배경지식 없이도 쉽게 이해할 수 있다. 이는 전혀 당연한 것이 아니다. 일제강점기 다른 시인들의 시를 읽어보면 금방 알 수 있다. 그들의 시 수준이 떨어진다는 것과 달리 잘 이해되지 않는다. 이 점이 윤동주와 크게 다르다. 당대의 용어, 관용구, 사투리 등이 그들 시에 들어 있어 어느 정도 번역이나 해석이 필요하다. 예를 들어, 윤동주도 평생 존경하고 배우려 했던 백석白石

(1912~1996)의 그 유명한 시 〈남신의주 유동 박시봉방〉이라는 시를 한번 읽어보시라. 시는 명작이다. 훌륭하다 못해 더할 나위 없이 아름답다. 하지만 제대로 느끼려면 부가 설명이 많이 필요하다. 사실 시 제목부터 무슨 뜻인지 선뜻 다가오지 않는다.

윤동주의 시는 지금 읽어도 쉽게 읽을 수 있다. 그가 의도적으로 노력했기 때문이다. 그가 끊임없이 갈고 닦아낸 이유는 '우리말'과 우리말의 정수인 '시 문학'이 우리 민족의 혼을 고스란히 담아내는 민족의 본질이라고 생각했기 때문이다. 윤동주에 있어 시 쓰기는 민족의 정신을 일깨우는 행위이자 우리 정체성을 깨닫고 계승하려는 피나는 노력이었다. 그는 시로 독립운동을 했다.

아뿔싸! 목사님도 부모였던 거다

안전(?)을 택한 교회의 5월, 다른 날 다른 온도

잊고 있다 갑자기 생각났다. 어릴 때부터 교회에 다녔는데 매번 오월만 되면 어리둥절했던 그 느낌을 말이다. 그냥 스치듯 지나가던 미묘한 어긋남의 실체를 올해야 비로소 찾아냈다. 실체는 어린이날과 어버이날이었다. 정확하게는 연달아 맞이하는 어린이 주일 설교와 어버이 주일 설교의 너무 다른 느낌의 온도 차다.

성경에 "자녀들아 모든 일에 부모에게 순종하라(골3:20)"와 바로 연달아 나오는 "아비들아, 너희 자녀를 노엽게 하지 말지니(골3:21)"의 난감함을 부모들은 잘 모른다. 자식이 돼본 사람들만 느낄 수 있다.

부모에게 순종하는 것이 먼저인지 부모들이 자녀들을 짜증스럽게 만들지 말아야 하는 것이 먼저인지 도통 종잡을 수 없다. 뭘 알아야 하나님의 뜻에 순종할 텐데 대체 어쩌란 건지……

"무조건 순종하라는 건가? 아니면 부모가 뭐든 알아서 잘해야 한단 말인가?"

이런 당돌한 질문은 할 사람도 없겠지만 이런 물음에 답해주는 목사님도 없다. 뭐, 유교는 간단하다. 부모님이 무조건 우선이고 다음이 자식이다. 부모는 기본적으로 자식을 사랑하니 자녀들은 무조건 부모에게 순종해야 한다는 논리다. 유교의 가르침이 옳은지 그른지는 차치하고라도 일단 유교는 분명한 지침이 있다. 혼란스럽지 않다.

교회는 말이 없다. 답답할 수밖에 없다. 때론 〈골로새서〉 3장을 쓴 글쓴이가 우리를 괴롭히려고 작정한 것 같다는 생각까지 든다. 나처럼 아둔한 사람에게는 세상에 이보다 어려운 것이 따로 없다.

부모 자식 관계만 그런 게 아니라, 부부 관계도 이런 식이다.

아내들아 남편에게 복종하라. 이는 주 안에서 마땅하니라. 남편들아 아내를 사랑하며 괴롭게 하지 말라. (골3:18~19)

앞말과 뒷말이 서로 부딪힌다. 그나마 부부 관계는 이해가 쉽다. 남편이나 아내나 둘 다 어른이고 서로 대등한 관계이니 말이다. 위 말씀은 서로서로 이해하라는 말로 들린다. 따지고 보면 함께 살아야 부부지 틀어져 헤어지면 남남이다. 그러니 이렇게 대등한 남편과 아내 관계에 대해 상반된 것처럼 말하는 위 말씀은 행복하게 서로 도와주며 잘 살라는 좋은 말씀으로 들린다.

물론 이 말씀이 기록되고 들려지던 때는 무척 어려운 말씀이었다. 그

때는 여자는 숫자에도 들지 못했다. 남자가 아니라면, 노예와 마찬가지로 '아랫것'처럼 여겨지는 것이 당연한 시대였다. 그런 때에 성경은 남자와 여자, 남편과 아내는 서로 위아래가 없는 대등한 관계라는 파천황적 말씀을 한 거다. 그러니 그때는 "뭔 소리여?" 하는 사람들도 있었을 테고, "말도 안 되는 소리를 다 하네" 하는 사람들도 많았을 거다. 당시는 남녀평등이란 개념이 없었을 때니 말이다.

부부 관계에 대한 성경 말씀은 납득할 수 있다. 부모 자식 관계는 그렇지 않다. 부모 자식 사이는 부부 관계처럼 대등한 것도 아니고 헤어진다고 남남이 되는 것도 아니다. 나이로 따져도 부모가 당연히 위고 인간적 감정으로 봐도 부모가 자식에게 해준 것이 또 해줄 것이 훨씬 많으니 자식이 언제나 아래에 놓이게 마련이다. 위아래가 있고 우열이 있으니 아무리 '부모에게 순종'과 '자녀 노엽지 않게'를 잘 설명해도 결국 도덕 교과서를 반복하는 수준의 '부모 순종' 외에 남는 것이 없다. 그러니 어린이 주일에는 자녀를 주 안에서 잘 양육하라고 설교하고 어버이 주일에는 부모에게 효도하라고 설교하는 것이 결국 모두 합해 '부모에게 잘하라'로 끝난다. 게다가 누군가의 이상한 음모인 듯 어린이날이 먼저고 어버이날이 나중이기까지 하다. 한 주 간격으로 다른 주제의 설교가 물 흐르듯 너무나도 자연스레 '부모에게 순종'으로 결론 나고, 그렇게 우리 교회의 오월이 넘어간다.

다음 세대를 양육한다고 한껏 목소리를 높여도 교회는 결국 부모 편이다. 그것이 모든 면에서 안전(?)하다. 교회에서 일하는 이도 어른이고 당회를 이끄는 이도 어른이며, 심지어 헌금도 어른들이 더 많이 낸다. 더 근본적인 이유는 부모 편을 드는 게 우리나라 전통 정서에 잘 맞아떨어진다.

교회는 '안전한 쪽'을 택했다.

안방에선 시어머니 편을 들고 부엌에선 아내 편을 들라고?

어쩌면 앞의 말을 들으면서 '자녀'들을 중·고생이나 대학생 정도의 나이로 떠올렸을지 모르겠다. 사실 '부모에게 순종'과 '자녀 노엽지 않게 하기'의 본질적 갈등과 혼란은 중·고생이나 대학생, 결혼 이전의 자녀들은 대부분 겪지 않는다. 이들은 다들 착하게도(?) "부모에게 효도하자"라는 너무 당연하고 마땅한 윤리에 적극 동의한다. 비록 자신이 효도하고 있지 않아도 효도해야 한다는 명제에 이의를 제기하지는 않는다. 인륜이니 말이다.

조금 시간이 흐르면 생각이 달라진다. 서서히 복잡하고 난감한 혼란을 겪게 된다. 결혼하면서부터 그것이 구체화하여 불거진다. 때론 심각하게 말이다. 너무 많은 사례가 있어 굳이 예를 들지 않겠지만, 예수 믿는다고 고부姑婦 갈등이 없는 것도 아니다. 친정과 시집, 본가와 처가 사이에서 갈팡질팡 하는 일들이 사라지는 것도 아니다. 당연히 있을 것은 다 있다.

예수를 믿는 이들에게, 교회에 다니는 이들에게는 적어도 성경이 어떻게 해야 하는지를 가르쳐줘야 하지 않을까? 성경의 가르침을 잘 아는 영적 지도자가 그 혼란과 어긋남을 정리해줘야 하지 않을까? 그러는 것이 제 소견에 좋은 대로 사는 세상 사람들보다는 좀 더 나은 삶을 살도록 도와주는 게 아닐까?

우리 교회는 교통정리를 해주지 않는다. 성경에 분명하게 나와 있는데도 잘 몰라서인지 아니면 잘못 설명하면 "이 노옴!" 하고 격노할 어르신들 때문인지는 잘 모르겠다. 대충 침묵으로 넘긴다. 안전한 편을 든다.

당돌한 질문을 하나 해보겠다.

"당신이 부모와 당신의 배우자 사이에 끼어 있다면 어느 쪽을 택해야 하는가? 부모에 대한 효도가 먼저인가? 아니면 부부간의 관계가 먼저인가?"

제일 쉬운 반응은 이런 질문을 하는 나 같은 작자를 욕하는 것이다. 그것이 아니면 아예 이런 질문이 생길 상황을 만들지 않으면 된다는, 말도 안 되는 소리를 하는 것이다. 그도 아니면 둘 사이에 끼일 경우 그냥 모른 척하든지 그 자리를 피하면 된다고 너스레 떠는 것이다.

발칙한 질문을 하는 자를 비난하는 것은 물론이고, 난감한 일이 생기지 않게 한다는 것이나 모른 척 외면한다는 것 모두 다 '회피'가 변형된 버전이다. 상황을 외면해도 문제의 본질은 사라지지 않는다. 오히려 당신이 피한 그 자리에서 두 집단 사이의 예측할 수 없는 격돌이 생기고 그 후유증이 커다란 상처로 남을 수도 있다.

세상의 지혜는 이렇게 가르친다.

"부엌에 가서는 아내 편들고 안방에 들어가서는 부모 편을 들어라."

오랜 세월의 지혜가 모인 것이니 귀담아들을 만하다. 유용하다. 좋다. 성경은 뭐라고 하는가? 그것을 들어봐야 하지 않을까? 우리가 모두 예수를 믿고 그의 가르침대로 살려 노력하는 자들이니 말이다. 적어도 성경의 가르침은 알아야 비록 힘들어도 그렇게 살려 노력할 것 아닌가.

우리는 부모 편이든 배우자 편이든 선택해야 하는데 성경의 진리를 알지 못하니 세상에서 말하는 진리를 따르게 된다. 이를테면 앞서 말한 우리에게 익숙한 유교 전통 같은 것 말이다. 그것이 좋은지 아닌지는 그리 중요치 않다. 없으니 뭐라도 따라야 하는 거다. 썩은 동아줄이라도 잡아야 하는 절박함이 자식들에게 있다. 부모만 그걸 모른다.

삼강오륜과 차별적 이데올로기

유교에서 삼강오륜三綱五倫을 말한다. 세 가지 핵심 가치[三綱]와 다섯 가지 윤리[五倫]라는 삼강오륜에서 '강綱'은 '벼리 강'이라 새긴다. '벼리'는 순우리말로 그물코를 죽 꿰어 묶은, 굵은 중심 줄을 말한다. 벼리가 끊어지면 다른 것들은 저절로 풀려 흩어지게 된다. 벼리가 없다면 다른 것은 모두 무용지물이 된다. '강綱'은 아주 중요한 핵심이란 의미이다.

유교의 핵심적 '벼리' 곧, 세 가지 강綱은 이렇다.

삼강三綱
군위신강君爲臣綱 : 임금과 신하는 벼리가 되어야 한다.
부위자강父爲子綱 : 아버지와 자식은 벼리가 되어야 한다.
부위부강夫爲婦綱 : 남편과 부인은 벼리가 되어야 한다.

내용을 보자. '군위신강'을 예로 들면, 임금과 신하는 서로 아주 긴밀하게 결속되어야만, 곧 벼리가 되어야만 다른 것들이 줄줄이 균형을 잡고 체계가 선다는 말이다. 이때 벼리를 이루는 임금과 신하는 어느 한쪽의 문제가 아니라 서로서로 완벽하게 연결되어 한 몸이 될 정도로 긴밀해야 한다. 임금과 신하가 벼리가 되어야 백성이 살고 나라가 바로 서고 태평성대가 이어진다는 말이다. 부위자강과 부위부강도 미루어 짐작할 수 있다.

삼강은 원칙이니 그 구체적인 실행 규칙이 필요하다. 긴밀하게 벼리가 되는 방법이 무엇인지를 풀어 놓은 것이 바로 오륜이다.

오륜五倫

군신유의君臣有義 : 임금과 신하는 의리가 있어야 한다.

부자유친父子有親 : 아버지와 자식은 친함이 있어야 한다.

부부유별夫婦有別 : 남편과 부인은 구별이 있어야 한다.

장유유서長幼有序 : 어른과 아이는 순서가 있어야 한다.

붕우유신朋友有信 : 친구 사이에는 믿음이 있어야 한다.

처음 셋은 그대로 삼강과 통한다. 직역이라 딱딱해 낯설어 보이지만 '의義'·'친親'·'별別'이 있어야 한다는 말이다. 여전히 명확치 않다면 차례로 충忠·효孝·열烈로 풀어보면 행동 지침이 분명해진다.

군위신강君爲臣綱 = 군신유의君臣有義 = 충忠

부위부강夫爲婦綱 = 부자유친父子有親 = 효孝

부위부강夫爲婦綱 = 부부유별夫婦有別 = 열烈

좋은 얘기다. 난 오래전부터 이 삼강오륜과 충·효·열이 마음에 들지 않았다. 아무리 생각해도 반쪽짜리 같아서다. 가장 쉬운 열烈부터 생각해보자. '부부유별'이니 정절을 지키라는 말은 좀 이상하지 않은가? '남편과 부인의 영역과 일이 서로 다르니[夫婦有別]' 부인은 정절을 지켜야 한다[烈]라니 이게 말이 되는가? 남편에 대한 행동 지침은 뭐란 말인가? 극단적으로 말해 부인은 정절을 지키는데, 그럼 남편은 정절을 지키지 않아도 된단 소린가?

일단 접어두고, 충忠도 한번 생각해보자. '임금과 신하 사이에 의리를 지키는 것[君臣有義]'이 어떻게 충성[忠]이 되는가? 신하가 임금에게 충성을 바치는 것은 알겠는데, 임금이 신하에게 충성을 바친다는 말이 성립하는가? '충성'은 아랫사람이 윗사람에게 하는 것이지 윗사람이 아랫사람에게 하는 것이 아니다. 이것도 반쪽짜리처럼 헐렁하다. 아니 이러면, 서로 긴밀하게 연결되어 벼리가 된다[君爲臣綱]는 원칙에 어긋나는 것 아닌가?

갑자기 어려워진 것 같다. 가장 쉬운 '아버지와 자식은 친해야 한다[父子有親]'는 효孝를 생각해보자. '자식이 부모에게 효도한다'는 말은 성립해도 '부모가 자식에게 효도한다'는 말은 결코 성립할 수 없다. 효도란 아래에 있는 자식이 위에 있는 부모에게 하는 것이다. 결국 셋 모두 다 조금씩 헐겁고, 조금씩 비어 있고, 조금씩 절름발이다. 벼리가 되기는커녕 반쪽짜리다.

곰곰이 삼강오륜의 논리를 살펴보면 모두 이런 구조로 되어 있음을 알수 있다. 아래에 있는 신하가 위에 있는 임금에게 충忠을 바치고, 아래에 있는 부인이 위에 있는 남편에게 열烈을 바치는 것이다. 물론 자식이 부모에게 효孝를 다하고 말이다. 그렇게 신하가, 자식이, 부인이 충·효·열을 해야만 비로소 임금과, 부모와, 남편과 긴밀한 관계인 벼리[綱]가 된다는 논리구조다.

자연스레 이런 질문이 생긴다.

"아니, 벼리가 된다는 것은 서로 긴밀하게 결속하는 것으로 너나없이 한 몸이 되는 것이니, 상호 대등한 것인데 어떻게 이럴 수 있소?"

당연한 물음이다. 하지만 삼강오륜의 기본적인 메커니즘을 몰라서 나오는 물음이다. 유교의 논리는 차별적이다. 뭐, 개인적으로 유교를 신봉하든지 말든지 상관없이, "유교에 좋은 것이 얼마나 많은데"라고 열변을 토하든 말든 상관없이 엄연한 사실이다. 유교의 기초를 놓았다는 공자가 살았던 시대는 당연히 계급사회였고, 공자나 맹자의 사고는 당대 사회 메커니즘을 바탕으로 구현되어 있다. 물론 이런 차별적 시스템과 사고는 동양만 그랬던 것이 아니라 서양도 그랬다. 앞서 말하지 않았는가, 여자는 숫자에도 들지 않는 '아랫것'이었다고.

유교의 논리와 세계는 차별적이다. 사람들 관계에도 당연히 계층을 두었다. 지위(임금과 신하), 혈연(부모와 자식), 성별(남편과 아내)에 따라 본래 위치가 결정되어 있다. 아랫것들인 신하, 자식, 부인이 열심히 충·효·열을 바쳐야 하는 것은 본질적으로 위에 계신 분들인 임금, 부모, 남편이 이미 아랫것들에게 은혜와 사랑을 '베푸셨다'는 것이 전제되기 때문이다.

다시 말해 긴밀한 관계[綱]가 되려면, 이미 사랑을 베푸신 임금님의 은혜에 감복하여 신하가 충성을 바치고[忠], 낳아주시고 길러주신 부모님의 은혜에 감읍하여 자식이 효성을 다하고[孝], 어리석고 모자란 것을 잘 이끌어주시는 남편에게 순종하여 아내가 정절을 지켜야[烈] 하는 것이다. 혹

기분이 언짢으신가? 어쩌겠는가, 예전에 계급이 있던 사회에 만들어진 유교적 논리가 이런 걸 말이다.

이제 발칙한 질문을 다시 한 번 해보자.

"부모에게 효도해야 하는가?"

난감하신가? 알면 알수록 답하기가 더 어려워지셨는가?

내가 답을 해보겠다. 효도는 당연히 해야 한다. 분명 해야 한다. 유교적 관념이어서도 아니고 전통이어서도 아니다. 유교를 모르는 외국인들도 부모에게 효성을 다한다. 그것이 인간 본성의 바름이기에 누구든 최선을 다하는 것이다. 인간에게 효는 본질적이다. 효를 하는 것과 효 이데올로기에 빠져 허우적거리는 것은 완전히 다른 문제다. 최선을 다해 효도하되, 효 이데올로기에 빠지면 안 된다.

조선시대에는 부모에게 효를 다하지 못한다고 남편이 부인을 내다 버린 경우가 적지 않았다. 물론 배은망덕한 며느리인 경우도 있었지만 남아 있는 기록을 살펴보면 대부분 부모란 양반들이 도무지 돼먹지 않은 짓으로 괴롭히는 경우가 훨씬 더 많았다. 심지어 시어머니가 며느리를 압박해 자살에 이르게 하기도 했다.

효 때문에 아내를 박대하고 쫓아내 부부 관계가 훼손된 것만 있었던 게 아니다. 심지어 제 자식을 죽이려 하기도 했다. 그 유명한 『삼국유사三國遺事』의 〈손순매아孫順埋兒〉가 그렇다. 제명 그대로 '손순이 아이를 땅에 묻으려' 했다. 가난한 집에 어린 아들놈이 자꾸 홀어머니의 반찬을 날름날름 먹어댔다. 이를 보다 못한 아버지 손순이 아내와 공모하여 제 아이를 땅에 파묻어 죽이려 했던 일이 버젓이 기록되어 있다.

세상에 제 자식을 암매장하려 하다니, 인간도 아니다. 물론 그런 갸륵한 효성에 하늘이 감복하여 죽이려고 판 땅에서 돌로 된 종이 나오고 그 종소리가 서울까지 울려 퍼져 결국 큰 포상을 받았다는 내용이긴 하다. 그런다고 그 잔인하고 황당한 짓거리가 사라지는 것은 아니다. 이런 엽기적인 행태를 두고 효孝라고 칭송했다. 이런 비슷한 효도 이야기를 계속 주워 섬기자면 밤을 새울 수도 있다.

이제 생각해보자. 불효한다고 부인을 쫓아버리거나 죽게 내버려 두고, 심지어 자식도 죽이려 하는 것이 진정한 효일까? 이데올로기적 강박에 사로잡힌 광기의 작태가 아닐까? 그런 짓을 버젓이 저지른 자는 스스로 효를 다했다고 철석같이 믿는다. 혹시 뭐라 하면 주변 사람들에게 덤벼들기까지 한다. 제 진심을 몰라준다고 말이다.

이런 일이 꼭 옛날에만 있었을까? 지금은 없을까? 하고 싶은 말은 이것이다. 효와 이데올로기적 강박을 어떻게 구분할 수 있느냐 말이다. 유교는 그것을 구분하는 잣대를 제시했던가? 그럼 교회는? 아하, 원래 교회는 침묵했지. 그게 안전하니까.

효도인가, 강박인가?

몇 년 전 가르치던 학생 한 명이 찾아왔다. 깊은 괴로움의 흔적이 역력한 표정으로 속내를 털어놨다. 자신은 사법고시 공부를 하고 싶은데 집안 사정 때문에 고민이라는 거였다. 철이 일찍 든, 속 깊은 이놈은 중학생 과외지도로 학비를 벌고 있었다. 때문에 시험공부에 전념하기 힘들었다. 다른 학생들 같으면 다른 대답을 했겠지만, 이 녀석은 진중했고 또 절실했다. 한 주에 두 번 과외지도 시간을 계산하면 오가는 시간까지 해서 대략 예닐곱 시간 정도였다. 공부에 전념해본 사람들은 안다. 객관적 시간보다 그 일을 하는 데 드는 정신적 여력과 부담이 더 큰 법이다. 녀석의 집안 사정을 들어보니 옛날 우리 집 경제 사정보다는 그리 나쁘지 않았다. 녀석이 일찍 철든 게 문제일 뿐이었다.

"얌마, 내일 당장 때려치우고 공부해. 학비는 엄마보고 옆집에 빌려오라고 하고. 알았어?"

녀석도 내가 원래 황당하고 이상한 선생이란 것을 모르지 않았겠지만 뜨악해했다. 이런 답답한 친구들은 핵심만 말하면 안 되고 연습문제까지 풀어줘야 한다.

"그렇게 시험공부 하다가 만약 여자 친구가 생기면 어떻게 해야 하니? 그 여자랑 커피도 마시고 영화도 보고 해야겠니, 아니면 안 해야겠니?"

녀석은 더 난감한 표정이 되었다. 답도 답이지만, 똑똑한 머리를 굴려보니 여자 친구랑 만나고 사귀는 시간을 계산하면 지금 과외공부로 한 주에 소요하는 여덟 시간 정도는 훌쩍 넘어갈 거란 것이 예측되기 때문이었다. 사실 이래서 답답한 친구들은 예제풀이를 해줘야 한다.

"얌마, 당연히 여자 친구 만나고, 연애도 하고, 영화도 보고, 놀러도 다녀야 하는 거야. 알았어? '과외로 돈 벌면 보탬이나 될 텐데 내가 왜 쓸데없이 연애질이나 하고 있지' 같은 뒤숭숭한 생각은 절대 하면 안 되는 거야. 알겠지?"

갈수록 괴로워하는 표정이었다.

"네가 돈을 버느라 고시 공부를 포기해도 넌 훌륭한 사람이 될 거다. 잘 살 거다. 하지만, 어쩌다 문득 부모님께서 네 옛날 꿈이 사법고시였다는 것을 알게 되시면 얼마나 마음이 아프시겠니?"

난 마지막 말을 했다.

"그게 효도니?"

착하고 성실한 그 녀석이 내 말을 따를지 안 따를지는 내 소관이 아니었다. 녀석도 충분히 사리를 판단할 나이이고 나보다 더 명석하고 현명하니 말이다. 그저 난 선생으로서 내 할 도리를 했을 뿐이었다. 녀석은 복잡한 표정으로 돌아갔다.

뒷일이 궁금하실까 해서 말씀드리면, 내 엉뚱한 소리 때문이었는지는 모르겠으나, 아무튼 사법고시를 보았고 합격했다. 졸업할 때 우연히 만났는데, 슬쩍 웃으며 사법연수원에 들어간다고 했다. 나는 씩 웃는 것으로 답을 대신했다.

결과가 좋았으니 그때 과외지도를 그만두고 공부한 것이 옳다고 말해서는 안 된다. 비록 시험에 낙방해도 하고 싶은 일을 위해 돈벌이를 그만두어야 하는 것이 옳다고 난 생각한다. 효도란 결국 부모의 마음을 흡족하게 해드리는 것인데, 그 '흡족'이란 눈앞의 그 무엇이 아니라 궁극적인 무엇이라는 생각 때문이다. 궁극적으로 자식이 행복한 것이 부모가 바라는 것이라고 믿기 때문이다.

이제 허접한 내 얘기 말고, 성경의 이야기를 듣고 싶으실 거다. 나도 그렇다.

하나님의 말씀을 달라. 부모의 생각과 부부간의 생각이 부딪치면 대체 어떻게 해야 하는지 제발 좀 들려 달라. 얼치기 소리 말고 진실 담은 이야기를 들려 달라. 오월을 그냥 그렇고 그런 침묵으로 넘기지 말고, 성경의 가르침 그대로, 있는 그대로, 이해한 그대로, 제발 좀 들려 달라. 당신이 침묵하는 그 시간에 우리는 사소하다 할 수 없는 혼란으로 젊음과 인생을 낭비하고 있다. 당신이 침묵하는 그 공간에 우리는 세상의 윤리와 가치를 대신 채워서 따르며 방황하고 있다. 우리를 그냥 두고 보실 텐가? 제발 우리에게 은총을 베풀어 달라. 하나님의 말씀을 달라.

<덧말>

무책임하게 늘어놓기만 하고 아무 말도 안 하고 끝내는 것 같아 영 찜찜하다. 성경을 제대로 알지도 못하는 얼치기니 그냥 성경 구절 하나 불쑥 던지고 퇴장하려 한다. 아래의 창세기 구절은 예수도 인용했고(마19:4~6, 막10:7) 바울도 인용했다(엡5:31). 다시 말해 두루두루 강조하는 내용이다.

이러므로 남자가 부모를 떠나 그의 아내와 합하여 둘이 한 몸을 이룰지로다. (창2:24)

답은 스스로 생각해보시라. 나도 깨달은 걸 여러분들이라고 모르실 리 없다. 건투를 빈다.

『삼국유사』〈손순매아〉 이야기, 아버지가 아들을 파묻으려는 살인미수 이야기가 충격적이겠지만, 인류 역사에서 유아 살해는 생각보다 오래되었다. 아이들은 늘 약자였기 때문이다.

지금처럼 자식을 귀하게만 보는 시각도 사실 근대에 만들어진 사고방식이다. 동서양 모두 마찬가지다. 필립 아리에스Philippe Ariès(1941~1984)의 명저『아동의 탄생』어느 쪽이나 펼쳐 읽어보면 금방 알 수 있다. 귀족이고 평민이고 상관없이 늘 아동이란 존재는 꾸물거리며 거치적거리는 귀찮은 존재였다. 그런 상황인데 부모가 가난하거나 흉년이 들어 먹을 것이 부족해진다면 그야말로 그들의 입이 문제가 되었다.

〈하멜른의 피리 부는 사나이(The Pied Piper of Hamelin)〉에 피리를 불어 쥐 떼를 없앤 사나이가 나온다. 쥐를 없앤 대가를 내지 않는 시민들에게 화가 난 사나이는 결국 피리를 불어 아이들을 데리고 사라져버린다.

이 이야기의 핵심은 유아 살해다. 본질은 간단하다. 쥐 떼가 아이들이었고, 아이들이 쥐 떼였다. 이에 대한 자세한 이야기는『문제적 고전살롱, 가족기담』(유영, 2020)에서 다루었다.

아버지, 그 이름의 무게

3인칭 '당신'의 입체성

얼마 전 주일 예배였다. 앞에서 찬양을 인도하는 분을 따라 CCM을 부르는데 문득 뭔가 서걱거리는 느낌이 들었다. 익숙한 곡조의 잘 아는 노래였는데 이상하게도 본당 앞 커다란 스크린에 뜬 가사가 생경하게 다가왔다. 찬양이 입에 달라붙지 않아 억지로 따라 부르는 느낌이 강했다. 왜 그런지 곰곰 따져보니 가사를 조금 바꿔서 부르고 있어서 그랬던 거였다.

원 가사는 이렇다.

아버지 당신의 마음이 있는 곳에 나의 마음이 있기를 원해요
아버지 당신의 눈물이 고인 곳에 나의 눈물이 고이길 원해요
아버지 당신이 바라보는 영혼에게 나의 두 눈이 향하길 원해요
아버지 당신이 울고 있는 어두운 땅에 나의 두 발이 향하길 원해요

나의 마음이 아버지의 마음 알아내 모든 뜻 아버지의 뜻이 될 수 있기를
나의 온 몸이 아버지의 마음 알아내 모든 삶 당신의 삶 되기를

<하나님 아버지의 마음>

이날 우리 교회에서는 "아버지 당신의 마음이 있는 곳에~~"를 "하나님 아버지 마음이 있는 곳에~~"라는 식으로 차례로 넉 줄을 개사해서 불렀다. 개사한 이유는 금방 이해할 수 있었다. 하나님을 '당신'이라고 부르는 것이 거슬렸던 거다. 그래서 '아버지 당신' 대신 '하나님 아버지'로 바꾸었다.

난 잠시 멍해졌다. 원체 삐딱하고 민감해서 그렇기도 하지만 이날 난 찬양의 묘한 어긋남 때문에 도무지 가사와 곡조에 몰입할 수 없었다. '당신'이라는 말이 상대방을 부르는 2인칭 때는 하대하는 낮춤말이 맞다. 하지만 3인칭 때는 극존칭의 아주 높임말이 된다. 예를 들어, 친구끼리 대화를 하다 자신의 아버지처럼 높여야 할 분을 지칭해야 할 경우가 생기면 이렇게 말한다.

"당신께서는 어려서부터 정말 고생 많으셨어."

이때 '당신'이란, 말을 듣는 2인칭의 친구를 향한 말이 아니라 자신의 아버지를 지칭하는 말로 3인칭이다. 이 '당신'이란 말은 낮춘 것이 아니라 상당히 공손하게 아주 높여 언급한 것이다.

"이 찬양에서 노래하는 화자話者가 하나님을 상대로 기원하는 것이니, 하

나님이 2인칭이잖아요? 그러니 하나님에게 '당신'이라고 하면 조금 무례한 거지요?"

하나님을 향한 직접적인 말이라고 한다면 '당신'이 2인칭인 것이 맞다. 하지만 '당신'이란 말도 요즘은 사랑하는 부부끼리 '여보, 당신' 하듯, 2인칭으로도 친근감 있게 사용해 꼭 하대한다고 할 수만은 없다. 게다가 난 한 번도 이 찬양의 화자話者인 내가(1인칭) 하나님을 상대(2인칭)로 두고 말한다고 느낀 적이 없었다. 이 찬양에서 하나님은 저 높은 곳에서 노래하는 나를 지그시 바라보시는 분(3인칭)으로 계신다고 여겼다. "아버지 당신의"라고 부르는 것이 당연했고 더 간절하고 감동적으로 다가왔다. 만약 내 느낌처럼 하나님이 3인칭으로 계신다면, 이 노래의 2인칭은 누구일까? 1인칭 화자인 내가 말하는, 아니 정확하게는 내가 앞에 놓고 상대하는 대상은 누구/무엇일까? 가사를 잘 보면 금방 알 수 있다. 첫 줄을 다시 보자.

아버지 당신의 마음이 있는 곳에 나의 마음이 있기를 원해요

느낌이 오는가? 내가 바라보고 있는 것은 '하나님'이 아니라 '하나님의 마음이 있는 곳'이다. 잘 이해가 안 되면 같은 구조로 되어 있는 다음 석 줄도 함께 생각해보라. 분명히 내가 바라보고 있는 대상(2인칭)이 떠오를 것이다.

화자인 나는 '하나님 아버지 당신의 마음이 있는 곳(첫 줄)', '아버지 당신의 눈물이 고여 있는 곳(둘째 줄)', 그 땅, 바로 그곳에 있는 '하나님께서 주목하시는 영혼(셋째 줄)', 그리고 '아버지 하나님께서 마음이 상하실 정

도로 우실 수밖에 없는 어두운 땅(넷째 줄)'을 바라보고 있다.

화자인 나는 하나님께 간절히 기도하고 있다. 나는 하나님의 마음이 쏟아지고 있는 곳을 바라보며 애태우고 안타까운 마음으로 기도한다. 그 하나님의 마음이 있는 곳에 내가 가야 하기에 바로 저 위에 계신 하나님, 곧 3인칭이신 하나님께 의지하며 바라는 것이다. 저 슬픔과 고통의 땅, 울고 있는 어두운 영혼에게 갈 힘과 용기를 달라고 기도하는 것이다.

1인칭인 '내'가 2인칭인 영혼·땅·고통의 세상을 바라보며 저 위의 3인칭인 '아버지 하나님'을 높이며 힘을 달라고 "당신"이라고 불렀다고 생각했다. 매번 이 찬양을 부를 때 은혜로웠던 것은 이렇게 입체적으로 상황이 그려졌기 때문이지, 단순히 내가 하나님을 상대로 말하는 평면적이고 밋밋한 대화로 여겼기 때문이 아니다. 물론 나 혼자만의 생각일 수도 있다.

사실 이날 예배 시간에 이 어긋나는 곡조가 내 맘을 곤혹스럽게 했던 것은 이런 2인칭의 평면성과 3인칭의 입체성 문제가 아니다. 보다 더 심각한 게 있었다. 하나님을 '당신'이라고 부르는 것이 거슬린다고 하는데, 정작 우리는 하나님의 이름을 어떻게 여기고 있을까, 하는 거였다. 정말 하나님 아버지 그 이름의 무게를 우리가 제대로 감당하고는 있을까, 하는 의문이었다.

이름이 그 본질이다

이름이란 존재의 본질이자 정수를 담고 있는 핵심이다. 그 무엇으로도 대체할 수 없는 존재 자체이다. 『성경』에서 최초의 인간 아담이 주변 동식

물을 '처음 부른 이름'이 곧 그 존재의 명칭이 되었다고 설명하고 있는 것도 바로 그 때문이다.

> 여호와 하나님이 흙으로 각종 들짐승과 공중의 각종 새를 지으시고 아담이 무엇이라고 부르나 보시려고 그것들을 그에게로 이끌어 가시니 아담이 각 생물을 부르는 것이 곧 그 이름이 되었더라. (창2:19)

이름을 지어주는 것은 그 존재의 본질에 맞게, 적확하게 그 존재를 나타내는 행위이다. 이름이 곧 그 존재 자체이다. 모세도 광야 가시나무 떨기에 나타나신 하나님을 향해 이렇게 물었다.

> 모세가 하나님께 아뢰되 "내가 이스라엘 자손에게 가서 이르기를 '너희 조상의 하나님이 나를 너희에게 보내셨다' 하면 그들이 내게 묻기를 '그의 이름이 무엇이냐?' 하리니 내가 무엇이라고 그들에게 말하리이까?" (출3:13)

따지고 보면 모세의 질문은 너무 당연하다. 모세가 비록 옛날에는 왕궁에서 살았는지 모르나 지금은 일개 양치기 노인일 뿐이다. 그런 그가 무턱대고 사람들 앞에 나타나서, "내 말을 들어라. 너희들의 신이 나를 보냈다"는 식으로 말한다면 믿을 사람이 누가 있겠는가? 어쩌면 돌에 맞아 죽을지도 모른다. 게다가 이 가시나무 떨기에 나타난 신이 요구하는 것은 글쎄 그 막강한 권력자 파라오와 맞장을 뜨라고 하는 것이니, 이런 황당하기 이를 데 없는 상황이 어디 있겠는가.

비록 모세가 한껏 용기를 내서 간다 해도, 모세처럼 그런 식의 신비적

체험을 한 자가 어디 한둘이겠는가? 그런 자들이 너도나도 사람들을 모아놓고 "신이 나를 보냈다"고 떠들어댈 테니 백성들은 그 중 대체 누구의 말을 들어야 한단 말인가. 모세는 '자신을 보내는 자'가 누구인지 분명히 알 필요가 있었다.

모세가 물은 것은 바로 '하나님의 이름'이었다. 이름을 물은 것은 바로 이름이 그 존재의 본질을 고스란히 담고 있기 때문이다. 모세의 질문에 신은 이렇게 말했다.

"나는 스스로 있는 자다." (출3:14)

이것이 바로 그 신의 이름이었다. 신의 이름을 알게 된 모세는 신을 신뢰하게 된다. 왜냐하면 '이름을 알았다'는 것은 곧 그 '신의 본질을 알게 되었다'는 것을 의미하고, 더 나아가 그것은 곧 신과 자신이 하나로 합일되었다는 것을 뜻하기 때문이다. 이름을 앎으로써 신을 완전히 알게 된, 더 정확하게는 신을 자기 속에 체화시킨 모세는 더 이상 평범한 양치기 노인이 아니었다. 그가 이집트에 열 가지 재앙을 불러올 수 있었던 것은 결코 우연이 아니다. 모세는 자기 안에 신을, 신의 본질을 담고 있었다.

하나님의 이름은 무엇인가?

주일학교 다닐 때 알았던 하나님의 이름은 '여호와Yehowah'다. 엄밀히 말하면 여호와는 하나님의 이름이 아니다. 이 명칭은 하나님의 원래 이름에 '나의 주님'이란 뜻의 히브리어 '아도나이אד, adonai'의 모음을 섞어서 만든 거다. 성경에서 말하는 원래 하나님의 이름은 '야훼הוה, Yahweh'다. 'H' 발음이 묵음이기에 '야웨'로 읽어야 한다고도 한다. 하나님의 이름이 '여호와'처럼 엉뚱하게 되는 등 복잡해진 연유는 하나님의 이름을 함부로 부르지 못해서였다.

히브리어는 자음으로만 구성되어 있어 신의 이름인 '야훼'는 네 개의 자음 Y, H, W, H이다. 쓰는 순서가 우리말이나 영어처럼 왼쪽에서 오른쪽으로 쓰는 것이 아니라 반대로 오른쪽에서 왼쪽으로 쓰는데, 옛날 성경을 낭송하던 사람들은 이 네 개의 자음인 신의 이름이 나타나면 읽지 않고 "음음음" 하는 식으로 넘기든지 아니면 "아도나이"처럼 다른 말로 대체해서 읽어 넘겼다. 아무도 '야훼'를 "야훼"라고 읽지 않았다. 왜 그랬을까? 이유는 그렇게 한 번에 죽 내려 읽으면, 곧 신의 이름을 부르면, 신을 범한다고 생각했기 때문이다. 읽을 때만 그런 게 아니라 필사할 때도 그랬다. 단번에 죽 내려쓰는 행위 또한 신을 범하는 행위였다. 신을 범하지 않으려면 각각의 획을 따로 따로 써야 했다. 곧, 네 개의 자음은 꼭 하나님의 이름에만 쓰는 것이 아니니 각각 떼어서 쓰면 된다고 생각했다. 단지 "Y, H, W, H"의 순으로 한꺼번에 묶인 그 '위대한 네 개의 글자[tetragrámaton]'만 신의 이름이니 한 번에 네 글자를 휘리릭 내려 쓰는 것만 피하면 되었다. 이 네 개의 자음이 나오면 한 획을 긋고 목욕재계를 하고 새 붓을 가지고 한 자를 썼다. 다음 글자를 쓸 때도 또 그렇게 했다. 한 글자 한 글자씩 끊고 구별해서 분리했다. 네 글자를 쓸 때, 네 번 목욕했다. 정말 모세 십계명의 제3계명 '하나님의 이름을 망령되게 부르지 말라'를 결코 가볍게 여겨서는 안 되는 거였나 보다.

아버지의 이름, 휘·자·호

이름은 서양보다 동양에서 더 중요하게 여겼다. 어려서 동네 꼬마들끼리 놀다가 수가 틀어지거나 힘으로 당하지 못하게 되면, 꼬마 하나가 도망을 치며 종종 이렇게 외쳤다.

"나 네 아버지 이름 안다~"

도망치는 아이는 의기양양하게 달아나고 자기 아버지 이름을 알고 있는 것이 분하다고 여긴 다른 아이는 씩씩거리며 달아나는 아이를 죽어라 쫓아갔다.

아버지 이름을 부른 것도 아니고, 하물며 욕을 한 것도 아니다. 단지 "안다"는 말을 했다는 이유만으로 서로 흥분하고 성을 냈다.

지금처럼 함부로 부모의 이름을 말하는 시대에는 도저히 이해하지 못할 상황이지만 그리 멀지 않은 몇십 년 전 얘기다. 이름은 존엄한 것일 뿐만 아니라 함부로 부를 수 있는 것이 결코 아니었다. 그 존재를 지배, 능욕할 수 있는 것이기 때문이다.

중국과 우리나라에 오랫동안 '휘諱' 문제가 있었는데 이런 관념이 이어져 내려와서다. '휘諱'란 '꺼린다'는 뜻인데, 단순히 싫어서 '꺼려하다'가 아니라 감히 함부로 할 수 없기에 멀리한다는 의미다. 우리가 흔히 접하는 『삼국지』만 봐도 휘諱 문제를 찾아볼 수 있다. 유비劉備에 대한 설명을 보자.

성姓은 유劉요, 휘諱는 비備다. 호號는 현덕賢德이다.

　유비를 설명하면서 "이름이 비備다"라 하지 않고, "휘諱는 비備다"라고
했다. 휘란 이름을 경외해서 꺼릴 때 쓰는 말이다. 당시에는 성인聖人이나
왕의 이름을 함부로 부를 수 없었다. 위대한 분들이기에 휘했다. 이름 글
자 대신 다른 글자로 바꿔 쓰든지, 같은 글자라면 마지막 획을 긋지 않는
식으로 글자를 완성하지 않았다. 피해서 범하지 않든지 완성하지 않아서
그 이름을 범하지 않으려 했다. 예를 들면, 유명한 공자孔子의 이름은 언덕
을 뜻하는 '丘(구)'다. 공자는 공구孔丘였다. 성인의 이름인 '丘(구)'를 함부
로 쓸 수 없었다. '丘(구)' 대신 '邱(구)'로 바꾸어서 썼다. 우리나라 대구시
도 한자로 '大邱(대구)'라 하게 된 배경이기도 하다.
　왕의 이름과 같아서 자신이 죽은 후 이름이 바뀌는 극단적인 경우도 있
었다. 고려 때 '안향安珦'이 그렇다. 그는 고려 말 성리학을 들여온 사람이
다. 그의 원 이름은 '안향安珦'이었는데 안유安裕로 불리다 죽었다. 당연히
안향은 안향이라고 불려야 한다. 그런데 조선시대 들어와 문종 때 '안향'
이란 이름을 '안유'로 바꿔 부르게 했다. 조선 문종의 이름이 '향珦'이기 때
문이었다. 안향을 "안향"이라고 부르면 의도하지 않게도 무엄하게 왕의 이
름을 능멸하게 되는 거였다. 그것을 방지하고자 '안향'을 그의 초명인 '유
裕'를 붙여 '안유'로 바꿔버렸다. 땅에 묻혀 죽은 전 왕조의 인물 안향은 후
대 조선 왕과 이름이 같다는 이유만으로, 평생 사용해온 본명을 잃고 "안
유"라고 불리었다는 사실을 과연 알기나 할까?
　휘諱 문제는 단순히 옛날 왕들에만 해당하는 것이 아니다. 자신보다 웃
어른의 성함을 아무렇지 않게 불러대는 세대인 지금은 정말 번잡하게 여

길지 모르지만, 제대로 된 자식이라면 제 부모의 성함을 함부로 말하지 못했다. 하지만 말을 해야 할 때가 당연히 있게 마련이다. 누군가가 부모님 성함을 물으면 그 자식은 어쩔 수 없이 이렇게 답했다.

"'김'씨 가문의 몇 대 손으로, '개'자 '동'자 쓰십니다."

무척 복잡한 방식을 통해서 이름을 전달했다. 한꺼번에 "김개동입니다"라고 말하면 그야말로 존재의 본질을 범하게 되는 것이니, 자식이 부모를 범하는 하극상이 되고 만다. 아버지의 머리를 밟는 행위이다. 성경을 필사하던 필사자들이 글자 하나마다 목욕을 하고 옷을 갈아입고 붓을 바꿨던 수선까지는 피워대지 못하더라도, 또박또박 끊어서 다른 맥락에서 말해야 하는 것이다. 그렇게 휘 하는 것이다.

신神이나 왕王의 이름을 부를 일이 별로 없지만, 사람들이 호칭이 없으면 불편해하기 그지없다. 휘까지 해야 했으니 더 그랬다. 옛날 사람들은 '자字'와 '호號'를 개발해냈다. 자字는 성인이 되면서 만드는 이름이다. 성인식을 하면서 만든 이 이름은 공식적인 곳에 두루 썼다. 부모들도 자식이 성년이 되면 본명 대신 자로 불렀다.

호號는 격식 없는 사이에 부르는 호칭으로, 호를 한두 개 이상 쓰는 사람들도 무척 많았다. 본명이 있는데도 굳이 자字니, 호號니 하는 다른 이름을 만들어서 사용한 이유는 분명하다. 진짜 이름을 숨기려는 의도이다. 서로 알지만 부르거나 드러내지 않으려는 것이다. 이름에 그 존재의 본질이 담겨 있다고 생각했기 때문이다.

아버지 이름의 무게

옛날 아버지들은 엄嚴한 분들이었다. '엄하다'는 '무섭다'와 차원이 다른 말이다. 막무가내로 화를 내거나, 다가가면 불똥이 튈까 두려워 멀리하는 것을 '엄嚴'이라고 하지 않는다. 철저하고 바르기를 자식들에게 강요하고 가르치지만 그와 동시에, 아니 그보다 먼저, 스스로 철저하고 바른 것이 바로 '엄嚴'이다.

옛 아버지들은 정말 엄하셨다. 자식 처지에서 보자면 결코 힘들거나 괴로운 것만은 아니었다. 믿고 기대고 의지할 수 있는 기둥이 있는 거였다. 언제든 세상을 떠돌다가 돌아갈 든든한 버팀목이 저기 어딘가에 있다는 믿음 말이다. 잘못해서 혼날 때도 많지만 그 혼이 분풀이나 책망이 아니라 사랑이란 걸 알았다. 아버지는 그런 존재였다.

그런데 바뀌었다. '아버지는 엄하고 어머니는 자애롭다'는 엄부자모嚴父慈母란 말이 암호처럼 들리는 세상이 되었다. 언제 누가 어디서부터 시작한 것인지는 모르겠지만, 온통 친근한 아버지, 푸근한 아버지, 허물없는 아버지 타령으로 온 세상이 난리다. 말 잘하지 못하는 아버지나 무뚝뚝한 아버지는 낙제감이다. 아무리 일이 바빠도 아이들 졸업식과 입학식은 물론 애들 생일에는 반드시 케이크 앞에 앉아 박수 쳐주며 즐거워해줘야 한다. 이젠 애들 앞에서 재롱잔치를 벌이는 것이 전혀 새롭지 않다. 물론 이런 모습이 나쁜 것은 아니다. 그래야 한다고 나도 생각한다. 하지만 정말 이렇게 흘러가는 것이 옳을까? 정작 본질은 엉뚱한 곳으로 흘려버리고 있는 것은 아닐까?

친근하고 푸근한 아버지 되기가 어려운 것이 아니라, 그렇게 아버지가 친구로 편안한 동료가 되어 버리는 순간 원래 있어야 했던 저 위의 아버지 자리는 어떻게 되는 걸까, 하는 질문이 떠나질 않는다. 아버지의 권위를 말하는 것도 아니고 가부장제를 찬양하는 것도 아니다. 아이들은 아버지를 어떻게 보고 있는가를 묻는 것이다.

"당신은 아버지를 존경하는가, 아니면 무서워하는가?"
"아버지를 신뢰하고 따르는가, 아니면 억지로 끌려 다니는가?"
"친근한 아버지의 사랑을 진정으로 느끼는가, 아니면 만만하게 여겨 늘 나만 위하는 아버지여야 한다고 여기는가?"

이런 질문은 한도 끝도 없다. 아버지가 아버지의 자리에서 빗겨나가는 순간 그 빈자리에는 무엇이 스며들까? 혹시 돈은 아닌가? 혹시 경쟁을 위한 승부욕은 아닌가? 3인칭의 자리에서 지그시 웃음의 눈빛으로 바라보며 응원하던 아버지의 자리는 대체 지금 무엇이 되어 있는가? 내(1인칭)가 바라보고 나가야 할 세상(2인칭)만 있는 평면적이고 삭막한 세상이 되어버린 것은 아닐까? 대체 무엇 때문에 이렇게 된 걸까? 주무시는 아버지 머리맡으로 아무렇지 않게 걸어 다니고, 아버지보다 먼저 숟가락을 드는 것이 자연스러운 집안에 아버지는 어디에 있는가? 물론 머리맡이 발치로 걷는 것보다 빠른 길이니 휙 갔을 테고 아버지보다 먼저 먹고 학원에 가야 하니 밥상에 앉아 퍼먹은 거란 걸 모르지 않는다.

하지만 위대한 네 개의 글자를 쓰기 위해 노력했던 필경사들의 간절함과, 알면서도 함부로 아버지의 이름을 부르지 못해 휘諱 하며 노력했던 선조들의 진지함을 더 이상 찾아보기 힘든 시대를 살아가는 것이 아버지들의 고난일지, 아니면 자라나는 아이들의 고난일지 한번 진지하게 고민해봐야 한다. 친구 같은 아버지를 넘어 슈퍼맨이 되기를 강요하는 시대에, 아버지가 3인칭의 자리에서 2인칭으로 내려오다 못해, 이젠 살갑게 부르는 2인칭 '당신'에서 아예 '너'라는 말로 바뀌어버릴 것만 같은 두려움은 꼭 나만의 걱정일까?

지금 자신을 낳아준 아버지만을 말하는 것이 아니다. '아버지'의 자리에 여호와든 야훼든 하나님을 넣어보라. 그리고 스스로에게 물어보라. 과연 어떤 답이 나오는가?

'아버지' 그 이름의 무게는 천금과 같다. 함부로 부를 수 없다. 무섭고 멀고 귀찮아서가 아니다. 감히 막 부르기에는 너무나도 감격스럽고 간절하기에 그렇다. 든든한 버팀목이자 끝없는 후원자인 그분이기에 그렇다. 그런 그분이 나를 응원하고 지켜보시기에 비록 나는 약하지만 강했고 부족했지만 넉넉했다. 눈물이 웃음으로 바뀔 수 있었다.

이름의 무게를 알지 못하는, 아니 이름에 무게가 있다는 사실조차도 잊어버린 시대에, 정말이지 '아버지 당신'이 너무나도 그립다.

휘諱 문제는 지금도 고전을 읽어내는 것을 어렵게 하는 걸림돌
이 된다. 『삼국유사』에 〈문호왕 법민文虎王 法敏〉편이 있다. 내용
상 신라왕 이야기인 것은 대번 알 수 있다. 그런데 신라에 '문호
왕'은 없었다. 사실 '문무왕文武王'인데, '武'를 휘하기 위해서 '虎'
로 바꿨던 것이다. 이런 식의 휘 문제는 그야말로 엉뚱한 주장을
하는 웃지 못할 일을 만들기도 한다. "신라에 문호왕이란 왕이 있
었는데 그동안 우리가 모르고 있었다"는 식으로 말이다.

뭔가를 안다고 쉽게 말하기 참 어려운 일이다. 그래서 현명한
분들은 늘 자신이 틀릴 수 있다는 것을 염두에 두고 산다. 학문이
든 삶이든 마찬가지다.

"왜 꼭 너여야 하는데?"

"우리 애에게 복을 내려주세요, 제발!"

실례이긴 하지만 나란히 앉아 기도하다 보면, 종종 옆 사람 기도소리를 듣게 된다.

"우리 아들에게 큰 복을 내려주시면 선교도 하고 가난한 사람들도 많이 구제하겠습니다."

대충 이런 식이다. 나쁜 내용도 아니고 잘못된 기도라고 생각하지도 않지만 조금 입맛이 씁쓸해질 때가 있다. 기복祈福신앙이어서 옳지 않다는 것은 아니다. 신에게 복을 달라고 비는 것은 자연스럽다 못해 마땅하다. 신에게 복을 빌지 않으면 대체 누구에게 빈단 말인가? 복을 빌지 않는 종교가 과연 종교이기나 할까? 고상한 지식으로 무장하신 분들이야 알아서 잘 믿으시겠지만, 삶이 고달파 그런 입씨름에 매달릴 여력조차 없는 분들에겐 기복신앙이 옳네, 그르네 같은 말들은 그저 고담준론일 뿐이다. 행여 그런 말을 늘어놓으면 "똑똑한 당신들이나 잘 하슈"란 소릴 들을 뿐이다. 내 생각에 성경 속 인물들은 하나같이 복을 바랐고 나아가 복을 간절히 빌었다. 만약 그렇지 않다면, 매일의 삶이 저승길 끌려가는 것처럼 진저리 쳐지는 자들을 만날 때마다 복을 빌어주고 병을 고쳐준 예수는 뭐란 말인가? 예수야말로 기복신앙의 우두머리 아니겠는가.

그 기도가 귀에 거슬렸던 것은 기복 요소 때문이 아니다. 옆 사람이 들어도 상관없다는 듯 크게 외치는 소리 때문도 아니었다. 큰 외침은 정말 복을 받으면 그렇게 하겠다는 자신을 향한 다짐이기도 하니 말이다. 더욱이 복 받아 선교하고 구제하겠다는 것은 나쁜 일이 아니다. 그렇게 하지 않겠다는 사람보다 훨씬 낫다.

그분이 딱했던 것은 바로 그 옆으로 한 다리 건너에서 몸을 앞뒤로 흔들며 열심히 기도하는 다른 집사님도 그렇게 기도했기 때문이었다. 잘은 몰라도 우리 교회만 그런 게 아니라 전국, 아니 전 세계에서 그런 기도를 올릴 테니 정말이지 하나님은 답답도 하시겠다. 내가 하나님 입장까지 변론할 것은 아니지만, 대체 누구의 기도를 들어줘야 할지 퍽 난감하시겠다.

"모두의 기도를 들어주면 되잖아? 뭘 그걸 가지고 그래?"

이렇게 말할지 모르나 그리 간단한 일이 아니다. 전세계 사람들 모두에게 일억씩 나눠주면 또다시 같아지니 말이다. "우리 딸이 꼭 명문 대학에 붙게 해주세요!"라고 기도하는 부모 숫자가 명문 대학 정원을 훌쩍 넘는

판국이니 이를 어쩐단 말인가.

잘 모르긴 해도 하나님은 아마 이렇게 응답하실 것 같다.

"왜, 꼭 너여야 하는데?"

우리는 이 말씀을 조금 깊이 새길 필요가 있다.

모세의 3막 인생

모세는 백이십 년을 살았다(신34:7). 설명하기 쉬우라 그랬는지, 사십 년마다 큰 고비를 겪었다. 그러니까 모세는 40+40+40, 백이십 살의 우여곡절이 많은 삶을 살았다. 그는 불쌍하게도 태어나자마자 강물에 띄워 보내졌는데 그게 전화위복이 되었다. 파라오의 딸이 그를 발견하여 키웠다. 모세는 이집트 왕궁에서 성장해서 마흔 살까지 지냈다. 그의 이런 첫 번째 삶은 평생에 걸쳐 볼 때, 물질적으로 가장 풍족하고 넉넉한 삶이었다.

이 첫 번째 삶은 나이 마흔에(행7:23) 끝난다. 어느 날 힘겹게 노동하는 히브리 사람을 마구 때리며 각박하게 대하는 이집트 관리를 그만 때려죽이고 만다(출2:11~12). 시체를 모래에 묻어 은폐하고는 다음 날 아무렇지 않은 척하며 다시 나간다. 이번엔 히브리 사람들끼리 싸우고 있었다. 여기에 모세가 끼어들어 잘잘못을 따지며 담판 지었다. 그러자 비난을 들은 사람이 모세를 향해 이렇게 빈정댔다.

"누가 너를 우리를 다스리는 자와 재판관으로 삼았느냐? 네가 애굽 사람을 죽인 것처럼 나도 죽이려느냐?" (출2:14)

모세는 모골이 송연해졌다. 살인을 은폐했다고 여겼는데 사람들이 알고 있었던 거다. 소문이 났고 파라오까지 알게 되었다. 결국 모세는 죽음을 피해 미디안 땅으로 도망쳐버렸다. 거기서 양을 치며 여든 살까지 늙어간다. 이것이 그의 두 번째 삶이다.

나이 여든에 다시 그의 인생에 전환점이 나타난다(행7:30). 가시나무 떨기에 나타난 신이 그에게 도저히 할 수 없는 지시를 내린다. 노예로 살고 있는 히브리 사람들을 이집트에서 탈출[Exodus]시켜 젖과 꿀이 흐르는 가나안 땅으로 인도하라는 그야말로 황당무계한 명령이었다. 우여곡절 끝에 그는 백성들을 이끌고 탈출을 감행하고, 가나안 땅을 목전에 둔 곳에서 숨을 거두기까지 장장 사십 년 동안 광야에서 그들을 이끈다. 그의 마지막이자 세 번째 삶이다.

모세의 생애를 설명하는 대부분은 그의 두 번째 삶, 마흔에서 여든까지 사십 년 동안 미디안 땅에서 양치기로 지내던 때를 꽤나 강조한다.

"하나님의 능하신 손 아래에서 그가 겸손함을 배웠기에 훗날 그가 광야에서 백성들을 이끄는 일을 할 때 하나님을 의지했고 그래서 허다한 문제를 해결할 수 있었던 거다."

"자신의 혈기로 백성들을 구하려던 마흔 살의 모세는 결국 칼과 창으로 백성들을 이끌려 했지, 하나님을 의지하는 것이 아니고."

"만약 그가 마흔 살에 백성들을 이끌고 출애굽 했다면 홍해 앞에서 어떻게 됐겠어? 그 막막한 홍해에 그냥 빠져 죽든지 아니면 뒤따라오는 이집트 군대에 몰살당해버렸을 거야. 도망자 신세였던 두 번째 삶이 정말 중요한 거라고."

"왕궁에서 화려하게 살던 때와는 비교도 안 될 정도로 곤궁하게 살았지만, 그것이 바로 하나님의 연단이라니까."

뭐, 이런 말들이 틀린 것 아니다. 분명 모세의 고통스러운 두 번째 삶은 필수 불가결한 것 맞다. 연단鍊鍛인 것도 맞고, 겸손하게 하려는 것도 맞다. 하나님이 쓰시기에 적절하게 만드는 기간인 것도 맞다. 우리도 그처럼 시련과 고난이 오더라도 낙심하지 말고 참고 기다리며 하나님을 바라야 한다는 것, 다 맞는 말이다.

하지만 두 번째 삶만 너무 강조하다 보니 정작 중요한 것이 빠지게 되는 데 문제의 심각성이 있다. 잠시 미디안 광야에서 실의에 차 있던 모세의 삶을 따라가보자. 미디안으로 도망친 혈기 왕성한 마흔 살의 모세는 무슨 생각을 했을까? 〈사도행전〉에 나오는 스데반 집사는 그의 마음을 이렇게 돌려 설명했다.

(모세의-인용자) 나이가 사십이 되매 그 형제 이스라엘 자손을 돌볼 생각이 나더니, 한 사람이 원통한 일 당함을 보고 보호하여 압제 받는 자를 위하여 원수를 갚아 애굽 사람을 쳐 죽이니라. 그는 그의 형제들이 하나님께서 자기의 손을 통하여 구원해주시는 것을 깨달으리라고 생각하였으나 그들이 깨닫지 못하였더라. (행7:23~25)

모세는 왕궁에서 당대 최고의 교육을 받았다. 그만 그랬다. 대부분의 이스라엘 백성들은 노예였다. 노예인 그들에게 학식이나 지략을 기대할 수는 없었다. 모세가 교만해서가 아니라 누가 봐도 이스라엘 백성 중에 모세만 한 자가 없었다. 모세는 자신의 안락과 행복을 포기하고 남을 위한 삶을 살기로 맘먹고 과감하게 나섰다. 왕궁에서 자신만을 위한 쾌락적 삶을 살 수도 있었지만 그런 욕망을 버리고 억눌린 자를 돌아볼 비전을 품고 그렇게 살려 한 것이다.

한데 웬걸, 정작 그 혜택을 볼 당사자들 반응은 뜨악했다. 모세를 밀치며 "누가 너를 관리와 재판장으로 우리 위에 세웠느냐?(행7:27)"며 비꽜다. 이때 모세의 마음은 어땠을까? 바로 당신을 위해 이렇게 모든 것을 감수하고 있는데 정작 그 당사자인 당신이 거부하고 부인하고 나를 욕하다니……. 해머로 뒤통수 맞은 기분, 완전히 능욕당한 느낌이었을 것이다. 무엇보다 괴로운 것은 그렇게 약자를 돌볼 생각으로 나섰던 일로 인해 그의 삶이 곤두박질치고 만 것이다. 미디안 땅으로 도망칠 수밖에 없게 된 것이다.

모세의 좌절은 깊을 수밖에 없었다. '대체 내가 뭐라고 나섰던 거야'부터 '저따위 노예 근성에 물든 작자들을 구하려고 나선 내가 미친놈이다'까지 수없이 많은 상념이 그를 밤낮 괴롭혔을 것이다. 그 번민이 검은 머리를 하얗게 물들였을 것이다.

그런데 혹시 모세가 이런 원망을 하지는 않았을까?

"하나님, 나를 이렇게 살게 하려 했다면 대체 뭐 하러 왕궁에서 성장하게 했습니까?"

자가용 타던 사람이 택시만 타려 해도 불편한 것이 세상 이치다. 애초에 몰랐다면 모를까 온갖 좋은 것을 다 보고 배우고 경험하고 누렸던 삶에서 추락해버린 자신을 견디기란 정말이지 괴롭다.

모세의 두 번째 삶은 그의 삶 중 가장 중요한, 세 번째 삶을 사는 데 꼭 필요한 과정이었다. 이렇게 보면 왕궁의 첫 번째 삶은 혹시 공연한 삶이 아니었을까? 곤두박질쳐지는 큰 고통을 느끼라고 일부러 풍요로운 생활을 하게 한 것일까? 나날이 쇠약해져 가는 몸과 흰 머리카락을 회한으로 바라보는 두 번째 삶을 살던 때의 모세라면 모를까, 그의 전 인생을 다 아는 우리까지 그렇게 생각한다면 그건 문제다. 왕궁에서 살았던 첫 사십 년이 쓸데없는 군더더기라고 여긴다면 그건 정말 안 될 말이다.

모세의 첫 번째 삶은 더없이 중요했다. 엄밀히 말하자면, 그 첫 번째 삶이 없었다면 세 번째 삶도 있을 수 없었다. 모세가 모세인 것은 바로 왕궁에서의 사십 년 때문이다.

예수는 도깨비가 아니다

모세의 세 도막 삶 중 가장 중요한 시기를 고르라면 당연히 마지막 삶, 사십 년 동안 광야에서 백성들을 인도한 삶이다. 지도자 역할을 할 때 그에게 가장 중요한 자질은 하나님을 의지하는 믿음이었을 것이다. 아무리 그가 출중하고 능력이 있다고 해도 허다한 백성들을 매일같이 먹이고 입힐 재간은 없다. 만나와 메추라기는 누가 보내주었을까? 바로 하나님이다. 척박한 환경을 이겨낸 것도 하나님의 은혜, 이곳저곳의 적대적 민족들을 물리친 것도 하나님의 능력으로 가능했다. 마지막 세 번째 삶의 모세에게 가장 필요한 덕목이 전폭적으로 하나님을 의뢰하는 믿음인 것은 두말할 나위도 없다.

"그런데 과연 믿음과 신념만으로 백성들을 이끌 수 있을까?"

이런 삐딱한 질문은 믿음이 필요 없다는 말이 아니다. 그 믿음이란 것이 무엇이고 그런 믿음으로 여타 모든 일이 다 술술 풀려나가느냐는 물음이다. 광야에서 백성들끼리 다툼이 일어나면 그것을 어떻게 조정할까? 태어난 다음 세대들을 양육하고 가르치는 것은 어떻게 할까? 커리큘럼에 믿음과 기도만 넣으면 만사형통할까? 호전적인 적들이 사는 지역이 어디이고, 그곳의 풍토와 문화는 어떠하며, 군사력과 습성은 어떠한지, 그들과 전쟁할 때 어떤 방식으로 접전接戰하고 어떻게 진陣을 펼칠지 등은 어떻게 알고 어떻게 준비할까? 그때마다 무릎 꿇고 하나님께 기도해서 소위 '계시'를 달라고, '응답'을 달라고 애원할까? 물론 기도해야 한다. 믿음이 절실히 필요하다. 하지만 기도만 하고 앉아 있으면 저절로 모든 지식이 습득되고 어려움이 해소되고 문제도 사라지는가? 그렇게 하나님만 넋 놓고 바라보기만 하며 떡 달라고 떼쓰는 것이 정말 '믿음'일까?

취직을 하려는 사람은 열심히 기도해야 한다. 하나님이 내게 주신 비전이 무엇이고 또 내 적성에 맞는 직업이 무엇인지 찾고자 기도해야 한다. 그러고 나서 여기저기 뛰어다녀야 한다. 원서도 내고 면접도 보러 가야 한다. 좋든 안 좋든 깔끔한 옷을 다려 입고 말쑥한 얼굴로 앉아 당당하게 자기 소신을 피력해야 한다. 노력해야 한다. 열심히 기도하고 교회당에 앉아

만 있으면 절대로 하늘에서 툭 하고 합격 통지가 떨어지지 않는다.

교인들이 은연중에 치명적인 착각을 한다. 예수만 잘 믿으면 만사가 저절로 술술 풀릴 거란 환상을 갖고 있다. 그런 일은 없다. 하나님은 분명 일을 하신다. 하지만 하나님은 인간이 해야 할 일은 인간이 해야 한다고 말씀하신다.

예수의 강연을 들으러 모였던 허다한 사람들이 굶주리고 있을 때, 예수는 이렇게 말했다.

"너희가 먹을 것을 주라." (눅9:13)

정말 터무니없는 말이다. 예수는 제자 몇 명이 지닌 것으로 그 군중들을 다 먹일 수 없음을 모르지 않으면서도, 또 자신이 그냥 하늘에서 먹을 양식을 내려오게 할 수 있으면서도, 그렇게 말했다. 제자들에게 요구했다. 그의 말대로 어디선가 물고기 두 마리와 떡 다섯 개를 찾아 내놓자, 비로소 놀라운 기적을 베풀었다. 오병이어五餅二魚 기적 말이다. 기복신앙의 으뜸이신 예수도 이랬다. 대뜸 하늘에서 뚝딱 금은보화가 떨어지게 하지 않았다. 할 수 없어서가 아니라 해서는 안 되기 때문이다.

예수는 도깨비가 아니고, 기도는 도깨비방망이가 아니다. 인간이 해야 할 일은 인간이 해야 한다. 인간이 할 수 없는 것은 하나님께 기도하여 구한다. 자신의 약함, 부족함, 어리석음을 철저히 고백하고 하나님을 의지하는 것은 자신이 할 것을 하나도 하지 않고 방기하며 하나님만 부르는 것을 뜻하는 것이 아니다.

이제 우리는 하나님이 왜 하필 모세를 불러서 광야 사십 년의 막중한 임무를 맡겼는지 짐작할 수 있게 되었다. 그건 그가 잘생겨서도 아니고, 미디안 땅에서 양치기하며 철저하게 순종했기 때문도 아니다. 잘생긴 사람도 많고 순종의 달인들도 넘쳐나지만, 이 늙은 여든 살의 모세를 불러낸 이유는 바로 그가 이집트 왕궁에서 당대 최고의 학문을 배웠기 때문이다.

> 모세가 애굽 사람의 모든 지혜를 배워 그의 말과 하는 일들이 능하더라. (행7:22)

이 논평은 결코 허튼소리가 아니다. 이런 모세였기에 광야에서 그 수많은 민원을 처리했고 백성들을 조직했으며 군대를 양성하고 편재시켰다. 허다한 인재 중 모세가 바로 적임자였다. 모세 아니면 안 되었다. 모세만 준비되어 있었고 모세만 할 수 있었다.

이집트에 열 가지 재앙을 내릴 수 있던 것은 하나님의 능력을 힘입은 덕분이다. 홍해를 갈랐던 것도 하나님의 능력 덕분이다. 모세의 노력과 열정만으로 가능한 것이 아니다. 하지만 백성들을 보살피고 다독이고 문제를 해결하고 그들을 이끌고 다스리는 능력은 모세의 배움 속에서 준비된 거였다. 왕궁에서 배운 최고의 학술과 지혜가 그의 세 번째 삶에서 제대로 진가를 발휘했다.

여기서 삐딱한 질문을 하지 않을 수 없다. 혹시 모세가 왕궁에서 공부할 때 농땡이를 피웠다면 어떻게 되었을까? 힘들어서 피하고 어려워서 건너뛴 것이 있었다면 어떻게 되었을까? 아마 그 작은 결핍이 훗날 진정으로 자신의 소명이 이루어지는 때에 백성들에게 눈덩이처럼 커져서 엄청난 피해로 돌아갔을 것이다. 사소한 부주의와 미진한 배움, 미처 준비하지 못한 태만이 엄청난 문제를 일으켰을 것이다. 그것까지 하나님이 다 채워주신다고? 기도해서? 믿음으로? 글쎄 잘 모르겠다. 기도해보시라, 어떤 응답이 올지.

홍길동이 될래? 전우치가 될래?

약간 과장하면 〈홍길동전〉의 홍길동을 모르는 한국 사람은 없다. 적서차별嫡庶差別로 인한 괴로움으로 집을 나가 활빈당을 세우고, 부패한 탐관오리들을 척결하는 등 사회 모순과 싸우다 급기야 바다 바깥에 율도국이란 이상국을 건설하는 이야기 말이다. 홍길동과 유사한, 아니 비슷한 능력과 도술을 부리는 인물이 있는데, 그가 바로 〈전우치전〉의 전우치이다.

홍길동이나 전우치 둘 다 사회의 부패를 고발하고 탐관오리를 혼내주고 왕권을 희롱한다. 행적도 유사하고 신나는 도술을 부리는 것도 같다. 하지만 사람들은 홍길동은 알아도 전우치는 잘 모른다. 언젠가 영화로 만들어져 조금 알려졌지만 그뿐이다. 여전히 전우치를 제대로 아는 사람은 손꼽아야 할 정도다. 왜 그럴까? 전우치와 홍길동은 그 시작과 끝이 전혀 다르기 때문이다.

서자庶子로 태어난 홍길동은 뜻을 펼칠 수 없음에 울울불락鬱鬱不樂하다가 그 모순을 떨쳐 내고 결국 율도국의 왕이 된다. 전우치의 시작은 홍길동과 다르다. 당당한 명문가 적자嫡子로 태어난 전우치는 어릴 때 아버지가 돌아가신 후, 아버지 친구를 스승으로 모시고 공부했다. 어느 날 아침 공부하러 가는 길에 고개를 넘을 때였다. 무척 아리따운 여자가 혼자 울고 있었다. 그냥 지나쳐 갔다가 공부를 마치고 돌아오는 길에 보니 여전히 그녀가 계속 울고 있었다. 전우치는 여자의 미모에 끌려 다가가 사정을 물었다. 그녀는 계모의 박대로 살 수가 없어 자결하려고 하는데 용기가 없어 선뜻 못하고 그저 인생이 서러워 울고 있다고 답한다. 아리따운 여인의 한스러운 말을 들은 전우치는 그렇지 않아도 마음이 동했는데 걷잡을 수 없게 된다. "그래도 살아야지" 하며 그녀의 손을 잡는데 여자가 손을 뿌리치지 않았다. 전우치는 그녀와 흠뻑 정을 맺는다. 얼마나 푹 빠졌는지 집에 갈 생각도 잊을 정도였다. 다음 날 다시 서당에 가려고 지나다 보니 그녀가 또 그 자리에 서 있었다. "당신을 보려고 기다리고 있었어요." 그녀의 정에 녹아버린 전우치는 공부고 뭐고 다 던져버릴 생각으로, 잠시 기다리란 말을 하고는 부리나케 서당으로 달려가 스승에게 공부를 그만두겠단 말을 하려 한다. 그런데 뜻밖에도 스승이 모든 일을 알고 있었다.

"네가 오다가 여색女色을 범했으니 글을 배워도 천지天地 조화造化를 통通하지 못할 것이다. 이제 돌아가서 그 여자를 만나라. 그 여자가 입에 구슬을 머금었을 것이니 그 구슬을 빼앗아라." <전우치전> 경판37장본

스승의 말대로 돌아가 여자를 만나 정을 통하다 보니 정말 그녀 입 안에 구슬이 있었다. 전우치는 그녀를 달래 키스하다가 그 구슬을 제 입으로 받아 꿀떡 삼켜버렸다. 그러자 여자는 난리를 피우며 크게 울더니 들로 달려가 사라져버렸다. 놀란 전우치가 스승에게 돌아가 연유를 묻자, 스승이 놀라운 말을 들려주었다.

"그 여자는 사람이 아니라 여우다. 네가 삼킨 것은 여우의 정精이니 네가 여우처럼 천문지리天文地理를 통할 것이고 일흔두 가지 도술을 행하게 될 것이다."

여우의 정수精髓를 삼켜서 여우의 신통력을 얻은 전우치는 과거에 장원급제한다. 그러나 그것에 만족하지 못하고 온 세상을 다니며 요괴와 괴물들을 물리치며 그 정수를 빼앗는다. 급기야 천상天上 선관仙官이라며 왕을 속이고 희롱하기까지 한다. 이야기는 하늘 높은 줄 모르고 까불던 전우치가 서화담을 만나 크게 패하고 마음을 고쳐먹는 것으로 끝이 난다.

전우치 이야기는 홍길동 이야기보다 기기묘묘하고 다채롭다. 하지만 전우치가 우리 머릿속에 별로 남지 않는 이유는 그의 일생을 한마디로 요약하면 그저 '희롱'뿐이기 때문이다. 도술을 얻게 된 것도 여우를 속여 받아낸 것이고, 과거에 급제한 것도 벼슬을 해서 백성을 위한 정치를 하려는 것이 아니라, 그저 제 능력을 뽐내려는 거였다. 왕과 대신들을 도술로 놀린 것도 사회 모순을 비판하고 왕의 실정失政을 꼬집기 위함이 아니라, 그냥 재미였다. 그가 마지막에 서화담에게 잡힌 것이나 서화담의 준엄한 꾸짖음에 머리 숙이는 것으로 맺는 것은 어찌 보면 당연한 귀결이다. 그가 평생 한 일이나, 하려고 한 일 모두 다 비루하고 졸렬했기 때문이다.

홍길동의 삶도 욕망을 추구하는 삶이었지만 다른 이들의 삶과 행복에 연결되어 있었다. 전우치가 제 욕망대로 희롱하고 이기적 욕망을 분출하는 것과는 차원이 달랐다. 이런 둘의 차이가 궁극적으로 누구는 율도국을 건설하고 누구는 서화담에게 잡혀 머리를 조아리는 차이를 빚어냈다. 모든 것이 그 시작에 있었다.

홍길동은 절대 관직을 할 수 없는 서자란 사실을 누구보다 잘 알면서도 열심히 학문을 연마하며 노력했다. 자신이 할 수 있는 한도에서 최선을 다했다. 전우치는 달랐다. 맘만 먹으면 무엇이든 할 수 있는 위치에 있었고 특이한 행운으로 세상 누구도 지니기 힘든 능력을 획득했지만 단지 그뿐이었다. 그저 낄낄거리고 놀며 던져버렸다. 아까운 재능을 낭비하며 세월을 희롱할 뿐이었다. 홍길동과 전우치. 이 둘의 겉은 같아 보일 수 있다. 남들이 보면 꼭 쌍둥이 같다고 할 수 있다. 하지만 둘은 하늘과 땅만큼 현격한 차이가 있다.

어리석은 질문을 하나님께 하나 해보자.

"하나님, 홍길동과 전우치 중에서 누구를 당신의 일에 쓰시고 싶으세요?"

뭐라 답하실까? 글쎄, 굳이 답을 들을 필요가 있을까.

설렁설렁해도 되는 삶이란 없다

취직이 안 되는 것은, 물론 회사에서 많이 뽑지 않아서다. 세상이 어수선한 것 역시 정치하는 사람들이 제대로 하지 못해서인 게 맞다. 모든 것이 다 세상 때문이고 정치 때문일까? 누군가 잘되는 사람은 '빽'이 좋아 잘 되는 거고 '연줄'을 잘 타서 술술 풀리는 걸까? 그런 측면도 없지 않지만 '빽' 있는 사람이 한둘이 아닐 테고 '연줄'이 동아줄처럼 든든한 사람도 한둘이 아닐 거다. 그들 모두가 다 잘 될까?

회사를 경영하는 분들을 가끔 만나 대화해보면 언제나 듣는 이야기가 있다. 인재가 없다는 말이다. 경영자들은 정말이지 눈을 까뒤집고서 인재를 찾는다. '빽', '연줄'? 물론 그런 것도 있을지 모르지만 그 관계로 직원을 다 채우지 않는다. 내일 당장 회사 접을 생각이라면 모를까, 절대 그러지 않는다. 혹시 실력 없이 '뒤로' 들어온 자들이 있다면 그들은 그리 높이 올라가지 못한다. 일을 맡겨도 감당할 충분한 능력이 없기 때문이다. 그 사람에게만 가면 일이 꽉 막혀 버리니 어쩌겠는가. 아무리 '빽'이 좋아도 그냥 자리만 차지하는 정도로 내버려둔다. 사업을 망칠 생각이 아니라면 말이다.

세상이 깨끗하고 모든 이치가 공정하다는 말이 아니다. 당연히 세상은 문제가 있다. 다만, 그런 세상 탓을 하는 푸념과 비난 속에 숨은 자신을 한 번 돌아보기 바란다. 정작 자신은 얼마나 준비되었는지 묻고 싶다. '빽'도 빼고 '연줄'도 빼고 그냥 있는 그대로 당신을 대했을 때, 정말 당신에게 그 일을 감당할 수 있는 능력이 있는지를 스스로 생각해보란 말이다.

모세는 준비되었다. 정말 당대 최고의 학문을 제대로 공부하고 노력했기에 그는 말과 행동에 능했다. 누가 봐도 그가 지도자가 되는 것은 당연을 넘어 마땅했다. 그렇기에 하나님이 그 누구도 아닌 모세를 불러내신 것이다. 싫다는데도 불구하고 억지로 불러내신 것이다.

정말 '국가를 위해 민족을 위해 헌신'하고 싶으신가? 정말 '가난한 자들을 위해 온 몸을 던져 헌신'하고 싶으신가? 하나님께 그렇게 기도하시는 당신의 모습이 아름답다. 그 열정에 머리 숙인다. 다만, 당신은 한 가지 중요한 것을 준비해야 한다. 바로 지금 당신이 발 디디고 있는 그 자리에서 최선을 다하는 것이다. 거기에서 능력을 최대한 발휘해야 한다. 그렇게 길러진 능력이 언제 어디에서 어떻게 쓰일지 아무도 모른다. 당신도 모르고 나도 모른다. 오직 하나님만 아신다. "모든 것이 합력하여 선을 이룬다(롬8:28)"는데, 막상 그때가 되어 뭔가 필요할 때 정작 합력할 만한 것이 없으면 어쩐단 말인가? 왕궁에서 농땡이 피운 낙제 과목이 나중에 정말 필요해지면 그땐 어쩐단 말인가?

세상에 필요 없는 시간이란 하나도 없다. 버릴 것도 하나 없다. 모세에게 왕궁 생활은 더없이 귀중하고 소중했다. 서자이기에 죽어라 공부하고 노력해도 절대 벼슬할 수 없다는 것을 알지만 그래도 노력했던 홍길동은 결국 율도국의 왕이 되었다. 적자로 명문대가에서 성장하여 과거까지 급제해서 모든 이가 바라마지 않는 위치가 되었어도 인생을 방탕과 희롱으로 점철한 전우치는 그저 그런 모습으로 인생을 마감했다.

그대는 모세인가, 홍길동인가, 아니면 전우치가 되고 싶은가? 그 답은 하나님도 아니고 세상도 아닌, 바로 당신이 쥐고 있다.

조선시대 사람들은 재미있는 고소설이 있으면 빌려다가 종이에 그대로 베껴서 자기만의 책으로 만들었다. 이렇게 만든 이본을 '필사본筆寫本'이라 한다. 조선 후기에는 고소설을 판매할 목적으로 판화처럼 찍어서 대량으로 만들어냈는데 이를 '방각본坊刊本'이라 한다.

상업적 이윤 획득을 목적으로 하기에 이들 방각본 업자들은 서울, 전주같이 사람들이 많은 대도시를 중심으로 활동했다. 서울에서 제작해낸 방각본을 '경판본京板本'이라 하고 전주에서 제작한 방각본을 '완판본完板本이라 한다.

본문에 인용한 〈전우치전〉 '경판37장본'은 서울에서 판각된 경판본으로 소설의 장수가 모두 37장이란 뜻이다.

깍두기, 그도 이스라엘을 구원했다

구별이 차별이 되는 세상

어스름한 저녁에 산책하다가 우연히 내가 사는 아파트 단지를 올려다봤다. 차곡차곡 블록 쌓아놓은 것 같은 집들에 하나둘씩 불이 들어오고 있었다. 알록달록한 색깔이 꼭 모자이크처럼 색다른 멋이 있었다. '위아래로 사람들이 많기도 많다' 하는 순간, 문득 오랫동안 잊고 있던 말이 귓가에 되살아났다.

"사람 위에 사람 없고 사람 아래 사람 없다."

구호 많은 나라치고 좋은 나라 없지만 이 말만은 귓속에 쏙 들어왔다. 친구 녀석 하나가 킬킬대며, "뭔 소리야, 아파트 보니까 위아래로 사람들이 득실거리는데"라며 농담했던 것까지 떠올랐다.

아무튼 위의 말은 사람을 있는 그대로 인정하는, 단순한 평등 이상의 뭔가가 들어 있는 좋은 말인데, 오랫동안 잊고 있었다. 잊은 이유는 나조차도 이 말을 신뢰하지 않게 되면서부터였던 것 같다. 세상엔 단순한 구별 이상의 차별이 분명 존재하고, 그런 차별을 의도적으로 영속화하려는 움직임이 적지 않다. 점점 지식이라는 알량한 것을 머릿속에 욱여넣으며 마음으로 받아들였던 가치가 희미해졌다.

그날 저녁 마음이 더 무거워졌던 것은 우리 아파트 관리인 아저씨가 내게 인사를 했기 때문이다. 평소 서로 알은체하는 사이였지만 그날 그 인사는 왠지 내가 관리인 아저씨보다 우월한 것 같은 느낌을 줘 마음이 복잡했다. 관리인은 관리인의 일을 한 것뿐이고 난 그의 관리를 받는 집에 사는 것일 따름이다. 단순한 구분이고 차이이다. 하지만 언제부턴가 그런 구분이 차별을 만들고 그 차별이 당연하다는 듯 뻔뻔한 낯짝을 치켜들고 살고 있는 것은 아닌가 하는 자괴감이 가슴속을 파고들었다. 믿기지 않겠지만, 격이 낮다고 분식집에서는 절대로 식사를 하지 않는 사람도 있고 일반인이 타는 버스나 지하철을 절대로 타지 않는 사람도 있다. 보통 사람과 자신이 다르다고 생각하는 사람이 이 땅에 정말 있다. 물론 나는 그런 사람이 아니지만 내가 '사람 위에 사람 없는 것'처럼 '사람 아래 사람 없는 것'처럼 살고 있는지는 쉽게 장담하기 어려웠다. 이런저런 지위가 생기고 또 본질이 아닌 부수적인 것들이 이름 앞뒤에 붙으니 제 주제를 잊고 망동을 하는 것은 아닐까? 혹시 이런 식의 고상한 말들로 '그래도 나는 이 정도로 나를 돌아볼 줄 아는 사람이라니까' 하며 면피용 언사로 호도하는 건 아닐까?

며칠 후 주일이 되어 교회에 갔는데 전에는 그냥 흘려들었던 말이 귀에 쏙 들어왔다.

"시어머니에게도 잔소리 안 듣는데 누가 여기 와서 그런 소릴 들어가며 설거지를 해."

교회 식당에서 밥을 타서 자리에 앉던 집사님 내외의 말씀이었다. 내가 다니는 교회는 여전도회에서 순번을 정해 주일날 식사를 담당했다. 하루 전인 토요일부터 음식을 장만해서 주일에 한꺼번에 몰리는 수많은 교인의 식사를 배식하고 치우자니 일손이 만만치 않게 필요했다. 젊은 여전도회의 경우는 아무래도 젊은 새댁들이라 손이 굼뜨고 서투를 수밖에 없는데, 답답한 마음에 일을 맡은 권사들의 이런저런 말이 더 힘들게 할 때가 종종 생겼다. 그러다 보니 봉사요 헌신이지만, 점점 더 '자발적이지도' 그리고 '그리 즐겁지도' 않은 의무와 노역이 되어버렸다. 그냥 빨리 순번이 끝나서 다시 돌아오지 않기를 바라게 되었고 이런저런 이유로 참여하는 사람들이 줄어들었다. 그럴수록 일은 더 힘들어졌다.

"성가대 시간과 겹쳐서 이번엔 못하겠어요, 죄송해요."

이렇게 말하며 휙 빠져간 신도는 남은 신도에 미안함의 부채를 한껏 어깨에 짊어지게 되어 성가대에 서고 나서 결국 설거지를 한다. 퍽이나 은혜가 되겠다. 웃을 일이 아니다. 식당 봉사 때문에 교회를 옮긴다면 말이 되겠는가. 이런 일이 어느 한 교회만의 일이라면 심각할 게 없다. 그렇지 않아 문제다. 설거지만이 아니다. 주차관리 할 집사님도 부족하고 본당을 청소하고 화장실을 닦을 교인도 찾아보면 별로 없다. 이 모든 것이 권사님들의 잔소리 때문이라고 생각하면 그건 난센스다. 아무도 인정하지 않지만, 아니 인정하려 들지 않지만, 교회 안에도 더 좋은 일과 덜 좋은 일이 있다. 하는 일로 사람을 평가하려 드는 시선이 교회라고 없지 않다. 교회에도 '사람 위에 사람 있고 사람 아래 사람이 있다.'

"자, 하나님. 당신의 교회인데 이를 어쩌실 셈입니까?"
"인간 사는 곳에 구별이 없을 수 없지만 그게 차별로 변질해가는 것이 교회 안에서도 심각한데, 이를 어쩌실 셈이세요?"
"그냥 돈으로 승부할까요? 궂은일은 다 모아서 돈 주고 외부 용역을 시킬까요? 외부 용역 말이에요."

며칠 뒤 성경 한 구절이 눈에 들어왔다. 가슴이 뜨끔거렸다. 잘 아는 구절이었지만 그날만은 조금 다르게 마음이 흔들렸다. 삼갈이라는 사사 이야기였다.

깍두기 삼갈과 시시한 인생

'사사士師'는 여호수아가 죽은 후부터 이스라엘에 왕이 세워지기 전까지 백성들을 이끌던 재판관이자 군대 장관 노릇을 하던 지도자이다. 여호수아의 영도로 가나안 땅을 정복한 후 백성들이 지파별로 나뉘어 살았는데, 여호수아가 죽자 백성들은 하나님의 말씀을 잊고 '각기 자기의 소견에 옳은 대로 행하며(삿21:25)' 살았다. 자연스레 하나님의 말씀을 떠나 이 방 신 숭배를 하는 옳지 않은 삶의 방식이었고, 그로 인해 주변 이민족의 침탈과 압제를 받았다. 허덕이던 백성들이 괴로워 울부짖으면 하나님께서 지도자를 세워 이민족을 물리치고 백성들을 구원하게 하셨다. 그 지도자가 바로 사사였다. 사사가 다스리는 동안은 평화를 누렸다. 사사가 죽고 나서 백성들은 다시 하나님을 떠나 살다 타락한 삶에 어려움이 찾아와 또다시 부르짖으면 하나님이 다시 한 번 사사를 보내는 식의(삿2:18~20) 장난 같은 사이클이 사울이 왕이 될 때까지 반복되었다.

사사들은 민족의 영웅이자 존경받는 지도자였다. 우리로 치자면 김구나 안중근 같은 분들인데, 이들 중 유명한 사람을 꼽자면 주일학교에서 가장 많이 들려주는 기드온과 삼손이다. 성경을 읽은 분들이라면 옷니엘, 에훗, 드보라, 입다 정도도 귀에 익을 것이다. 이런 쟁쟁한 사사 중 가장 별 볼 일 없는 사사가 한 명 끼어 있으니, 그가 바로 삼갈이다.

> 에훗 후에는 아낫의 아들 삼갈이 있어 소 모는 막대기로 블레셋 사람 육백 명을 죽였고 그도 이스라엘을 구원하였더라. (삿3:31)

사사 삼갈에 대한 언급 전부다. 남들은 적어도 한 장 이상의 서술로 행적이 이어지는데 삼갈은 달랑 이게 전부다. 게다가 이 서술도 나중에 끼워 넣은 듯하다.

〈사사기〉 3장은 에훗이란 탁월한 사사의 업적을 기록하고 있다. 4장은 드보라라는 보기 드문 여성 사사의 행적이 이어진다. 5장은 아예 드보라의 노래로 구성되어 있을 정도다. 에훗과 드보라는 더없이 뛰어난 행적을 보여준 사사로, 에훗은 모압 왕 에글론을 죽이고 이스라엘을 모압의 압제에서 해방한 영웅이다. 그가 살아 있는 동안 이스라엘이 장장 팔십 년의 평화를 유지했다(삿3:30). 에훗이 죽자 백성들이 타락하여 다시 가나안 왕 야빈의 압제를 이십 년 동안 받게 되는데, 드보라가 사사가 되면서 바락을 시켜 야빈의 군대장관 시스라를 물리치고 사십 년 평화(삿5:31)를 이루어 낸다.

이런 쟁쟁한 사사들 사이에 삼갈이 끼어 있다. 〈사사기〉 3장 30절에 "그날 모압이 이스라엘 수하에 굴복하매 그 땅이 팔십 년 동안 평온하였더라"고 에훗에 대한 설명을 마친다. 이어 4장 1절에, "에훗이 죽으니 이스라엘 자손이 또 여호와의 목전에 악을 행하매~" 하는 식으로 드보라의 등장을 설명한다. 곧, 3장과 4장의 흐름에 3장 마지막 절인 31절을 덧붙인 듯 보인다. 삼갈 이야기가 끼워 넣은 듯한 형태로 기록된 것이다. 참 변변치 않게 말이다.

삼갈이 한 일을 살펴보면, 사실 곰곰이 따질 것도 별로 없다. '소 모는 막대기로 블레셋 사람 육백 명을 죽였'다는 것이 전부다. 물론 소 모는 막대기로 육백 명을 죽이는 일은 아무나 할 수 있는 일은 아니지만 그 일이 사사로서 한 전부라고 하니 조금 싱겁다. 죽은 사람 수로만 쳐도 삼손이 나귀 턱뼈로 일천 명을 죽였으니(삿15:14) 그보다 못하다. 삼손의 행적은 나귀 턱뼈 사건만 있는 것도 아니다.

무엇보다 삼갈의 문제는 '그러므로 ○○이 살아 있는 동안에는 이스라엘에 ○○ 동안 평화가 있었다'는, 그의 행적에 대한 〈사사기〉 특유의 공식 언급이 없다는 점이다. 그가 블레셋인 육백 명을 죽였지, '블레셋 왕을 물리쳤다'든가 '블레셋을 물리쳤다'는 게 아니기 때문일 게다. 확실히 다른 사사에 비해 모양새가 많이 빠진다.

이런 점은 드보라가 삼갈에 대해 언급한 것을 통해서도 알 수 있는데, 드보라의 노래 구절에 삼갈이 등장한다.

> 아낫의 아들 삼갈의 날에 또는 야엘의 날에는 대로가 비었고 길의 행인들은 오솔길로 다녔도다. (삿5:6)

'대로가 비었고 오솔길로 다닌다'는 것은 이민족의 압제가 강력해서 큰 길로는 못 다니고 숨어 다녔다는 의미다. 결국 이 노랫말은 삼갈이 다스리던 때와 야엘이 다스리던 때는 온전한 구원이 이루어지지 못했다는 말이다. 이런 상황에 드보라 자신이 사사가 되어 하나님의 일을 이루었다는 내용이 뒤에 이어진다. 이 구절에 등장하는 야엘은 가나안 왕 야빈의 군대장관 시스라의 관자놀이에 말뚝을 박아서 죽인(삿5:17~22) 여인이다. 그러니까 위 노래 가사는 이렇게 번역될 수 있다.

> 블레셋(삼갈의 때)과 가나안(야엘의 때)이 횡행하던 시절에는 무서워 큰길로는 못 다니고 뒷길로 숨어 다녔다.

만약 삼갈이 블레셋 왕을 물리쳤던가 블레셋에게 심각한 타격을 입혔다면, 드보라가 이렇게 말하지 못했을 것이다. 삼갈이 육백 명의 블레셋인을 죽인 것은 맞다. 대단한 일이긴 하다. 하지만 냉정하게 말해 그의 행적은 결정적 한 방이 없다. 그저 그런 변변치 못한 사사였다.

에훗에서 드보라로 이어지는 사사시대의 웅장한 역사 흐름 속에 대체 누가 이렇게 변변찮은 사사 삼갈을 기록한 것일까? 여러 의견이 있을 수 있겠지만, 내 생각엔 드보라 때문인 것 같다. 드보라가 노래에서 삼갈과 야엘을 언급했기 때문이다.

"유명한 군대장관 시스라를 죽인 야엘은 알겠는데, 삼갈은 누구냐?"

가나안 왕에게 결정적 타격을 주고 그의 무시무시한 군대 장관을 끝장 낸 야엘은 알지만 삼갈은 사람들이 모른다. 구약성경에서 오래된 노래 중 손꼽히는 명편인 드보라의 노래 구절 '삼갈의 때'를 설명하기 위해, 3장 마지막에 31절로 만들어 그냥 끼워준 것 같다. 깍두기로 말이다. 깍두기 모르는가? 왜 있지 않은가, 어릴 적 동네에서 친구들과 술래잡기나 다방구를 할 때, 꼭 끼워달라고 징징대는 어린 동생을 그냥 끼워주면서 시키는 그것 말이다. 잡히기는 해도 술래가 되지 않고, 있기는 하나 별로 신경 쓰지 않은 깍두기. 그저 자신만 '나도 이 일을 했다'고 믿으며 흥분해서 형들 따라 뛰어다니는 바로 그 깍두기 말이다. 삼갈은 깍두기였던 것이다.

"안다, 안다, 내가 안다"

세상 어디서나 영웅은 주목받는다. 영화나 소설에서도 그렇다. 슈퍼맨은 하늘을 날아다니고 배트맨은 밤의 수호자로 거리를 배회한다. 청룡언월도를 휘두르는 〈삼국지〉의 관우도 그렇고 장난꾸러기 손오공도 그렇다. 역사도 문학도 온통 영웅들 독차지다.

영웅이 아니어도 주인공이 되는 경우가 있다. 하찮고 별 볼일 없는 약한 자, 병든 자, 심지어 사회 부적응자나 바보들도 그들 이야기에서는 주인공이다. 섹스중독증에 빠진 변강쇠도 주인공이 되었고 바보 중에 상바보인 이반도 톨스토이Lev Nikolayevich Tolstoy(1828~1910)의 손끝에서 화려하게 살아났다.

아무리 눈을 뒤집고 찾아봐도 삼갈 같은 이는 없다. 영화도 소설도 동서고금의 이야기 어디에도 그처럼 영웅이면서도 주목받지 못하는, 단 한 줄로 이야기가 끝나는 인물은 없다. 이유는 간단하다. 사람들이 생각하는 영웅이 될 만한 특별한 성공담이 없기 때문이다. 야엘처럼 드라마틱하게 군 장관을 죽인 것도 아니고 삼손처럼 무지막지한 일을 한 것도 아니기 때문이다.

냉정히 말해 이토 히로부미를 암살한 안중근과 시비 끝에 일본인 장사치 한 명을 때려죽인 사내를 같다고 할 수 없는 노릇이다. 둘 다 엄청난 일이고 둘 다 고심하고 큰 용기를 낸 역사적 일이지만, 당사자들에겐 더할 나위 없이 큰 용기가 필요했던 일이지만, 사람들은 그렇게 보지 않는다. 같다고 생각하지 않는다. 일을 안 한 것은 아니지만 별로 대단한 일이 아니면 사람들은 주목하지 않는다. 세상은 그렇다. 대수롭지 않은 일에 누구도 신경 쓰지 않는다.

늙어 살아갈 날이 얼마 남지 않은 야곱에게 아들 요셉이 찾아온다. 야곱의 손자이자 자신의 사랑하는 두 아들인 므낫세와 에브라임을 데리고 와 축복을 받게 한다. 단순한 기도가 아니라, 아브라함에서 이삭으로 이삭에서 야곱으로 이어진 하나님의 중요한 정통성을 인정받는 자리였다. 요셉은 둘 중 장자인 므낫세에게 야곱이 오른손을 올리도록 장자 므낫세를 야곱의 오른쪽 앞에 앉히고 둘째인 에브라임에겐 왼손을 올리도록 왼쪽에 앉혔다. 야곱이 그대로 손을 들어 각각 그 앞에 앉은 손자들 머리 위에 손을 얹고 축복하면 되는 거였다. 그런데 야곱이 느닷없이 두 손을 엑스자로 교차해서 얹었다(창48:12~14). 그러니까 오른손은 왼쪽에 앉은 에브라임의 머리 위에 얹고 왼손은 오른쪽에 앉은 므낫세의 머리에 얹은 것이다.

단순히 오른손 왼손의 문제가 아니다. 오른손으로 축복을 받는 자가 장자의 축복을 받는 거다. 장자의 축복이란 그 가문의 정통성을 잇는 것, 그건 곧 그 가문 족속 모든 것을 통솔하는 존재가 된다는 의미이다. 장자와 차자는 단순히 첫째 둘째의 차이가 아니라 하늘과 땅의 격차가 있었다. 기실 야곱도 형 에서에게서 장자권을 뺏듯이 획득했던 것이 아니던가. 그래서 형 에서가 죽이려 했고 그로 인해 평생을 나그네로 떠돌았다.

요셉은 몸이 달았다. 딱히 첫째인 므낫세를 편애해서가 아니었다. 장자가, 장자가 아닌 것처럼 되어버리면 집안 권위가 엉망이 되고 가문이 분열될 수도 있었다. 동서양 황제들의 계승 쟁탈전을 떠올려보면 요셉의 황망한 심정을 이해할 수 있다. 가문의 존망이 달린 문제에 요셉은 억지로 아버지 야곱의 팔을 들어 바꾸려 한다. 사실 이때 야곱은 나이가 많아 눈이 보지 않았다(창48:10). 그래서 아버지가 실수했다고 생각한 것이다.

속이 단 요셉은 아버지 야곱에게 조아린다. "그리 마옵소서(창48:18)" 간절히 애원한다. 그는 필사적이고 절박했다. 머릿속으로 그려지는 앞으로의 일들을 떠올리면 그러지 않을 수 없었다. 그때 야곱은 이렇게 말했다.

"나도 안다, 내 아들아. 나도 안다." (창48:19)

야곱의 말은 내가 아는데 네가 웬 간섭이냐는 핀잔이 아니다. 중요한 예식에 경거망동하지 말라는 경고도 아니다. 아버지 야곱은 아들 요셉이 왜 그러는지 너무나도 잘 알았다. 그의 불안과 걱정, 다급함과 안타까움을 누구보다 잘 알았다. 한데 몰라서가 아니라 이래야만 하기 때문이었다. 므낫세도 에브라임도 모두 큰 민족이 되겠지만 동생 에브라임이 더 큰 민족이 될 것이기 때문이었다(창48:19~20).

야곱의 말은 아들의 고민과 괴로움 그 모든 것을 알지만 그의 생각과 염려보다 더 크고 놀라운 하나님의 계획과 사랑이 있음을 알아야 한다는 자애로운 아버지의 위로와 사랑의 음성이었다. 그건 소소하게 에브라임이 더 낫고 므낫세가 덜한 문제 따위가 아니었다.

삼갈은 세상 관점에서 보면 그저 그런 시답지 않은 자였다. 블레셋을 완전히 몰아낸 것도 아니고 우두머리를 격퇴한 것도 아니었다. 멋진 드라마 같은 이야깃거리도 없다. 특별히 주목할 만한 것이 없었다. 흘려버릴 만했다. 그건 그도 알고 주위 사람들도 알았다.

그런 그를 하나님은 주목하셨다. 그리고 '사사'라고 명명해주셨다. 백성들의 재판관이 된 것 같지도 않고 군대를 이끈 적도 없어 보이지만, 백성들은 여전히 블레셋의 압제에 시달리고 있지만, 그래도 하나님은 그를 사사로 인정하셨다. 그리고 말씀하셨다.

"그도 이스라엘을 구원했다." (삿3:31)

하나님은 거짓말을 했다. 이스라엘은 블레셋에서 구원받지 못했다. 드보라의 노래처럼 '삼갈의 때'는 여전히 블레셋이 판치는 시기였다. 하지만 하나님은 그렇게 보지 않으셨다. 요셉의 장자인 므낫세보다 차자인 에브라임이 더 큰 민족이 될 거라고 본 것처럼 하나님이 보시는 관점은 세상이 보는 관점과 달랐다. 그렇게 보시는 이유는 우리 인간이 알 재간이 없다. 구원받지 못한 때에 이스라엘을 구원했다고 보시고, 별 볼일 없는 농부를 다른 위대한 사사들과 똑같이 보시는 이유를 우리는 알 수 없다. 첫째보다 둘째를 더 큰 민족이 되게 한 이유도 알 수 없다.

"세상의 미련한 것들을 택하사 지혜 있는 자들을 부끄럽게 하"시려는 것인지, "세상의 약한 것들을 택하사 강한 것들을 부끄럽게 하"시려는 것인지(고전1:27), 아무튼 알 수 없다.

다만 이런 소리는 들리는 것 같다. 혹시 당신도 들리는가? 당신의 슬픔과 눈물, 후회와 괴로움, 별 볼 일 없어 보이는 인생과 신세에 푸념 깊은 낙담으로 어깨가 처져 있을 때 들려오는 소리 말이다. 그 누구도 알아주지 않을 때, 당신의 머리 위로 들려오는 아버지 하나님의 음성 말이다.

"안다, 안다, 아들아 나도 안다."

성경과 달리 우리 고전에는 하찮은 사람들에 관한 이야기가 적지 않다. 문서기록은 문자를 읽을 수 있는 귀족들의 전유물이다 보니, 당연히 그들 위주의 이야기일 수밖에 없다. 그런 양반, 귀족이 아닌 하찮은 사람들 이야기는 조선 후기나 되어야 기록에 등장한다. 기생, 유랑민, 장사꾼, 노비, 광대 등 말이다.

하층민들이 기록에 등장하기는 하지만, 이들을 포착하는 시선은 대부분 '동물원 속에 있는 신기한 동물'을 보는 듯하다. '곧잘 하는군. 기특해' 정도의 마음에서 그들을 기록으로 남긴 것이다. 간혹 박지원朴趾源(1737~1805)처럼 귀족이든 평민이든 동등한 시각에서 보려 한 사람이 없지 않았지만 소수였다. 조선 후기보다 더 발전했다는 지금은 그때보다 더 나은 시선을 지니고 있는지 우리 모두 생각해볼 문제다.

지금도 삼갈 같은 자들은 있다. 묵묵히 자신에게 맡겨진 일에 최선을 다하는 모퉁이 돌 같은 사람들은 늘 있다. 단지 그들을 볼 줄 아는 눈이 없을 뿐이다.

백마 탄 왕자가 눈이 삐었냐? 너에게 오게

"그건 기본이고요"

대학 시절, 내가 다니던 교회는 서울 변두리 극빈층이 모여 사는 지역에 있었다. 따로 대학부를 나누지 않고 모두 모아 청년부라 했는데 다 출석해도 고작 스무 명이 되지 않는 작은 교회였다. 그러다 보니 담당 교역자가 따로 있을 형편이 아니었다. 담임 목사님이 시간을 쪼개서 그냥 지도하는 상황이었으니 교육 프로그램이라는 건 찾아보기 힘들었다.

아무튼 이런 조그만 변두리 교회에 기적 같은 일이 벌어졌다. 지금 생각해도 도무지 어떻게 그것이 가능했는지 신기할 따름이다.

- 청년기의 성과 사랑

이 놀라운 주제로 특강을 연 것이다. 지금도 이런 제목을 교회에 걸면 안 된다고 길길이 난리치실 장로님들이 없지 않은데, 무려 30년 전에, 그 것도 교육과는 도무지 가까울 것이 하나도 없는 척박한 교회에서 외부 강 사씩이나 초청해서 특강을 연 것이다.

토요일이었다. 본래 청년들이 많지도 않아 참석자는 겨우 열 명 남짓이 었다. 그리고 뒤쪽에 칭얼대는 어린애를 포대기로 업은 여집사님이 애를 달래며 왔다 갔다 하면서 끝까지 서서 들었던 것이 기억이 난다. 그 집사 님의 "이미 결혼했는데 그럼 전 어떻게 하지요?"라는 정말 진솔하고도 절 절한 질문이 아직도 귀에 생생하다.

강사 목사님은 명동교회를 담당하는 목사님이셨다. 그 교회는 우리 교 단 소속도 아니었을 뿐만 아니라, 무엇보다 어디로 봐도 우리보다 수준 있 는 분이셨는데 어떻게 우리 교회 같은 곳에 특강을 오셨는지 지금도 잘 모 르겠다. 적어도 특강료 때문은 아닌 게 분명했다. 본래 2시에 시작해서 4 시에 끝나기로 한 특강이 6시를 넘길 때까지 쉼 없이 이어졌으니 말이다.

내 인생에 몇 번의 전환점이 있었다. 고백하자면 그날 그 목사님의 특 강이 없었다면 지금의 나는 없다고 해도 과언 아니다. 그날 목사님이 청소 년기의 성과 사랑에 대해 뭐라 말씀하셨는지는 솔직히 하나도 기억나지 않는다. 난 완전히 딴생각에 빠져 있었다. 목사님이 말씀하시는 중간에 예 를 들기 위해 곁다리로 하신 말씀이 나를 붙잡고 놓아주지 않았기 때문이 다. 난 그것들 때문에 끙끙 씨름했다.

두 가지였는데, 첫 번째는 이거였다.

"지금 이 교회당만한 서재 가득 책이 있었는데, 그중 한 2천 권 가량을 컨 테이너에 실어서 가져왔죠."

스무 살 때 미국에서 한국으로 건너오면서, 부모님과 살았던 집에서 당신이 소장했던 만 권 정도의 책 중 2천 권을 골라 가져왔단 말씀이었다. 사실 이 말은 그냥 지나가는 말이었고 본론은 따로 있었는데, 난 만 권과 2천 권에 엄청난 충격을 받고 말았다. '미국에서 엄청난 부자였네'나, '우리 교회당만한 서재가 있었다고? 우리를 무시하는 거냐? 잘난 척은!' 같은 생각 때문이 아니었다. 당신이 직접 사서 모은 책이 만 권이나 된다는 것 때문이었고 그것도 불과 스물 되기 전의 일이란 것 때문이었다.

'스무 살이 될 때까지 만 권의 책을 사서 그때마다 서재에 꽂았다면, 모두 다 읽지는 못했다 하더라도 대강 훑어본 것만 해도 몇 권이야? 아니 제목만 읽어도 몇 시간은 걸리겠다.'

그때 난 대학 일 학년을 마치고 군대를 다녀온 후 복학을 앞두고 있었는데, 교수가 될 거라는 생각까지는 없었지만 공부를 해보겠단 야심찬 생각이 있었다.

'지금까지 내가 읽은 책이 모두 몇 권이지?'

스물두 살 나는 목사님 말씀에서 옆길로 새, 태어나서 그때까지 읽은 책들의 목록을 머릿속으로 헤아려봤다. 수학 정석 말고, 만화책 말고, 학교 교과서 말고, 순수하게 그냥 읽은 책들을 다 헤아렸다. 심지어 〈콩쥐팥쥐〉처럼 두꺼운 종이에 그림을 그리고 글자도 큰 동화책도 개수에 넣었다. 몇 번 넘기면 휘리릭 끝나는 책까지 몽땅 다 세었는데도 백 권이 채 안 되었다.

충격이었다. 그때의 멍한 충격은 지금도 내 마음 한 편을 떠나지 않고 가끔 새록새록 되살아난다. 그날 난 충격에서 벗어나기 위해 '일 년에 백 권을 읽자. 한 주에 두 권씩 읽으면 된다'고 계획을 세웠다. 충격이 얼마나 컸던지 난 그 결심을 잘 지켰고, 그 첫해와 결혼 후 아이들이 태어났던 몇 년 동안의 주춤거림과 부침을 빼면, 다행히도 그날의 결심에서 퇴보하지 않았다. 감사한 일이다.

두 번째는 목사님의 퍼포먼스였다.

"모두 다 일어나세요. 예, 지금 다 자리에서 일어나세요."

그 말에 우린 쭈뼛쭈뼛 일어섰고 목사님을 멀뚱멀뚱 쳐다봤다. 목사님이 말씀하셨다.

"지금부터 내가 말하는 것에 하나라도 해당하는 사람은 다시 앉으세요."

그러고는 목사님이 주욱 서류를 읽어나가듯 읊으셨다.

"워드프로세서를 칠 줄 아는 사람? 돈이 지갑에 차곡차곡 넣어져 있는 사람? 아니면 버스표라도 넣어져 있는 사람? 집 책상 위에 책이 가지런히 정리되어 있는 사람?"

대충 이런 것들이었다. 무슨 소린지 모르겠는 분들은 이때가 1990년 초란 사실을 잊지 말아야 한다. 286컴퓨터가 나오기 전에 XT, AT 할 시절 말이다. 집집마다 컴퓨터가 있는 지금은 상상도 못할 일이지만, 타자기로 타자를 쳐 보고서를 내는 것이 꽤 고급스럽게 여겨지던 시절이었다.

'워드프로세서'란 말조차 낯선 그때 마지막까지 끝내 세 명은 앉지 못했다. 목사님은 누구든 앉을 수 있는 말("아침이든 저녁이든 아니면 밥 먹을 때라도 하루에 한 번은 기도하는 사람?")로 모두를 앉히신 후 이렇게 말씀하셨다.

"준비가 되어 있지 않은 사람들에게 누가 오겠습니까."

목사님은 결혼과 연애 얘기를 하신 거였다. 상대방이 그렇게 구질구질한 사람에겐 오지 않는다고 말씀하신 거였다.

"예수만 잘 믿으면 되지, 라고 생각하시면 안 됩니다. 그건 기본이고요."

그때 난 목사님의 그 말이 다르게 들렸다. 온 머릿속에 윙윙 울렸다.
'백마 탄 왕자가 눈이 삐었냐? 너에게 오게.'

금수저·은수저·흙수저

젊은 청년들의 좌절이 만들어낸 '수저론'은 틀린 말이 아니다. 금수저 · 흙수저 얘기가 퍼진 지 얼마 안 되어 이런 사회현상이 갑작스레 생긴 것 같지만, 사실 오래전부터 그랬고, 슬픈 얘기지만 언제나 그랬다. 인간사가 시작되면서 줄곧 이래 왔다. 바뀐 적은 한 번도 없는 것 같다. 혹 바뀌었다면, 그런 상황에 대처하는 사람들의 마음가짐과 상처를 입는 경중이 바뀌어 왔을 뿐이다. 귀족이 귀족을 낳고 평민이 평민을 낳는다는 너무나 자명해 보이지만 달리 보면 말도 되지 않는 상황이 오랫동안 지속되어 왔던 것은 아무 역사책이나 들추면 수두룩하게 나온다. 지금은 귀족도 천민도 없어진 사회라지만, 누구의 말마따나, 그런 혈통적 귀속 신분이 권력과 금력이란 다른 외피를 입고 대를 이어 지속되는, 또 다른 귀족-평민의 시대인지도 모른다.

세상이 그런 것은 그렇다 치자. 궁금한 것은 하나님이 이런 세상을 두고 뭐라 하실까, 하는 거다. 뒤집어엎어야 한다고 하셨나? 아니면 그냥 머리 숙이고 굴종하라 하셨나? 그도 아니면 눈 감고 외면하면 된다, 조만간 심판이 온다고 하셨나?

학자마다 의견이 분분하고 기독교 역사를 살펴봐도 경우가 다양하다. 상황에 따라 입장에 따라 지금도 각 교회 지도자들이 각기 다르게 말한다. 이러다 보니 더 요령을 터득할 수 없다.

금수저·흙수저 얘기와 너무나도 꼭 같은 이야기가 성경에 기록되어 있다. 수저가 아니라 그릇일 뿐 그 내용은 완전히 같다. 바울이 한 말인데, 그는 당대 '권력'이랄 수 있는 로마 시민권을 가지고 있었으며, 바리새인이었고, 당대 석학 가말리엘 문하에서 공부했다(행22:3). 그야말로 세계시민 입장에서나 유대인 입장에서나 '귀족'이라 할 수 있는 그가 이런 비유를 했다.

큰 집에는 금그릇과 은그릇뿐 아니라 나무그릇과 질그릇도 있어 귀하게 쓰는 것도 있고 천하게 쓰는 것도 있나니, 그러므로 누구든지 이런 것에서 자기를 깨끗하게 하면 귀히 쓰는 그릇이 되어 거룩하고 주인의 쓰심에 합당하며 모든 선한 일에 준비함이 되리라. (딤후2:20-21)

바울이 제자 디모데에게 쓴 편지글인데, 바울이 하고자 했던 말은 분명하다.

'사람은 구별이 있다. 그것을 차별로 바꾸어 영속화하고 억누르는 사람·세력·무리·집단 들은 어디에나 있다. 어쩌면 그건 인간들의 죄악 본성일지도 모른다. 그러나 사랑하는 디모데야. 넌 네가 누구냐보다, 네가 어떤 자질과 재능을 가지고 태어났느냐보다, 더 중요한 것을 잊지 마라. 그것은 결국 하나님께서 너를 쓰시느냐 안 쓰시느냐, 이다.'

우린 바울이 말한 '그것', '그 핵심'을 안다. 성경에 써 있다. 바로 '준비'이다. 그릇들은 쓸 수 있도록 준비되어 있어야 한다는 것이다.

어떤 분은 그릇의 '깨끗함'을 강조하시는데, 뒤에 말하겠지만, 그건 조금 다른 얘기다. '깨끗해져야 한다'는 한도 끝도 없는 완벽한 상태를 만들라는 것인데, 그건 그냥 절망하란 말보다 더 가혹하다. 사람이 얼마나 깨끗해야 정말 깨끗하단 말인가? 스스로 그걸 결정하고 맘 편히 있을 사람이 어디 있단 말인가? 사람이 얼마나 선하고 착하고 열심이어야 하나님의 선하신 분량에 맞을 수 있단 말인가? 그런 것은 애초에 불가능하다.

바울은 제자 디모데에게 불가능에 도전하라고 한 말이 아니라, 아주 단순하고 간단하고 그리고 쉬운 말로 그에게 말했다.

"준비해라, 제자야."

네가 금수저든 은수저든 아니면 힘든 흙수저든 준비하란 말이다. 그릇은 깨끗함을 준비해야 그 속에 음식을 담는 것처럼, 우리 사람들은 자기에게 걸맞은 상황에 맞게 준비해야 한다. 등잔이라면 기름을 준비하면 된다. 조금 흠집이 났어도 때가 묻었어도 기름이 가득 차 있으면 훌륭한 등잔이고 흔쾌히 쓸 수 있는 등불이 된다.

바울은, 바로 그렇게 '하나님이 잘 쓸 수 있도록 준비하라'고 말했다. 그런데 언제까지? 죽을 때까지? 잘난 양반들은 펄펄 날아다니는데 난 만날 기다리기만 해? 준비만 열나게 하고? 후보 선수로 땀을 몇 섬 흘렸지만 결국 운동장에 서보지도 못하고 돌아가는 이 노릇을 얼마나 언제까지 해야 하느냔 말이다.

때를 기다리는 자

흔히 낚시하는 이들 보고 '강태공'이라 한다. 기실 그 이름은 중국 주周나라 건국에 혁혁한 공을 세운 '여상呂尚'에게서 나온 것이다. 여상의 본명은 '강상姜尚'으로, 여상이라 불리게 된 것은 그의 조상이 여呂나라에 봉해져 그 지역 이름을 따서 그리 부르면서이다. 동일인을 다르게 부르게 된 이유는, 지금과 달리 '성姓'과 '씨氏'가 본래 다른 개념이기 때문이다.

성姓은 혈통에 의한 개념이고 씨氏는 지역에 기반한 결사적 개념이다. 그래서 성은 변하지 않아도 씨는 임의로 바꾸기도 한다. 다른 지역으로 가서 살면서 그 지명을 따서 씨로 삼기도 하고, 관직을 받으면 그것을 따서 쓰기도 한다. 공자孔子의 이름이 구丘라는 것을 아는 분들 중에도, '공孔'이 성이 아니라 씨라는 것까지 아는 분은 드물다. 공자의 선조는 상商나라 황족 출신인데, 상 황족의 성이 '자子'이기에 그의 성姓은 '자子'다. 그러니까 공자는 '자구子丘' 또는 '자자子子'라고 불리었을 것이다.

여상呂尚은 성이 '강'이고 씨가 '여'이기에 전혀 다른 사람처럼 불렸지만 같은 인물이다. 이런 그를 부르는 가장 대표적 호칭이 앞서 말한 '강태공姜太公'인데, 성이 '강'이니 '태공太公'이 이름인 것 같지만, 미안하게도 태공은 이름이 아니라, '할아버지'라는 보통명사다.

사연은 이렇다. 중국이 상商 또는 은殷이라 불리던 시절, 후일 문왕文王으로 추존되는 인물이 세력을 끌어 모아 은나라를 전복시킬 생각을 했는데, 문득 자신의 할아버지 고공단보古公亶父가 했던 예언 같은 말이 떠올랐다.

"장차 성인이 우리나라에 오면 그의 힘으로 나라가 일어날 것이다."

그 말을 기억한 문왕은 널리 인재를 찾으러 다녔는데, 어느 날 위수渭水 강가에서 낚시질 하는 여상을 만나 이야기를 나눠보고는 "우리 태공太公께서 그대를 기다린 지 오래입니다[吾太公望子久矣]"라고 말하며 기뻐했다. 그렇게 등용된 여상은 문왕과 그의 아들 무왕武王을 도와 은나라 주왕紂王을 물리치고 나라를 건국한다. 그 나라 이름이 역사에 유명한 주周나라다.

'태공太公'은 문왕의 할아버지 고공단보를 지칭한 말로, 일반적으로 할아버지 또는 연세 드신 노인을 일컫는다. 곧, '강태공姜太公'에 '바란다[望]'는 말을 넣어 "할아버지[太公]께서 기다리시던[望] 인물"이란 뜻의 '태공망太公望'이라는 말에서 따서 그리 부른 것이다.

이름도 복잡하고 다양한 이 양반이 지금도 유명한 이유는 주나라의 창업 공신이자 전설적 병법서 『육도六韜』의 저자라는 것보다 위수에서 "세월을 낚는다"며 낚싯바늘 없이 낚시질을 한 것 때문이다. 그는 그렇게 오랜 세월 기다리던 끝에 문왕을 만났고 결국 자신의 경륜을 펼 수 있었다. 물론 그렇게 기다리는 동안 일도 많았다. 젊은 얼굴이 주름진 늙은 얼굴이 되었고, 아내도 욕을 하고 떠나 버렸으며, 사람들은 미친 늙은이라며 손가

락질했다. 하지만 그는 기다렸다. 마침내 때를 만나 웅크리고 있던 잠룡潛
龍이 날개를 한껏 펴고 날아올랐다.

바람을 불게 하는 자는 누구인가?

디모데처럼 준비했고 또 태공망 여상처럼 기다렸다. 주구장창 기다렸
다. 그런데 다음은? 왜 나는 안 되는 건데? 깨끗하게 그릇도 닦고 잘 준비
도 했다. 오랫동안 기다렸는데도 아무 일도 생기지 않는다면 이건 어찌된
노릇일까? 불안한 이 마음을 우린 어떻게 해야 할까?

성경에 놀라운 일화가 기록되어 있다. 우리가 잘 아는 이야기다. 웃시
야 왕이 죽던 해에(사6:1) 선지자 이사야가 환상을 본다. 그 환상 중에 하
나님이 말씀하신다. "내가 누구를 보내며 누가 우리를 위하여 갈꼬?(사
6:8)" 그때 이사야 선지자가 말한다. "내가 여기 있나이다. 나를 보내소서"
라고. 패역한 백성을 위해 일할 일꾼으로 이사야를 찾아오셨고 '준비'된
이사야는, '기다렸던' 이사야는 자신을 보내달라고 말한다. 하나님은 이사
야를 보낸다.

"글쎄, 이사야는 선지자니까 환상을 봤고 그 환상 속에서 분명한 응답이
있었겠지요, 우린 환상을 보지도 못하고 기도 응답도 없다니까요."

맞다. 그렇다. 정말 그렇다. 하지만 조금 자세히 살펴보면 우리가 놓치
고 있는 중요한 것이 나타난다. 하나님이 누구를 보낼지 묻고, 자신이 가

겠다고 당당하게 말하는 장면 바로 앞에 이런 내용이 있다.

> 그 때에 내가 말하되 "화로다 나여 망하게 되었도다. 나는 입술이 부정한 사람이요. 나는 입술이 부정한 백성 가운데 거주하면서 만군의 여호와이신 왕을 뵈었음이로다." 하였더라. 그 때에 그 스랍 중 하나가 부젓가락으로 제단에서 집은 바 핀 숯을 손에 가지고 내게로 날아와서 그것을 내 입술에 대며 이르되, "보라 이것이 네 입에 닿았으니 네 악이 제하여졌고 네 죄가 사하여졌느니라." 하더라. (사6:5~7)

그 유명한 '제단 숯불을 가져다가 입술에 대는 무서운 장면'이다. 난 이 이야기를 처음 들었을 때 무척 놀랐다. 시뻘건 숯불을 입에 대면 다 타버리는데, 아프겠다, 나라면 도망칠 거다, 등등. 물론 환상이니 꿈처럼 실제로 아프거나 치직 타버리는 것은 아니지만 생생한 그 환상에 놀라서 까무러칠지도 모르겠단 생각을 했다.

이사야는 그러지 않고 하나님의 사자인 스랍이 제단의 숯불을 가져다가 입에 대는 것을 참았고 그로 인해 '악이 제거되고 죄가 사라지게' 되었다. 그리고 앞서 본 대로 하나님이 드디어 물으신다. 누가 갈 것이냐고. 이사야가 담대하게 대답한다. 제가 가겠습니다, 라고. 이 장면의 숨겨진 압권이자 비밀은 이사야의 첫마디다.

"나는 입술이 부정한 사람이요. 나는 입술이 부정한 백성 가운데 거주하면서 하나님을 뵈었다."

그는 알았다. 자신을 너무나도 정확하게 알았다. 자신이 예언자, 곧 하나님의 말씀을 있는 그대로 대언代言하는 존재인데, 대언하는 입술이 부정하다는 것을 알았다. 그래서 천사가 제단의 숯불을 가져다 대며, 치유되었으니 걱정 말라고 위로한 것이고, 그런 치유에 화들짝 놀라지 않고 달아나지도 않았던 것이다.

이사야는 알았다. 준비된 그는 잘 준비했지만 알았다. 자신의 존재 본질을 명확하고 똑똑하게 알았다. 우리는 부족한 자들이란 사실을 말이다. 우리는 죄인이란 사실을, 아무리 깨끗하게 준비하고 또 준비해도 문제투성이의 인간이란 사실을 그는 알았다.

종종 인생을 윈드서핑에 비유한다.

"윈드서핑을 멋지게 하려면 무엇이 필요한가요?"

세 가지가 필요하다. 서핑보드, 보드 위에 균형을 잡고 잘 탈 수 있는 기술, 그리고 파도.

첫째 보드. 좋은 보드든 흠집 난 보드든 누구든 보드를 지니고 있다. 금 보드든 흙 보드든 말이다. 맞다. 그건 어쩔 수 없다. 태어난 때에 따라, 주어진 것에 따라 천차만별이고 자신이 어떻게 할 수 있는 것이 아니다.

둘째 기술. 우리가 노력해야 할 것이다. 보드를 멋지게 탈 기술을 익혀야 한다. 끝내주는 색깔의 기기묘묘한 보드를 지닌 사람이든 낡고 색이 바란 보드를 지닌 사람이든 피해갈 수 없다. 배우고 익히는 것에 진력이 난 어린 알렉산더에게 "공부에는 왕도King's Highway가 없다"고 했던 아리스토텔레스의 말이 꼭 그렇다. 이 기술은 서핑보드의 멋들어짐과는 아무 상관없다. 알렉산더가 그렇고 그런 왕자 나부랭이가 아니라 대왕이 될 수 있었던 것은 금수저였기 때문이 아니라 마땅히 지녀야할 것들을 두루 갖췄기 때문이다. 노력했던 거다.

서핑보드와 기술을 갖췄다면, 마지막으로 하나가 필요하다. 파도다. 서핑을 할 수 있게 높은 파도가 쳐야 한다. 우리 모두 해변에 서서 보드를 들고 파도를 기다린다. 보드도 '준비'되었고 기술도 연마해서 습득했다. 준비 완료다. 이제 파도가 오기를 '기다린다'. 그런데 도무지 내 해안엔 파도가 치질 않는다. 저쪽을 보니 기가 막히게 누군가 서핑을 하고 있다. '쟤는 나보다 못나고 나보다 기술도 없는 애인데' 하는 부러움과 질투가 솟는다. "대체 내 해변엔 왜 파도가 안 치는 거야?" 짜증을 부릴 수도 있고 버럭 화를 낼 수도 있다. 하지만 방법은 별로 없다. 그냥 계속 묵묵히 기다리느냐 아니면 보드를 들고 그쪽 해변으로 가느냐 정도다.

가끔 이해할 수 없는 행동을 하는 사람들이 있다. 파도를 일으키려는 사람이다. 제 힘으로 제 손으로 제 몸으로 파도를 일으키겠다는 거다. 이런 사람들이 사실 세상에 많은 어려움과 문제를 만들어낸다. 주목받기 위해 있지도 않은 것을 억지로 만들어낸다. 파란을 일으킨다. 풍랑을 일으킨다. 참 어리석은 짓이다. 파도는 바람이 불어야 일어난다. 그 바람은 하나님이 일으켜주어야 한다. 은혜의 바람은 풍랑이 아닌 멋진 파도를 일으킨다.

이사야는 알았다. 하나님이 은혜의 바람을 불어주지 않으시는 것이 아니라, 하나님이 기회를 주지 않으시는 것이 아니라, 하나님이 막연히 무작정 기다리게만 하시는 것이 아니라, 우리가 제 깜냥도 모르고 자꾸 파도를 일으키려고 물보라를 팩팩 쳐대고 있다는 것을, 그는 똑똑히 알았다.

만약, 천사가 이사야에게 나타나지 않았다면 어땠을까? 준비된 예언자 이사야는 좌절했을까? 왜 나에게는 기회를 주지 않느냐고 울분을 토했을까? 이토록 완벽하게 준비된, 그래서 다른 놈들보다 갑절이나 노력할 마음이 단단한 나를 왜 빼먹고 있느냐고 목 놓아 울부짖을까?

그럴 리 없다. 그는 그에게 아무도 오지 않았다면, 아무도 오지 않은 것이 바로 자신에게 적합한 것이라고 생각했을 것이다. 그것이 은혜라고 생각했을 것이다. 자신이 아닌 남이 이 세상을 잘 이끄는 것에 감사하고, 자신이 나서서 말씀을 전하지 않아도 됨에 안도하며, 그는 은혜를 찬송하며 살았을 것이다. 이사야는 결코 자기 해변에 바람이 불지 않는다고 낙망하는 사람이 아니었다. 그렇기에 그가 '자신의 입술이 부정하다'고 고백할 수 있었다. 그는 준비되었다. 그리고 자신을 알았다. 자신을 안다는 것은 자신에게 기회가 오든 오지 않든 그것이 모두 하나님의 은혜라는 것을 안다는 말이다. 그릇을 '준비'하고 하나님의 때를 '기다리고' 있어도 그 다음은 나의 소관이 아니다. 그릇이 깨끗하게 준비되어 있어도 그것을 집어 쓰는 것은 주인 마음이다. 그는 그것을 알았다. 은혜의 바람을 일으켜주시는 분이 누구인지 잘 알았다.

우리 고소설에서 주인공이 무술을 공부한다 치면, 꼭 보는 중국의 병법서가 『육도六韜』와 『삼략三略』이다. 본문에서 말했듯이 태공망 여상이 『육도』를 지었다고 하나, 사실은 그렇지 않다. 청나라 시대 고증에 따르면, 위진남북조 시대 누군가가 지은 것인데, 그 지은이가 여상이 지었다며, 여상의 권위를 가져다가 붙인 것이다. 그렇게 유명한 여상을 끌어들여야 자기 저작이 후대까지 남을 것이라 생각해서 그런 것인지, 아니면 여상이 지은 글을 보고 영향을 받아 고쳤기에 여상이 지은 것이라 했는지는 확실치 않다.

『삼략』도 진秦나라 때 황석공黃石公이 지었다고 하나, 이 역시 『육도』의 경우와 마찬가지로 후대의 가탁이다.

연구를 통해 밝혀진 사실이 이렇지만, 『육도』와 『삼략』의 작자를 '여상'과 '황석공'이라 부르는 것은, 어떻든 그 책의 작자로 그들 이름이 적혀 있기 때문이다.

예끼, 당나귀만도 못한…

과학 공부를 못한 공연한 핑계

솔직히 고백하자면 난 세미나나 포럼 같은 것을 좋아하지 않는다. 간혹 신선한 내용이 머리를 상쾌하게 하는 경우가 없지 않지만 그런 특별한 경우는 가뭄에 콩 나듯 하고, 대부분 지루하고 따분하다. 재미없으면 빨리 끝내기라도 하면 좋은데 그렇지도 않으니 그야말로 고역이다.

몰랐던 새로운 사실을 듣고 배우는 일은 정말 즐거운 일인데, 세미나를 이토록 내가 싫어하게 된 이유는 강연자들이 내가 알고 싶은 것만 빼놓고 말하기 때문이다. 게다가 그분들은 자신도 모르는 것을 안다고 우기는 경우가 많기 때문이다. 모르는 것을 모른다고 하는 것이 그토록 어려운 건지, 아니면 강연자로 초청받았는데 모른다고 하면 결례라고 생각해서 그런 건지 잘 모르겠으나, 그런 대부분의 강연은 무척 권위적이다. 다른 의견이 끼일 틈이 없다. 교회로 치면, 성경 구절을 깊이 고민하고 연구한 다음 하는 설교가 아닌, 그냥 무조건 믿으라고 외치는 설교와 비슷하다고나 할까.

얼마 전 이런저런 이유로 꼭 참석해야 하는 포럼이 있었다. 발표자는 과학자이자 교수였다. 이 두 조합은 내가 극도로 꺼리는 조합이다. 지루한 교수의 말투에 자신이 모든 것을 안다는 식으로 난도질하는 이상한 과학자 마인드가 정말 견디기 힘들다.

19세기 유럽에서 시작된 과학만능주의, 과학결정주의를 아직도 신처럼 떠받드는 분들이 생각보다 적지 않은데, 이런 분들 입에선 절대로 "모른다"는 말은 나오지 않는다.

"아직 밝혀지지 않았을 뿐, 과학이 결국 모든 것을 밝혀낼 것입니다. 신비란 없습니다."

신비가 없다는 말엔 대강 동의하지만 앞의 말은 그야말로 광신狂信의 또 다른 버전일 뿐이다.

이런 과학자가 교수면 그야말로 가관이다. 교수들이 본래 문제가 있는 것은 아니다. 남들 앞에서 이런저런 얘기를 주워섬기며 '아는 척'을 하는 직업이다 보니 이상해지는 경우가 종종 있다. 초롱초롱한 눈으로 '교수님의 말씀이라면 무엇이든 따르겠사와요~!' 하는 결의를 다지는 학생들 앞에서 힘주어 아는 척을 오랫동안 하다 보면, 저도 모르게 착각에 빠지게 된다. 교수들 중에 이상한 짓을 해서 물의를 빚는 경우가 가끔 뉴스에 나오는데, 일반인이 보면 '정말 어떻게 저럴 수 있나?' 하는 생각이 들겠지만 그건 잘 몰라서 하는 소리다. 그들은 오랫동안 너무 당연하게 학생들 앞에 광휘[aura]의 아이콘처럼 나서다 보니 저도 모르게 자신이 슈퍼맨 아니면 신과 동기동창이라는 생각이 슬그머니 들게 되는 거다. 명민한 학생들이 아무 말도 않고 자신이 하는 말과 행동에 그대로 반응해주니 그런 착각은 점점 망상으로 치닫게 되고, 마침내 일반인이 보기에 도저히 납득되지 않는 황당한 짓을 벌이는 지경에까지 이르게 되는 것이다. 아무튼 이런 과학자와 교수의 나쁜 경우가 공통으로 조합될 때는 정말이지 답이 없다.

이번 포럼은 완전히 달랐다. 눈이 확 뜨여졌다. 솔직히 말해 초등학교부터 고등학교까지 배워왔던 과학 지식보다 더 많은 것을 그 두 시간 동안 배우고 깨달았다. 과학이 그렇게도 흥미진진하고 재미있고 또 신나는 것인지 처음으로 경험했다.

이 강연자를 돋보이게 한 것은 깊은 학문적 통찰과 탁월한 전달력뿐만 아니라 진실에 대한 분명한 입장이었다. "그건 아직 모릅니다"와 "그건 아무도 알 수 없는 겁니다"와 같이 명쾌하고 분명한 대답을 거침없이 해댔다. 자신이 모른다는 것을 부끄러워하지 않는 진정한 권위가 그에게 있었다. 공자가 말한 '아는 것을 안다고 하고 모르는 것을 모른다고 하는 것이 진정한 앎[知之爲知之 不知爲不知 是知也]'이란 사실을 아는 현명한 분이었다.

학창시절 이런 분을 선생으로 모시고 과학을 공부하지 못한 것이 못내 아쉬웠다. 중학교 과학 시간에 "에너지는 보존이 된다. 전기에너지가 빛에너지로 전환되어도 에너지는 동일하다"는 선생님의 말씀에, "그럼 전등을 계속 켜놔도 낭비가 아닌가요?"라고 질문했다가 거의 죽도록 맞은 후, 과학과 담을 쌓고 살았던 기억이 떠올랐다.

그 과학 선생님이 폭력적이었던 분이 아니다. 그 당시 대부분 선생님들은 그랬다. 그 시간은 과학시간이었을 뿐이다. 아무리 생각해도 내 질문은 적절한 거였다. 대학에 들어와 이런저런 공부를 하다가 '엔트로피 법칙'이라는 '열역학 제2법칙', 곧, 에너지가 무질서해지는 쪽으로 흩어지는 경향이 있다는 것을 알게 된 후에는 더욱 그 선생님을 원망하게 되었고 한편으로는 안타까웠다.

당시 선생님의 설명은 '열역학 제1법칙'인 '에너지 보존의 법칙'이었다. 에너지가 보존되니 전등을 계속 켜놔도 되는 것 아니냐는 내 한심한 질문에, 선생님은 이렇게 말씀하셨으면 됐다.

"전등을 계속 켜 놓으면 전기에너지가 공기 중에 빛에너지로 분산된다. 흩어지긴 했지만 에너지가 사라진 것은 아니어서 에너지의 총량은 같다 (1법칙, 에너지 보존의 법칙). 하지만 그렇게 흩어진 에너지를 다시 모으는 데 또 다른 에너지가 들기에(2법칙, 엔트로피 법칙), 네 말처럼 함부로 전기를 켜면 안 된다."

말은 복잡하지만, 에너지라는 것이 보존은 되지만 모인 것이 자꾸 흩어지는 쪽으로 흘러가는 경향이 있으니 전등을 함부로 켜면 안 되고, 그러니 에너지를 절약해야 한다는 말이다. 이 말이 과학적 사실이고, 이런 식의 설명은 과학 선생님에게 그리 어려운 것도, 낯선 것도 아니다. 하지만 그 때 선생님은 그러지 않았다. 분명한 것은 선생님의 과학적 지식이 부족했거나 내용을 몰라서는 아니었을 거다. 나를 평소에 싫어해서 그러셨다면 이야기는 간단하다. 하지만 그건 답이 아니다. 그날 과학 선생님이 설명보다 폭력으로 대응한 이유는 내가 당신의 권위에 도전한다고 생각했기 때문이다. 과학적 사실보다, 알고 모르고 문제보다, 그때 선생님께 더 중요했던 것은 권위였다.

바리새인과 서기관, 그 악명의 근원

권위적이고 갑갑한 사람들은 어느 시대 어디에나 있다. 학교에도, 직장에도, 심지어 가정에도 있다. 예수 시대에도 이런 권위적인 자들이 있었다. 예수가 그토록 성토하고 비판했던 바리새인, 서기관 같은 율법학자들이 바로 그들이다.

예수가 바리새인을 비판한 것을 두고, 예수가 민중 편에서 기득권과 권력을 성토했다고 본다면 그건 너무 예수를 가볍게 본 것이다. 물론 예수는 민중 편에 섰다. 하지만 '민중'이라는 편 가르기를 한 적은 단 한 번도 없다. 부자들은 돈이 많으니 민중이 아니고 바리새인은 권력자들이니 민중이란 카테고리에 들어가지 않는단 말인가? 예수는 그런 편협한 시각의 소유자가 아니었다. 가끔 예수를 무슨 혁명 투사인 것마냥 어디든 마구 끌어다 붙이는 사람도 있는데, 예수에게 그런 혁신적인 정신이 없는 것은 아니지만, 모든 것을 그렇게 견강부회牽强附會 하면 곤란하다.

예수가 세리와 창녀의 친구이기는 했지만 부자들과도 소통했고, 바리새인들을 향해 "독사의 자식들아!"라고 욕을 했지만 바리새인들과도 교유했다. 한밤중에 그를 찾아와 거듭남에 대해 심도 있는 논의를 했던 니고데모도 바리새인이었다(요3:1). 예수는 율법적인 바리새인 서기관들을 비판했지만 그 율법을 버리라고 하지 않았다. 오히려 율법에 대해 "내가 율법이나 선지자를 폐하러 온 줄로 생각하지 말라. 폐하러 온 것이 아니요 완전하게 하려 함이라(마5:17)"라고 외칠 정도였다.

예수가 바리새인과 서기관을 비판했던 것은 그들이 '바리새인'이고 '서기관'이어서가 아니었다. 그들이 민중보다 높은 위치에 있기에 그들을 전복시키려고 한 것도 아니었다. 그들이 '바리새인답지 않고', '서기관답지 않았기'에 비판한 것이다.

본래 바리새인들은 진정으로 하나님을 제대로 섬기겠다는 의도로 모인 자들이다. 그래서 당대 민중들로부터 권위를 인정받았다. 서기관들 역시 민중이 하나님의 율법을 제대로 지키게 하기 위해 율법을 보존하고 연구하는 자들이었다. 이들 모두 하나님의 말씀을 있는 그대로 따르고 지키려는 노력을 가장 앞서서 하는 자들이었다. 요즘으로 치면 교회의 앞장 선 목사와 장로들이라 할 것이다.

예수는 권위적이고 교조적인 작자들, 율법을 지키라고 하면서 정작 그 율법의 정신을 망각하고 우겨대기만 하는 바리새인, 서기관들을 이렇게 비판했다.

"모세가 너희에게 율법을 주지 아니하였느냐, 너희 중에 율법을 지키는 자가 없도다"(요7:19)

예수의 탄식은 진정이었다. 본질을 벗어나 권위적 형식으로만 남은 껍데기 신앙을 준열하게 꾸짖으며 안타깝게 생각했다.

짐승만도 못한 선지자

이집트를 나온 이스라엘 백성들이 광야에서 아모리 왕 시혼과 바산 왕 옥을 무찌르고는 모압 땅으로 들어섰다. 모압 왕 발락의 마음이 다급해졌다. 이 무시무시한 떨거지들의 숫자가 장난이 아닌데다가 그들의 신이 너무 막강해서 도저히 당할 재간이 없었기 때문이다. 생각다 못한 발락 왕은 선지자 발람을 불러 이스라엘 백성을 저주해야겠다는 생각을 한다(민 22:5~6). 그렇게 왕은 선지자 발람을 어렵사리 청빙하는데, 발람은 정작 하라는 저주는 않고 오히려 이스라엘 백성에게 복을 빌어주기만 하는 것이 아닌가. 결국 모압 왕 발락의 계략은 실패하고 결국 이스라엘 백성에게 망하고 만다.

성경을 자세히 살펴보면 조금 이상한 것이 있다. 모압 왕의 뜻과 달리 이스라엘에 축복을 내린 선지자 발람이 이스라엘 백성들에게 죽임을 당한다는 점이다(민31:8 ; 수13:22). 게다가 발람을 '바른길에서 벗어나 미혹된 악한 꾀를 추구하는 불의한 사람(벧후2:15)', '어그러진 길로 이끄는 사람(유1:11)', '책망받아 마땅한 사람(계2:14)' 등 부정적으로 규정할 뿐만 아니라, 아예 '발람의 길', '발람의 교훈' 등과 같은 숙어를 써서 파렴치한 악한 자로 고정해버렸다.

이는 확실히 좀 문제다. 분명 발람이 청빙되어 간 것은 맞다. 하지만 하나님이 가라고 허락하셨고(민22:20), 거듭해서 "하나님께서 허락하지 않으시니 저주할 수 없다"고 발락 왕에게 말했고(민22:38 ; 민23:8,12,26), 실제로 저주를 한 것이 아니라 축복을 내렸다. 그런 발람이 이스라엘 백성에게 죽임을 당하고 또 불의한 선지자의 대명사가 된 것은 아무래도 억울해

보인다.

하지만 발람은 억울해 할 필요가 없다. 그는 정말 불의한 자였기 때문이다. 하나님이 가라고 하신 것은 맞다. 하지만 발람은 왕이 보낸 복채와 재물에 눈이 멀어(신23:4 ; 느13:2) 말로는 하나님의 백성을 저주하지 못한다고 하면서도 왕의 사신들을 쫓아내지 않았다. 그들을 제집에 머물게 하며 밤에 하나님께 여쭤보고 갈지 말지를 결정하겠다고 말한다. 이미 그는 재물에 현혹되어 사신들을 따라가고 싶었던 것이다. 하나님은 그날 밤 분명하게 이렇게 말씀하셨다.

"너는 그들과 함께 가지도 말고 그 백성을 저주하지도 말라. 그들은 복을 받은 자들이니라." (민22:12)

어쩔 수 없이 발람은 모압 왕의 사신들을 돌려보낸다. 하지만 다음에 더 높은 고관들이 더 융숭하게 재물을 들고 오자 다시 고관들을 유숙시킨다. 또 하나님의 뜻을 들어보겠다는 말과 함께 말이다. 하나님의 뜻은 이미 앞서 확인했다. 분명히 '가지 말라' 하셨다. 그 의미를 그는 충분히 알았다. 하지만 발람은 다시 또 하나님께 기도한다. 그러자 가라고 하셨다. 그건 정말 가라는 것이 아니라 그토록 미혹된 그가 우겨대는 상황 때문이었다. 이는 그가 다음 날 모압 왕의 대신들을 따라 나귀를 타고 떠나려 하자, 벌어진 그 유명한 나귀 사건을 보면 잘 알 수 있다.

하나님은 진노하셨다.

그가 감으로 말미암아 하나님이 진노하시므로 여호와의 사자가 그를 막으

려고 길에 서니라. (민22:22)

여호와의 사자가 칼을 빼들고 길에서 발람을 치려고 서 있었다. 그러나 재물에 눈이 먼 얼간이 선지자 발람의 눈에 그것이 보일 리 없다. 오히려 여호와의 사자를 본 당나귀가 도망치려고 좁은 길 담 쪽으로 몸을 비틀자 나귀를 타고 있던 발람의 다리가 담에 끼이듯 비벼졌다. 화가 난 발람이 채찍질을 하며 지팡이로 마구 때리나 소용없었다.

그때 하나님이 나귀의 입을 열자, 나귀가 발람에게 "왜 때리느냐?"며 대들었다. 발람이 눈앞에 벌어진 상황을 알 리 없었다. 결국 하나님이 발람의 눈을 밝게 하자 비로소 여호와의 사자가 칼을 빼들고 선 것을 보게 된다(민22:23~31). 여호와의 사자가 그를 준엄히 책망한다.

"너는 어찌하여 네 나귀를 이같이 세 번 때렸느냐? 보라 내 앞에서 네 길이 사악하므로 내가 너를 막으려고 나왔더니 나귀가 나를 보고 이같이 세 번을 돌이켜 내 앞에서 피하였느니라. 나귀가 만일 돌이켜 나를 피하지 아니 하였더면 내가 벌써 너를 죽이고 나귀는 살렸으리라." (민22:32~33)

이런 책망에도 발람은 또 허세를 늘어놓는다. 자신이 죄를 범했다는 상투적인 말을 늘어놓으며 "당신이 이를 기뻐하지 아니 하시면 나는 돌아가겠나이다(민22:34)"라는 번지르르한 말을 늘어놓는다. 이미 하나님은 "가지 말라" 하셨다. 또 지금 눈앞에 서 있는 하나님의 사자가 "네 길이 사악하므로 내가 너를 막으려고 왔다"고까지 했다. 하지만 발람은 능글맞을 정도로 닳고 닳은 말로 요리조리 뺀질거렸다. 가고 싶었기 때문이다. 결국 발람은 대신들을 따라간다. 그토록 하나님이 반대하시고, 나귀를 통해 계시를 주고, 하나님의 사자가 직접 말을 하는 등 세 번에 걸쳐 분명한 메시지를 주었으나, 그는 제 욕심을 따라 가버린다. 가서 저주 대신 축복을 내린다. 엄밀히 말해 계약 위반이고 사기다. 복채를 받았으면 제대로 푸닥거리를 해야 하는데 그러지 않았다. 그는 받을 것은 다 받고 할 짓은 제대로 하지 않은 파렴치한이었다.

이런 작자이니 이스라엘 백성이 그를 그대로 두었을 리 없었다. 발람이 내린 축복은 그의 진심도 그의 본래 목적도 아니었다. 그가 축복의 말을 미사여구를 써가며 주구장창 늘어놓든 저주의 악독한 말을 퍼붓든 사실 그건 중요치 않다. 그는 오직 돈에 눈이 먼 놈팡이였으니 말이다. 그런 작자의 말은 하등에 가치가 없다. 선지자라니, 정말 지나가던 당나귀가 다 웃을 노릇이다.

정승 아버지는 이를 악물고 참았다

지금도 여성이 살아가기에 불편한 것이 한둘이 아니지만, 조선시대는 더 그랬다. 권위적이고 갑갑한 사람들이 수두룩했고 또 그들만의 카르텔 속에서 꼼짝도 못할 일이 부지기수였다. 인간 본연의 감정에조차 충실하기 어려웠던 시대였다.

조선시대 양반 여자들은 개가改嫁가 힘들었다. 조선 초에는 그래도 이런저런 틈이 있었지만 후기에는 완전히 막혀버렸다. 결혼해서 남편이 죽으면 따라 죽는 것을 열녀烈女라며 장려하는 사회이다 보니 다시 결혼한

다는 것은 그야말로 '색욕에 미친 년' 아니면 '몸이 헤픈 천박한 년'이 되
는 거였다. 평민들이나 천민들은 상관없었지만, 양반 여성에게 개가는 절
대 있을 수 없었다. 혹시 집에 화냥년 같은 딸이 있다는 말이 돈다면, 아버
지가 관직에서 하루아침에 떨려날 수도 있었다. 이러니 아버지들이 딸들
을 엄하게 단속할 수밖에 없었다. 딸의 행복이나 인간다움 같은 것보다 자
신의 지위가 더 중요했다. 조선시대 내내 권위적인 양반들이 차고 넘친 게
이해된다.

야담집 『청구야담靑邱野談』에 이런 이야기가 전한다.

어떤 정승이 있었다. 그의 딸이 출가出嫁했는데 한 달도 안 되어 남편이
죽었다. 딸은 친정으로 돌아와 살았다. 어느 날 정승이 지나다 딸이 몸단장
을 곱게 하고 거울을 물끄러미 바라보다가 거울을 던져버리고 얼굴을 가
리며 흐느끼는 것을 보았다. 측은한 마음에 괴로워진 정승은 자기 문하에
드나드는 젊은 무인武人 하나를 불러 은 한 덩이를 주며 말했다.

"오늘 밤 튼튼한 말 한 필과 가마를 세내어 우리 집 후원 뒷문으로 오너라."

정승의 말대로 한밤중에 뒷문에 가서 기다리니 정승이 한 여자를 데리고
나와 가마에 태우고는, 멀리 북쪽 함경도 북관에 가서 살라며 떠나보냈다.
다음 날 정승은 딸이 밤사이에 자결했다고 통곡을 했다.

"평소 이 아이가 남에게 얼굴을 보이려 하지 않았으니 내가 손수 염습殮
襲을 하겠다."

그러고는 이불을 시체 모양으로 꾸려 입관入棺을 해 장례를 치렀다.

수년이 흘렀다. 정승의 아들이 암행어사가 되어 함경도 지역을 탐방하고
다니다가, 어느 마을에서 얼굴이 맑고 또렷한 두 아이를 보게 되었다. 꼭

자신의 핏줄로 보이는 그 아이들을 따라갔다가 죽은 줄 알고 있던 누이를 만나게 되었다. 누이는 아버지의 말씀으로 이곳에 와서 살게 되었다고 말했다.

돌아온 아들은 아버지를 만나 조용한 틈을 타서 소리를 낮춰 괴이한 일이 있었다며 말을 꺼냈다. 그때 아버지 정승은 말없이 눈을 부릅뜨고 뚫어지게 아들을 노려보았다. 그 시퍼런 서슬에 아들은 감히 말도 못 꺼내고 물러 나와서 다시는 내색하지 못했다.

아버지 정승이 아들을 노려본 이유가 무엇일까? 역시 조선시대 양반들의 권위적이고 갑갑하게 불통하는 모습인가? '내가 한 일에 네가 뭔데 간섭이냐'는 권위적 모습인가? 그렇지 않다. 아버지 정승은 오히려 그 반대다. 정승이 아들을 노려봄으로써 아들의 입을 막았다. 그건 애초에 그런 일은 있을 수 없다는 단단한 다짐이었다.

아마도 아버지 마음이 찢어졌을 것이다. 딸이 보고 싶었을 것이다. 왜 안 그러하겠는가. 적어도 아들의 입을 통해 딸의 안부나마 확인하고 싶은 마음이 하루에도 열두 번 들었을 게다. 하지만 그럴 수 없었다. 소문은 나게 마련이고 입에서 나온 말은 돌고 돌게 마련이다. 가까운 자식부터 단속하지 않으면 결국은 벽에 있는 귀가 다 들어버릴 것이다. 정승은 "우리만 알자"와 같은 말로 아들을 다독이며 그토록 알고 싶은 딸의 안부와 사는 정황을 묻고 싶은 마음이 목구멍까지 찼을 테지만, 그러지 않았다. 늙은 정승이 제 벼슬에 연연해서가 아니었다. 만약 소문이 나면 사랑하는 딸의 삶이 파괴되기 때문이었다.

딸을 멀리 보낸 것도, 잘 사는지 안부를 끝끝내 묻지 않은 것도, 모두

다 딸의 행복을 위해서였다. 딸을 위하는 마음이 자기의 지위도 신분도 명예도 모두 다 뒤로 미루게 했다. 심지어 사랑하는 딸을 보고 싶고 만나고 싶은 원초적 욕망까지도 억눌렀다. 딸을 사랑했기 때문이다.

차라리 가르치지 말자, 사랑 없으면

하나님을 제대로 섬기자는 고매한 생각에서 비롯된 바리새인, 서기관들은 그 본질을 잊고 차츰 교조주의자들이 되어버렸다. 본질을 잃고 형식에 집착하고, 외형만 꾸미느라 속은 공허해지기 시작했다. 자신들이 무엇을 잃어버렸는지도 차츰 잊게 되었다. 본질을 잃고 부분에만 집착하면서 그 허황한 도식을 백성들에게 강요했다. 회당에서 인사받기를 좋아하고 십일조를 낸다고 자랑하며 금식을 한다며 광고를 해댔다. 까칠한 몰골을 드러내기 좋아했다. 금식의 본질은 그런 것이 아닌데도 말이다.

내가 기뻐하는 금식은 흉악의 결박을 풀어주며 멍에의 줄을 끌러주며 압제당하는 자를 자유하게 하며 모든 멍에를 꺾는 것이 아니겠느냐. 또 주린 자에게 네 양식을 나누어주며 유리하는 빈민을 집에 들이며 헐벗은 자를 보면 입히며 또 네 골육을 피하여 스스로 숨지 아니하는 것이 아니겠느냐. (사 58:6~7)

때문에 예수가 그들을 향해 준엄하게 "화 있을진저, 또 너희 율법교사여 지기 어려운 짐을 사람에게 지우고 너희는 한 손가락도 이 짐에 대지 않는도다(눅11:46)"고 책망한 것이다.

왜 바리새인과 서기관, 율법학자들이 이렇게 되었을까? 그들이 하나님을 섬기고 율법을 지키는 본질이 백성들을 사랑하는 것이라는, 너무나 단순하고 중요한 본질을 망각했기 때문이다. 그들은 백성을 사랑하지 않았다. 사랑의 본질보다 자신의 권위가 더 중요하고 지켜야 할 율법의 규칙이 더 우선이었기에, 조선시대 정승이 과부 딸을 멀리 떠나보내고 평생을 애끓는 마음으로 살았던 그 진정을 도저히 알 수 없었다.

"꼭 이렇게 하셔야 합니다."
"하나님의 뜻입니다. 힘들어도 이렇게 하세요."

지금도 이런 말들을 쉽게 들을 수 있다. 옳다고 분명하다고 틀림없다고 확신을 가진 언설이 횡행한다. 과학만능주의자 교수의 갑갑함보다 더 괴롭다. 과학은 모르면 그만이고 성적이 나쁘면 그만이지만, 신앙은 그렇지 않기 때문이다. 우리 삶에 있어 중요한 지침이기에 본질보다 형식에 매몰된 갑갑함으로 진리를 외치면 심각한 문제를 초래한다.

선지자 발람이 이스라엘 백성을 향해 거창한 축복을 늘어놨지만 그건 진정이 아니었다. 이스라엘 백성을 사랑한 것이 아니었으니까 말이다. 발람은 축복하려고 청빙에 응한 것도 아니고 저주하려고 청빙에 응한 것도 아니다. 그저 욕심을 채울 생각으로 왕의 부름에 응했을 뿐이다. 그의 입에서 나온 번지르르한 축복은 그저 탐욕과 욕망의 속내를 숨긴 미사여구였을 뿐이다. 이것이 바로 바리새인의 회칠한 무덤 같은 말과 행동(마23:27)의 원조이다.

지난번에 참석했던 그 포럼의 과학자 교수는 이런 말로 마무리를 지었다. 과학이 어렵다고 생각하는 많은 학생, 머리를 싸매고 도망치는 아이들의 문제를 어떻게 해결할 것이냐는 질문에 대한 답이었던 것 같다.

"전 아이들이 바보라고 생각하지 않습니다. 다만 사랑으로 제대로 가르치지 않았기에 그들이 바보가 될 뿐입니다."

사랑이란 본질 없이 그 어떤 형식도 위대할 수 없다. 그 어떤 담론도 따뜻할 수 없다. 그 어떤 가르침도 위안이 될 수 없다.

조선시대 여성이 개가改嫁하는 것이 어려웠지만 양반들 세계 이야기이다. 노비나 평민, 중인들은 다시 시집가는 것이 어렵지 않았고 금지당하지도 않았다. 평민이나 노비가 개가를 한다면 인구가 늘어날 가능성이 커지므로 당연히 장려했다.

하지만 조선 후기, 중인들이 양반 의식을 지향하기 시작하면서 의도적으로 개가를 시키지 않는 분위기가 형성되었다. 심지어 열녀烈女 이데올로기까지 확산해버렸다. 사실 열烈을 지키는 것은 양반층의 이데올로기이지만 양반을 지향했던 중인들이 열烈 관념에 젖어 열녀가 되는 것이 당연하다고 받아들이며 여성들의 삶을 억압했다.

연암 박지원이 지은 〈열녀함양박씨전烈女咸陽朴氏傳〉이 바로 이런 비극적 단면을 잘 형상화한 작품이다. 이에 대해서는 『고전, 사랑을 그리다』(한언, 2015)에서 다루었다.

어느 섹스중독증 환자의 핑계

핑계 없는 무덤 없다

살면서 한 번도 핑계 대보지 않은 사람은 아마 없을 것이다. 핑계라는 단어의 뉘앙스가 별로 상쾌하지 않은 것만큼, 핑계 대는 행위를 좋다고 여기는 사람은 없지만 우리는 종종 핑계를 댄다.

핑계란 자기 아닌 것들을 들먹일 때만 성립한다. 자기 빼고 나머지 것들을 '탓'하는 것이 핑계다. 자기를 탓하는 것은 핑계라 하지 않고 고백, 자책, 뉘우침 같은 단어를 쓴다. 핑계가 그리 바람직한 것이 아님에도 우리는 핑계 대기를 멈추지 않는다. 핑계가 꽤 이로운 면이 있기 때문이다.

무엇보다 심리적 안정을 준다. 내 탓이 아니라 죄다 남들 때문이니 내 잘못은 없다는 안도감이 마음을 편안하게 해준다. 일을 그르쳐도, 결과가 참담해도 어떻든 내 잘못은 아니니 괴로워할 필요가 없다. 방어기제 defence mechanism가 내 불안을 감춰주는 것이다.

핑계를 잘 대면, 타인·사회·문화 등의 세계를 바라보는 냉철하고 예리한 감식안이 발달하게 되고, 논리적 분석력도 날카로워진다. 사고력 증진에도 도움이 된다. 무턱대고 남'탓' 하는 것이 아둔해 보이고 매사에 불평하는 것처럼 보이니, 나름의 세련된 포장을 하기에 이런저런 이득이 생기게 되는 거다.

이런 꽤 괜찮은 이득에도 불구하고, 아니 이런 이득을 덮어버리고도 남을 만큼의 나쁜 점이 있다. 모든 것이 단지 핑계로'만' 끝난다는 것이 가장 나쁘다. 세상이 문제고, 사회가 문제고, 부모가 문제고, 하다못해 옆집 사는 그 남자가 문제라고 불평하는 것으로만 끝나기에 정말 문제인 것이다. 물론 그들 잘못이다. 국가도, 사회도, 정치도, 정말 그 망할 놈(?)의 옆집 남자가 문제인 것이 진짜 맞다. 하지만 단지 그뿐이다. 혹시 핑계를 대며 욕을 했다면, 그 욕설을 내뱉는 시원함 정도가 이 핑계의 소득이다. 세상은 아무 상관없이 돌아갈 뿐이고 당신은 여전히 그 상태로 있게 된다. 조금의 변화도 바뀜도 없이 말이다. 단지 자위를 했을 뿐, 아무 소득은 없다.

핑계의 두 번째 문제점은 자기 자신'만' 못 보게 만드는 깜깜이 시력이 점점 더 나빠진다는 거다. 자기 빼고 나머지만 똑똑히 잘 들여다보게 하는 것이 핑계란 것이니 태생적으로 어쩔 수 없다. 바깥은 끝내주게 분석해서 문제점을 콕 집어내지만 자신은 쏙 빠진다. 이런 사람 둘이 서로 만나면 정말 세계전쟁이 따로 없다. 부부일 경우는 자식들이 불쌍해진다. 상상하기도 끔찍하다. "어찌하여 형제의 눈 속에 있는 티는 보고 네 눈 속에 있는 들보는 깨닫지 못하느냐(마7:3)"는 예수의 책망이 때로는 탄식처럼 들려온다. 서로 남 탓만 하는 사람들끼리 모이면 정말이지 답이 없다. 물론 타협도 없다.

무엇보다 핑계를 대면 곤란한 이유는 '자기 행위'의 잘못을 못 보는 것도 문제지만, 그와 함께 '자기 노력', '자기 열정'의 중요함도 못 보는 데 있다. 결국 핑계 대는 사람은 자기가 할 것은 하지 않고 남 탓만 줄줄이 늘어놓는 멍텅구리가 되기 쉽다. 저도 모르는 사이에 차츰차츰 말이다.

억울해도 탓하지 말란다, 하나님이

살다보면 정말 억울할 때가 있다. 눈물이 나올 정도로 억울해 미칠 지경일 때가 있다. 공연한 소리가 아니라 진짜로 조상 탓을 하지 않을 수 없는 때가 있단 말이다.

일제강점기에 태어난 사람들은 나라 팔아먹은 조상들 탓을 하지 않았을까? 잘 몰라서 안 할 수는 있지만 만약 안다면 버럭 하든지, 울분을 토하든지, 탄식·좌절·회한·안타까움 등등의 반응을 보일 것이다. 여기에 '자신의 잘못'이 끼일 여지는 없다.

"아니 내가 무슨 잘못을 했다고? 잘못이라면 망한 나라 백성으로 태어난 것이 잘못이지, 난 잘못한 것이 없소."

이런 반응이 당연하다. 지금처럼 튼튼한 나라가 있는 때라면 그냥 자신의 욕망과 꿈을 위해 살 텐데, 그러지 못하고 민족을 위해 목숨을 걸고 독립을 위해 피 흘리는 곳으로 자원해서 나서야 했으니 말이다. 일제강점기만 그런 것이 아니라, 한국전쟁으로 참혹했던 시기를 지낸 분들이나 전쟁 통에 이산가족의 고통을 안게 된 분들도 마찬가지다. 그것이 '그들 잘못' 일까, '남들 잘못'일까? 핑계가 아니라 아무리 생각해봐도 그들 잘못이라고 할 수는 없다. 그들은 그냥 그때 태어났을 뿐이다. 그렇게 어수선하고 그렇게 힘겹고 괴로운 시절에 이 땅에서 살아갈 수밖에 없었던 것이다. 굳이 탓하자면 조상 탓, 부모 탓이라고나 할까.

언제나 그렇듯이 하나님은 조금 거북한 말씀을 하신다. 눈치 빠른 분들이라면 짐작하겠지만, 하나님은 그런 게 아니라고 말씀하신다. 세상에, 정말이지 하나님은 너무 하신다. 망한 나라에 태어난 사람과 잘 먹고 잘 사는 나라에 태어난 사람을 똑같이 취급하시는 것 같다. 일제강점기에 태어난 사람과 군사독재 시절에 태어난 사람들을 지금처럼 독립된 민주 사회에 사는 사람과 같이 취급하시려 들다니, 좀 심하다.

> 너희가 이스라엘 땅에 관한 속담에 이르기를 '아버지가 신 포도를 먹었으므로 그의 아들의 이가 시리다'고 함은 어찌 됨이냐? 주 여호와의 말씀이니라. 내가 나의 삶을 두고 맹세하노니 너희가 이스라엘 가운데에서 다시는 이 속담을 쓰지 못하게 되리라. (겔18:2~3)

아버지가 신 포도를 먹으면 아버지의 치아가 시리지 아들의 이빨이 시리지 않는다. 그런데 이스라엘 백성들은 '아버지가 신 포도를 먹었기 때문에 아들의 이가 시리다'는 이치에 닿지 않는 말을 했다. 이 말뜻은 '아버지의 잘못' 때문에 '아들이 괴롭다'는 의미다.

〈에스겔〉의 시대는 이스라엘이 망해서 바벨론에 포로로 끌려가 고통

받는 때였다. 곧, 포도 먹는 것과 이가 시린 이야기는 바벨론 포로지에서 태어난 백성들의 원망과 고통이 담긴 속담이다. 여호야긴 왕을 비롯한 조상들 잘못으로 나라가 망했고 그 때문에 지금 우리가 고통 속에 신음한다는 말은 백 번 옳다. 그들이 잘못하지 않았다면 애초에 이런 일이 생기지 않았을 것이다. 그런데 하나님은 전혀 다른 말씀을 하신다. 아니란다.

> 아들이 정의와 공의를 행하며 내 모든 율례를 지켜 행하였으면 그는 반드시 살려니와 범죄 하는 그 영혼은 죽을지라. 아들은 아버지의 죄악을 담당하지 아니할 것이요, 아버지는 아들의 죄악을 담당하지 아니하리니 의인의 공의도 자기에게로 돌아가고 악인의 악도 자기에게로 돌아가리라. (겔 18:19~20)

'자기는 자신이 지은 선이나 악으로 인해 자기 삶을 산다'는 말은 그냥 떼어놓고 보면 백번 지당하신 말씀이다. 하지만 이 문맥은 앞의 신 포도를 먹는 이야기에서 이어진 말씀이다. 곧, 자기 선으로 자신이 복을 받고 자기 악으로 벌을 받는 것이니, '아버지 탓을 하지 말라!'는 말씀이다. 솔직히 입맛이 쓰다. 지극히 옳은 말씀이지만, 지금의 포로생활, 현재의 고통과 괴로움의 연원에 대해서는 침묵하는 것 같아서다. 현실을 있는 그대로 받아들이고 살라는 어용적 권유로 들린다. 무척이나 불편하고 억울한 말씀이다. 그 당사자들이라면 눈물이 뚝뚝 떨어질 노릇이다.

일단 진정하고, 옛날이야기 하나 들어보자.

절륜한 변강쇠와 사람 잡아먹는 옹녀

우리 고전 〈변강쇠가〉에 등장하는 두 인물은 정말 특별하다. 쇠처럼 단단하고 강한 성기를 지녔을 것 같은 '강쇠'와 한 없이 꼭 조여줄 것 같은 '옹녀'는 그야말로 섹스의 화신이다. 둘의 만남은 육체적 면모만 놓고 보면 하늘이 내린 다시없을 연분이다.

옹녀는 이름도 맹랑한 평안도 '월경촌'에 살았다. 기가 막히게 예쁘게 생겨 온 동네 남정네들이 발정 난 수캐마냥 안달이 났는데, 그들은 옹녀와 결혼하는 족족 죽어나갔다. 열다섯 살부터 스무 살까지 해마다 결혼하고 해마다 남편이 죽어나가니 송장 치기도 신물이 날 지경이었다. 남편들만 죽는 것이 아니라 숨겨놓은 간부姦夫, 애부愛夫를 비롯해 심지어 입 한 번 맞춘 놈, 눈요기 한 놈들까지 모조리 죽어나갔다. 이러니 월경촌 삼십 리 안팎에 남자라고는 애들도 없을 지경이 되었다. 마을 사람들이 회의를 했다.

"이년을 이대로 두었다가는 우리 경내에 씨가 마르겠다. 당장 쫓아내자!"

동네에서 쫓겨난 옹녀는 훌쩍 삼남 지방을 향해 내려가다가 길에서 우연히 변강쇠를 만났다. 번갯불이 튀듯 눈이 맞은 둘은 훤한 대낮에 사람 다니는 길바닥에서 그냥 얼러붙어 질펀한 정사를 벌였다. 둘 다 예의니 염치니 하는 것과는 원래부터 담을 쌓은 데다 워낙 밝히는 작자들이다 보니 난리도 아니었다. 옹녀는 예전에 자신과 관계했던 남자들 일도 있고 해서 조마조마했는데 글쎄 변강쇠는 아무 탈이 없었다. 확실히 변강쇠는 절륜했던 것 같다. 하여 둘은 꼭 붙어 살게 되었다.

그런데 문제가 생겼다. 아무리 섹스가 좋아도 섹스만 해서는 먹고 살수 없다. 밥은 먹어야 한다. 누더기라도 걸쳐야 하고, 움막이라도 있어 비

바람을 피해야 한다. 좋든 싫든 누군가는 일을 해야 먹고 사는데, 여자가 일을 해서 먹고 살기란 지금보다 더 힘든 시절이니 당연히 변강쇠가 나서야 하지만 이 강쇠란 놈은 전혀 그럴 맘이 없었다. 허구한 날 낮에는 잠만 퍼 자고 밤에는 옹녀 배 탈 생각만 했다. 뭐라도 하라고 옹녀가 잔소리를 할라치면 성질을 버럭 냈다.

"어려서 못 배운 글을 지금 와서 공부를 어떻게 해? 손재주도 없어 물건 만드는 일을 할 수도 없고, 밑천이라고는 한 푼 없으니 장사도 할 수 없는데, 대체 뭘 하라는 거야?"

이놈의 말이 크게 그른 것은 아니지만 답답하기 이를 데 없다. 어쩔 수 없이 옹녀가 나가 예쁜 낯을 팔아 술장사, 들병장사 닥치는 대로 했다. 그런데 이 강쇠 놈이 가만이라도 있지 연일 싸움질에, 계집질, 술타령으로 옹녀를 들들 볶으며 난리를 피우니 그야말로 죽을 지경이었다.

결국 변강쇠 때문에 또다시 마을에서 쫓겨나게 되었다. 할 수 없이 옹녀는 변강쇠를 끌고 산으로 들어가 화전火田을 일궈 먹고 살려 하는데, 이 또한 일하기 싫어하는 변강쇠로 인해 여의치 않았다.

하루는 제발 좀 나무라도 해오라는 옹녀에 떠밀려 억지로 산에 오르던 변강쇠가 가다가 그냥 벌렁 나자빠져서 낮잠만 실컷 잤다. 저녁나절 일어난 강쇠는 그냥 돌아가면 잔소리 들을 것이 귀찮아, 산 어귀에 있는 장승을 빼개서 땔감으로 가져갔다. 놀란 옹녀가 장승을 땔감으로 태우려는 것을 만류하지만 이놈이 말을 들을 리 없다. 변강쇠가 장승을 쪼개서 불쏘시개로 태워버리자, 분노한 장승의 혼령이 변강쇠를 징치했다. 결국 강쇠는 온 몸의 구멍으로 피를 토하며 죽게 된다.

옹녀 남편이 또 죽은 셈이다. 다시 혼자가 된 옹녀는 제 힘으로는 무거운 강쇠를 묻어줄 수 없었다. 옹녀는 남자들을 유혹해 우여곡절 끝에 강쇠를 묻어주고는 다시 훨훨 떠나버린다.

현실 도피로서의 중독

변강쇠와 옹녀가 찰떡궁합인 것은 틀림없는데, 그 둘의 속사정을 곰곰이 따져보면 옹녀는 속이 썩어 문드러질 지경이었을 게다. 절륜한 것도 좋고 다른 남자들처럼 죽지 않은 것도 좋지만 변강쇠는 도무지 일을 안 하니 말이다. 자신은 먹고 살려 몸까지 팔며 돈을 버는데 그렇게 번 돈을 노름으로 홀라당 날려 버리는 남편이란 작자를 보며 옹녀는 무슨 생각을 했을까? 밤마다 엎어놓고 그저 덮치기만 하려는 강쇠를 보고 무슨 맘이 들었을까? 첫 만남처럼 언제나 흥분되는 감동의 밀물이 밀려들었을까? 알수 없지만 아마도 옹녀의 성적 쾌락은 점점 시들어갔을 것 같다. 그러면서도 옹녀는 섹스를 멈출 수 없었는데 그건 변강쇠가 발정 난 수소마냥 씩씩거리며 날마다 달려들었기 때문이다. 이러니 옹녀에게 날마다 벌이는 섹스는 향연이 아닌 지루하고 밋밋한, 때로는 괴롭기까지 한 피곤한 노역일 뿐이지 않았을까?

좋다. 옹녀는 그렇다 치고, 변강쇠는 속되게 말해 끝내주게 좋았을까? 잘 생각해보면 그렇게까지 좋았을 것 같지는 않다. 물론 밤마다 옹녀의 배를 타기는 했다. 하지만 그렇게 배를 타는 것이 무슨 목적이었을까? 주체할 수 없는 성욕 때문에? 뻗쳐오르는 정욕의 분출을 위해서? 워낙 '강'한 '쇠'니 그랬을지도 모른다. 아내가 몸을 팔든, 먹을 게 있든 없든, 삶의 의

미고 감성이고 하는 것 따위는 필요 없고 그냥 삽입, 피스톤, 분출, 그것이 전부였을지도 모른다. 정말 그렇다면 그 대상이 꼭 옹녀일 필요는 없다. 그 누구여도 상관없다. 심하게 말해 그냥 성기를 가진 그 누구, 아니 그 어떤 것이어도 상관없다. 아니라고 변명할지 모르지만, 사실 변강쇠는 그렇게 옹녀를 대했다. 사연 없이, 맥락 없이, 생각 없이 말이다. 이러니 배려 같은 고상한 감정이 그에게 있을 리 없다. 이런 변강쇠의 행위는 섹스중독증 환자의 모습 그 자체이다. 단지 '하기' 위해 '하는' 행동을 할 뿐이었다.

대체 변강쇠는 왜 이렇게 섹스에 탐닉하는 중독증 환자가 되었을까? 어떤 중독이든 중독자에게 그 이유를 물으면 아마 이유를 수백 가지는 댈 것이다. 그리고 사실 그 이유들이 어느 정도 맞기도 하다. 다 합해놓으면 정말 중독에 빠질 만도 하다. 하지만 중독자들이 놓치는 최대 지점은 바로 중독의 이유가 자기 자신에게 있다는 점이다. 왜 중독이 되었는지보다 더 중요한 것은 정말 중독에서 벗어날 의지가 있느냐이다. 번번이 갱생에 실패하는 이유가 중독자 자신에게 있다는 점을 그들은 절대 인정하지 않는다.

변강쇠가 일도 하지 않고 빈둥거리며 사고치는 이유가 그가 댄 핑계처럼 어느 정도는 타당하다. '어려서 공부하지 않아 배운 것도 없고, 뭔가 만들어낼 만한 손재주도 없고, 장사를 할 만한 밑천도 없다'는 그의 말이 모두 거짓으로만 들리지는 않는다. 어느 정도 사실이다. 변강쇠는 사회적 하층이고 소외층이다. 그가 뭔가 할 수 없던 것은 일정 부분 사회 시스템의 문제이기도 하다.

얼마 전 영국의 수상을 역임했던 분이 돌아가셨다. 그분은 사회적으로 가난한 자는 그 자신이 노력하지 않아서 그렇게 가난한 것이라는 철두철미한 생각을 지녔다. 그래서인지 그분은 나라를 다스리는 내내 철저하게 그런 사회적 소외층을 격파(?)하는 데 조금도 망설이지 않았다. 그분은 정말로 그렇게 믿었기 때문이다.

'네가 못 사는 이유는 네가 노력하지 않아서야.'

그분의 놀라운 신념은 점점 강력해졌다. 당신은 시도해서 성공하지 않은 적이 없었기 때문이다. 그분은 열심히 노력하는 족족 해당 성과를 얻었기에 그렇게 꽉 믿었다.

그분 말씀이 틀린 말은 아니지만 정답이라고 할 수는 없다. 왜냐하면 누구나 노력한다고 다 되는 것이 결코 아니기 때문이다. 죽도록 노력해도 안 되는 일이 정말 있다. 아마 공부하는 학생들에게 다음처럼 말하면 억울해 죽으려는 학생들이 부지기수일 것이다.

"여러분의 성적이 나오지 않는 이유는 열심히 공부하지 않아서예요."

물론 완전히 틀린 말은 아니다. 하지만 언제 누구에게나 똑같이 맞아떨어지는 절대 진리는 아니다. 열심히 노력해도 가난을 벗어날 수 없는 사람들이 우리 주위에 얼마든지 있다. 밤낮 공부하고 또 공부해도 성적이 만족할 만큼 오르지 않는 학생들이 정말로 있단 말이다. 이는 분명 개인의 능력, 노력 같은 것 바깥의 문제다. 사회적 출발점이 남과 다르든지, 사회의 일정 영역에 진출할 장벽이 높다든지 하는 사회적 시스템의 문제일 수 있다. 그런데도 그런 점은 조금도 지적하지 않고 모든 것을 개인 탓으로만 돌린다면 그건 좀 야비하다. 못됐다.

확실히 변강쇠가 아무 일도 '안'하는 것인지 '못'하는 것인지 심사숙고가 필요하다. 변강쇠 말이 어쩔 줄 모르는 자의 항변인지 아니면 핑계인지 잘 따져봐야 한다. 강쇠의 말이 꼭 사회를 향한 항변이라기보다는 이것도 싫고 저것도 싫어하는 철부지 어린애의 투정으로 들리기 때문이다.

변강쇠가 하층민이고 소외층인 것은 맞다. 그가 배운 것도 없고, 손재주도 없고, 물려받은 것도 없어 밑천이 없는 것도 사실이다. 그가 뭔가 해보려고 해도 할 수 없을 정도로 좌절할 수밖에 없는 정황도 분명 틀림없다. 하지만 그가 간과한 것이 있다. 아니 의도적으로 회피하고 고개 돌린 사실이 있다. 자신'만' 배운 것이 없고 손재주가 없고 부모에게 물려받은 돈이 없는 것이 아니란 사실이다. 자신처럼 비슷한 처지의 사람들이라고 해서 다들 비관하고 자신의 삶을 내팽개치지는 않는다는 사실이다. 멀리서 찾을 것도 없다. 배운 것도 없고 가진 것도 없는 옹녀는 뭐라도 해보려 했는데 그는 그저 그 옹녀만 등쳐먹고 살았다. 나무 하나 제대로 해오지 않고 장승을 빠개서 가져온 것이 그가 한 일이다. 고작 그 짓거리를 한 것이다.

변강쇠는 분명 어려운 처지에 있었다. 이야기에 나오지는 않지만 어쩌면 그가 무척 많은 노력과 시도를 했을지도 모른다. 그때마다 번번이 실패하고 꺾였는지도 모른다. 하지만 그는 자신의 삶을 살아야 했다. 자신이 처한 현실을 똑바로 직면해서 돌파할 생각을 해야 했다. 그 앞에 놓인 삶은 그 누구의 삶도 아닌 바로 자신의 삶이니 말이다. 배우자도 얻었지 않은가 말이다. 한데 그는 어떻게든 자기 앞에 놓인 삶을 살아보려 애쓰지 않고 대신 현실을 회피하고 현실에서 도망치려 했다. 그렇게 그가 도망친 곳이 바로 섹스였다.

변강쇠는 오로지 성적 쾌락에만 탐닉했다. 그 순간만큼은 현실을 잊고, 자신을 잊고, 모든 것이 고양된 상태가 되니 빠져들 만도 하다. 섹스가 나쁜 것이 아니라, 그것이 도피처가 된 것이 나쁘다. 술 자체가 나쁜 것이 아니고 술에 빠져 사리분별을 잃는 것이 옳지 않은 것과 같은 이치다. 맨정

신으로 살기 힘든 그들이 술이 깨어 정신이 들려하는 찰나에 다시 술을 찾아 술에 빠져 허우적거리는 것처럼, 변강쇠는 섹스로 도망치고 섹스에 파묻혔다. 벗어나고 싶지 않았던 것이다. 그가 비록 정력이 절륜해 남들을 놀라게 할 정도의 사람이라 해도 그는 비겁한 겁쟁이일 뿐이다. '강'한 '쇠'가 아니라 단지 못난 놈팡이일 뿐이었다.

핑계, 그 무한한 해로움

하나님은 왜 탓하지 말라고 할까? 분명히 남들 잘못으로 지금 현재 우리가 괴로운데 왜 탓하지 말라 할까? 체제 유지가 본디 종교란 것의 본질이기 때문일까? 일단 흥분을 가라앉히고 하나님의 뜻을 곰곰이 헤아려보면, 앞서 우리가 대 전제를 빼 놓은 채 질문한 것을 알 수 있다.

식상한 말이지만, 우리는 모두 죄인이다. 누군가의 비유처럼 모래알만한 죄나 바윗돌만 한 죄나 모두 다 죄라는 점에는 눈곱만큼의 차이도 없고, 모래알도 바윗돌도 모두 다 물에 가라앉는 것처럼 그 결과는 같다. '우리 모두 죄인'이란 말이 구호처럼 익숙하다 보니, 너무 쉽게 그 본질을 잊는다. 우리가 앞서 했던 질문에 이어서 생각해보자.

"죄인은 그냥 죄인일 뿐이다. 좋은 시절에 태어났든 곤핍한 시절에 태어났든 모두 다 죄인일 뿐이다."

하나님은 네가 죄인이니 입 다물고 조용히 있으라는 것이 아니라, "너는 너를 알고 있느냐?"는 물음을 던지시는 거다. 자기 존재의 본질을 아느냐, 하는 근원적 물음이다. 다시 핑계 이야기로 돌아온 느낌이다. 핑계를 대면, 세상 모든 것에 대해 이러쿵저러쿵 끝도 없이 떠들어대지만 정작 자기만 쏙 빼놓는 얼간이 상황을 연출한다는 것 말이다.

"선조가 신 포도를 먹어 내가 지금 이빨이 시려요"라는 지극히 당연해 보이는 원망이 사실 핑계일 뿐이란 하나님의 말씀이 여전히 미심쩍다면, 다음 질문을 곰곰이 생각해보기 바란다.

당신이 혹시 금수저를 물고 태어났다면, 그것이 당신의 힘으로 그렇게 된 것인가? 그것이 당연한 일인가? 그렇게 된 것은 너무나 지극히 마땅한 일이고, 하찮고 별 볼일 없는 사람들은 본래 그렇게 태어나는 것이 당연해서 흙수저를 물고 태어나는 것일까? 글쎄 불교신자라면 "이전 생의 업業 때문이다"라고 답하겠지만, 당신은 하나님을 섬기는 분이니 뭐라 답할 것인가? 좋은 것, 멋진 것, 괜찮은 것들이 지금 당신에게 있는 것이 과연 '정당하고', '옳고', '바람직하고', '마땅한' 것일까? 당신 생각은 어떤지 한번 답해보라. 냉철한 이성으로 서릿발 같은 분석을 해서 말씀해보시라.

종종 학생들에게 듣는다. 세상이 공평하지 않다고, 취직이 안 되는 것은 힘 있는 자들의 편법 때문이라고, 사회가 너무 엇나가서 자신이 불이익을 받는다고, 지금 당장 살 곳도 없다고. 한탄이 끝이 없다. 난 그들 말에 쉽게 입을 열지 못한다. 수긍하기 때문이다. 그들 말이 옳다고 생각해서다. 세상은 정말 그렇게 돌아가고 그들은 정말 억울하고 힘든 처지에 처해 있다. 한국전쟁 때가 아니고 일제강점기가 아니지만 그들은 그들 나름의 삶의 무게를 짊어지고 허덕이고 있다.

그런데 때로는 그들 말이 핑계로 들릴 때가 있다. 그들의 항변이 진실일 수도 있고 본질을 짚은 혜안일 수도 있지만 이따금 핑계로 들리는 이유는 남들이 보면 그들은 소위 '명문대생'이라는 부러움의 시선을 받는 자들이기 때문이다. 그들보다 못한 처지의 학생들이 듣는다면 "잘난 놈들의 배부른 투정"이라고 비난할 것이니 말이다. 자신보다 못한 사람이 있으니, 그들을 보고 참으며 살란 말은 아니다. 다만 스스로 본질을 해치고 있는 것은 아닌지 냉철하게 고민해보란 말을 하고 싶다.

잘생긴 자는 잘생기게 태어났다. 그렇지 못한 자는 그렇게 태어났다. 적게 지니고 태어나고 싶었던 사람은 단 한 명도 없다. 남보다 못한 위치에서 시작하고 싶은 사람도 없다. 그러니 이 모든 것이 원망스러울 수밖에 없다.

예수는 이런 말을 했다.

"자기 십자가를 지고 나를 따르라." (막8:34)

어디에서 시작하든 모두 제각기 자기 삶의 무게를 지고 따라오란 말이다. 이 가르침은 힘들고 어렵게 사는 약자들만을 향한 말씀이 아니다. 많은 것을 가진 자든 적게 가진 자든, 높은 자리에 앉은 자든 낮은 자리에 있는 자든 모두 다 제 십자가를 지고 따르라는 말씀이다. 이 말씀은 아래 경고의 음성과 하나의 세트를 이룬다.

"많이 받은 자에게는 많이 요구할 것이요, 많이 맡은 자에게는 많이 달라 할 것이니라." (눅12:48)

세상이 공평한지는 모르겠으나, 각자 모두 다르게 생긴 것처럼 각자 능력이 다르고 받은 달란트가 다르며 위치 또한 다르다. 그렇게 '다른' 것은 '틀린' 것이 아니고, 그렇게 '다르게 정해진 것'은 바로 그 자리가 하나님이 당신에게 주신 '은혜의 자리'란 점에서는 같다. 이를 인정하는 것이 믿음이고 이를 따르는 것이 신앙이다.

모진 인생을 굳이 그렇게 살 필요가 없었음에도 불구하고 회심한 후 평생을 피곤하고 괴롭게 지질지질 산 바울이 자신이 한 모든 역경과 수고가 다 "하나님의 은혜로 된 것이(고전15:10)"라고 고백했다. 그는 금수저를 물고 태어났지만, 바로 그렇게 금수저를 물고 태어났기에, 그것에 합당한 자기 십자가를 지고, 많이 맡은 자에게 많이 요구하는 하나님의 뜻에 따라 열심히 살았다. 그래서 모든 삶의 과정이 "오직 나와 함께 하신 하나님의 은혜(고전15:10)"라고 담담히 회고할 수 있었던 것이다. 바울의 말은 핑계가 아니라 진정이었고, 나는 나의 길을 잘 모르지만 하나님은 내 길을 나보다 더 잘 아신다는 믿음의 토로였다.

핑계의 장막을 거둬야 시작할 수 있다

이제 다시 묻자. 내가 잘생긴 얼굴로 태어난 것이 공평한 것인가? 내가 똑똑한 것이 공평하고, 내가 이 지위와 이 모든 것을 갖게 된 것이 정말 공평한 것인가? 우리들은 자신이 가지고 있는 것은, 아니 이미 가진 것은, 획득한 것은 당연하다고 우긴다. 나아가 갖지 못한 것을 내놓으라고 닦달한다. 공평하게, 평등하게 해야 하니 내놓으라고, 마치 자신의 주장이 정당하다는 듯 윽박지른다. 반면 자신이 가지고 있는 것을 누군가 조금이라도 손댈라치면 난리법석을 피우며 고래고래 악을 쓴다.

변강쇠는 하층민으로 태어났다. 그가 그렇게 태어나고 싶어 태어난 것이 아니다. 그가 가난하게 배운 것 없이, 가진 것도 없이 태어난 것은 분명 그의 잘못이 아니다. 하지만 그가 성적으로 절륜하게 태어난 것은 그가 받은 능력이다. 그는 자신이 가지고 있는 것은 당연하게 생각하고 갖지 못한 것에 대해서는 불평하고 원망했다. 핑계를 댔다. 그보다 못한 자들도 그처럼 처만 등쳐먹고 살지 않지만, 그는 핑계로 장막을 치고는 자기만의 세상으로 도피해버렸다. 그렇게 중독의 깊은 수렁에 빠졌다. 그는 그러지 말았어야 했다. 자신이 가지고 있는 것에 감사하고 가지지 못한 것을 인정하며 앞으로 나아갔어야 했다. 자신이 있는 바로 그 자리, 그 장소, 그 위치에서 '인정'하고 '감사'하고 '시작'했어야 했다.

〈에스겔〉의 신 포도 이야기는 하나님이 현실에 타협하라고 하신 말씀이 아니다. 체제에 순응하라고 강요하는 것도 아니다. 핑계는 무한히 해롭고 불평은 끝없지만 그보다 더 큰 문제는 바로 자신이 죄인이라는 점과, 바로 자신에게 그 자리가 주어진 것만 해도 놀라운 기적이라는 것, 자기 자리가 놀라운 감사의 현장이라는 것을 깨닫지 못하는 것에 있다. 하나님은 그것을 몹시도 안타까워하신다. 하나님이 각자에게 주신 딱 맞는 자리에서 앞으로 나아가지는 못할지언정 뒤로 물러나 핑계의 장막 속 중독의 나락으로 떨어지니 얼마나 답답했겠는가. 핑계의 가장 큰 마지막 문제점은 '인정'도 '감사'도 그리고 '시작'도 없다는 것, 바로 그것이다.

〈변강쇠가〉는 판소리 〈가루지기타령〉이라고도 한다. 〈춘향전〉, 〈심청전〉처럼 지금도 판소리로 불리는 것과 달리 〈변강쇠가〉는 현재는 부를 수 없다. 곡조가 남아 있지 않기 때문이다. 〈춘향전〉과 같은 판소리들은 계속 공연하고 불리면서 스승에서 제자로 창법이 이어졌지만, 〈변강쇠가〉는 그렇지 못했다. 부를 수는 없으나 그나마 가사가 남아 있어 내용을 알 수 있는 것이 다행이다.

창법이 계승되지 못한 판소리들을 '실전失傳 판소리'라고 한다. 〈변강쇠가〉, 〈무숙이 타령〉, 〈장끼 타령〉, 〈강릉매화 타령〉 등이 이에 속한다.

변강쇠와 옹녀를 유랑민으로 보아서 〈변강쇠가〉를 유랑민의 애환으로 풀이하는 것이 일반적인 시각이다. 물론 지역사회에서 배척당해 떠돌 수밖에 없었던 당대 민중의 슬픔과 한을 외설적 웃음으로 전복하려 한 측면이 있다. 그러나 남녀 사이 차이가 있고 극복의지 또한 다름을 주목해서 보아야 한다. 곧, 도피적이기만 한 남성 변강쇠와 어떻게든 개척하고 살아가려 한 여성 옹녀의 대비는 이 작품에서 놓쳐서는 안 되는 중요한 지점이다. 이는 『고전, 사랑을 그리다』(한언, 2015)에서 다루었던 부분을 가져왔다.

여우가 되든지 그물을 버리든지

배은망덕한 이야기

지어낸 이야기다.

착하고 성실한 아들이 아버지와 작은 공장을 운영했다. 잘 되는 날도 있고 어려운 날도 있지만 살기 빠듯한 가운데도 아버지와 둘이 힘을 합쳐 그럭저럭 헤쳐 나가고 있었다. 어느 날 갓 서른이 됐을까 싶은 젊은이가 나타났다. 뒤에 그와 비슷해 보이는 나이의, 이런저런 말만 가득한 백수 아니면 취업준비생처럼 보이는 사회 불만 세력들을 잔뜩 데리고서 말이다.

"너만을 위해 먹고사는 것이 옳으냐? 넌 꿈도 없냐? 나와 같이 더 큰 꿈을 펼쳐보자. 어때?"

그의 꾐에 아들의 가슴이 벌떡거린다. 딱히 현실이 싫었던 것은 아니다. 불만스러웠던 것도 아니다. 하지만 마음 한 편 뭐라 말할 수 없는 답답함이 있었다. 지금 우리나라 우리 민족의 어려운 상황을 나 몰라라 하며 그저 작은 공장에서 물건 만드는 것에 에너지를 쏟고 있는 자신이 한심해 보일 때도 있기는 했다. 때론 자신이 배신자 같고 도피자 같이 느껴졌다. 그 장발의 떠돌이 우두머리의 말이 아들의 마음에 훅 들어왔다.

"당장 가자. 때가 늦으면 끝이야. 기회란 것이 언제나 있는 게 아니라고."

아들은 즉시 나사를 조이던 펜치를 던져 놓고 황당해하는 아버지의 말소리를 귓등으로 흘리며 일어섰다. 다단계일 수도 있으니 조심하라는 아버지의 말도, 근본도 모르는 놈과 휩쓸리면 안 된다는 안타까운 아버지의 눈물도 무시하고 아들은 그와 그 무리들 속으로 들어갔다.

공장을 나와 그들을 따라 몇 걸음 떼다 보니, 아무래도 아버지가 맘에 걸렸다. 사업은 또 어떻게 한단 말인가. 나 없이 홀로 운영할 수는 있을까. 둘이서도 빠듯했는데……. 아들은 신경이 쓰여 뒤를 돌아보았다. 그 머뭇거림을 눈치 챈 장발의 남자가 말했다.

"그러려면 돌아가. 일단 떠났으면 모든 것을 잊어야지. 그래서 무슨 큰일을 하겠어."

아들은 남자의 따끔한 말에 화들짝 놀랐다. 다시는 이런 맘도 먹어선 안 되겠단 생각을 했다. '큰일을 해야 하는데, 남을 위해 큰일을 해야 하는

데 이런 사소한 개인적 일에 연연하다니, 내가 정말 정신 자세가 글러 먹었구나' 자책을 했다. 아들은 뒤도 돌아보지 않고 그들을 따라갔다.

자, 당신의 생각은 어떠하신가? 이 아들의 행동에 어떤 느낌이 드시는가? 글쎄, 이 아들이 어디선가 느닷없이 나타난 근본 모르는 젊은이를 따라간 것이 과연 옳은 선택일까? 아무튼 지금의 미묘한, 어쩌면 불편한 감정을 꼭 기억해두시라. 조금 이따 다시 말하기로 하고, 이번엔 실화, 내가 겪었던 몇 가지 이야기를 해보겠다.

갑갑하고 난감한 이야기

장면 하나.
강의에 들어가자마자 한 여학생이 눈에 띄었다. 동료 학생들도 그 여학생이 이상하다고 느꼈을 것이다. 1980년대에나 입을 법한, 청바지로 만든 청치마를 입고 있었다. 그것도 발목까지 항아리처럼 둥글게 내려온 치마였다. 머리카락은 의도적으로 길게 앞으로 내려 얼굴을 반쯤 가리고 있었다. 낮이라서 그랬지 밤이라면 좀 무서울 법한 차림새의 그 여학생은 내 강의를 곧잘 들었다.
어느 날 강의가 끝난 뒤 그 학생이 나를 부리나케 따라 내려오면서 이런저런 질문을 했다. 솔직히 고백하자면 난 당시 약간의 대인기피증에 시달렸다. 정확하게는 '대인피곤증'이랄까. 아무튼 사람 만나기가 싫었다. 말도 하기 싫어 강의도 억지로 하고 있었다. 그런데 이 항아리 청바지에

앞머리로 얼굴을 뒤숭숭하게 가린 여학생은 나를 붙잡고 놓질 않았다. 이런저런 의미 없는 말을 계속 늘어놓는데, 사실 그 여학생이 정말 하고 싶은 말은 따로 있다는 것을 난 즉각 알아차렸다. 그녀도 알고 나도 어느 정도 짐작한 문제의 본질은 따로 있다는 것을 말이다. 그러면 안 되는데 난 그녀의 아버지에 대해 물었고 어머니와 가족들에 대해서도 재차 물었다. 솔직히 무례한 질문이었다. 굳이 변명하자면 빨리 이 여학생과 대화하는 것을 끝내고 다음 강의를 가기 전에 잠시라도 연구실에 홀로 처박히고 싶었기 때문이었다.

이 여학생의 부모님은 그녀가 중학교 때 이혼했고, 딸만 셋인 집의 둘째인 이 학생은 다른 두 딸들에 비해 상당히 영특한 아이였다. 언니는 서울 모 대학에 다니고 동생은 심신이 안정치 못해 병원에 입원 중이었다. 그녀의 고민은 그런 거였다. 꼭 집어 말하지 않았지만 난 알아차렸다. 꽤 많이 이런 학생들의 푸념과 괴로움, 울음 섞인 말들을 들어주었던 경험이 있어서다. 나를 따라 내려왔던 그날, 그녀는 내 강의에서 뭔가를 느꼈고 그것이 다음 강의로 바쁜 나를 복도에서 붙잡고 전혀 상관없는 이야기들을 늘어놓는 이유가 되었다. 스스로 번잡한 마음을 달래고 있었던 것이다. 나를 붙잡고서 말이다. 난 그 여학생에게 밑도 끝도 없이 이렇게 말했다.

"네가 이 대학에 다니는 것은 네 죄가 아니야. 네 잘못도 아니고."

그녀는 금방 알아차렸다. 자신이 원하던 답을 내가 하는 중이란 것을 말이다. 사실 그녀도 알고 있었다. 자신이 좋은 대학에 다니는 것이 죄가 아니란 것을 말이다. 다만 그것을 자기보다 조금 더 권위 있는 자에게서 듣고 싶었을 뿐이었다. 분명한 어조로 명확하게 집어서 말해주는 소리를 듣고 싶었던 것이다.

"네 부모님이나 자매들의 슬픔은 그들 몫이고, 넌 너니까 네 삶을 살아 야지."

난 조금 더 명확하게 말해줘야 할 필요가 있다고 생각했다. 선생의 못 된 버릇이다.

"네가 좋은 대학에서 행복하게 지내는 것은 누구의 잘못도 죄도 아니 야. 죄책감을 갖는 것은 바보나 하는 짓이야. 네 부모나 네 동생이 어떻든 말이야. 아마 그들도 네가 신나고 행복하게 학교생활 하기를 원할걸."

다음 강의 때 난 그녀가 그렇게 예쁜 여학생이었다는 것을 처음으로 발 견했다. 앞머리를 자르고 나타났다. 그 가공할 만한 무거운 청치마 대신 카키색 바지를 입고 왔던 것으로 기억한다. 그 학생은 뭔가 큰 짐을 던 듯 한 표정이었다. 그래서 예뻐 보였는지도 모르겠다.

장면 둘.

시어머니가 며느리를 상당히 못마땅해했다. 아들 나이가 마흔에 가까워 져 결혼을 했지만 시어머니는 사실 결혼부터 반대했다. 시모의 반대가 여 성의 심성이나 습관, 예절 같은 것 때문이라면 그럴 수도 있겠다 싶지만 그 런 게 아니었다. 과연 뭐가 이유일까? 그들끼리 있을 때의 말인즉 이랬다.

"내 자식은 명문대 박사인데……."

결혼 후 아들과 며느리 사이는 더할 나위 없이 좋았다. 계속 그랬다. 시 어머니의 마음은 여전히 뚱했다. 지금도 여전하다.

내가 친한 사람들이어서 잘 아는데, 냉정히 말해 남자를 두고 이런 말 을 할 수도 있다.

"그깟 박사학위 하나밖에 없는 주제에……."

사실 그렇다. 그것 말고는 그야말로 뭐 하나 제대로 된 것이 없다. 재산도, 심성도, 성격도. 하지만 시어머니의 마음은 변하지 않는다. 아니 변하지 않을 거다. 미안한 말이지만 죽는 날까지 바뀌지 않을 거라 생각한다. 그 때문에 그토록 사랑하는 아들이 지금 굉장히 괴로워한다는 것도 모른 채 말이다.

거울처럼, 정반대 경우도 있다. 사위가 못마땅해 미칠 지경인 장모 이야기다. 사위가 나빠서가 아니다. 잘못이 있어서도 아니다. 문제는 장모였다. 사위는 건실하고 착하고 넓고 편안한 성격이지만 결혼 전부터 장모가 싫어한다는 것을 알고 있었다. 하지만 그때는 그저 일반적으로 웃으며 말하는, '딸을 데려가는 도둑놈' 정도의 상실감이라 생각했다. 하지만 아니었다. 사위는 처가에 갈 때마다 겪는 불편한 시선과 말 때문에 점점 멀어져갔다. 지금은 처가 가기를 저승 가기보다 더 끔찍해하는 지경이 되었다. 본래 처가나 처가 식구들을 백안시하는 사람도 아니고 그런 품성도 아니지만 어쩔 수 없이 빠져나오고 말았다. 장모만 바뀐다면 금방이라도 변할 상황이다. 하지만 내가 지금까지 봐온 바에 의하면, 이 집 역시 조금도 바뀌지 않을 것이 분명하다. 딸은 어떠냐고? 말해 무엇 하겠는가. 미칠 지경이란다. 가슴에 돌을 얹어놓은 것처럼 언제나 묵직한 것이 걸려 내려가지 않는다고 한다.

장면 셋.

내가 좋아하는 형이 있다. 이 형의 이력은 정말 특이한데, 신학과를 나와 전도사 생활을 하다가 현실감이라고는 조금도 없는 교회 장로님들에게 "성경만 읽지 말고 소설 좀 읽으세요"라고 말했다가 교회를 떠나게 되고 말았다. 지금은 논술학원 원장을 하고 있다. 말이 거창해 원장이지 선생도 직원도 없이 혼자 원장 하는 구멍가게 학원이다. 거기서 이 형은 동네 시골 아이들의 교육을 위해 정말로 노력하고 있다. 홍보도 광고도 않지만 학원에 아이들이 바글바글하다. 원체 잘 가르쳐서도 그렇지만 사실은 학원비 때문이다. 물론 학원비는 적당한 가격으로 정해져 있다. 하지만 내고 싶은 아이들만 낸다. 때가 되면 내라고 말은 하지만 생활이 어려워 내지 못하는 학생들에게 강요는 않는다. 언젠가 한번 가서 보니 대충 반 정도는 그냥 무료 봉사인 듯했다. 과연 먹고나 살까 싶지만 본래 형은 그런 생각을 않는 사람이었다. 돈벌이보다는 '의미 있게 사는 것'이 중요하다는 것을 몸소 실천한다고 할까. 형수가 속을 썩을듯하지만 그도 아니다. 형이 결혼할 때 이렇게 말했단다.

"난 세상에 필요한 의미 있는 일을 할게. 돈은 당신이 벌어, 알았지?"

형수는 어땠냐고? 흔쾌히 이 결혼 조건(?)에 동의했고 지금까지 죽이 척척 맞아서 신나게 잘도 살고 있다.

이런 형이 오래 전 정색을 하고 내게 한 말을 난 평생 잊지 못한다. 결혼을 두 달쯤 앞둔 어느 날 교정에서였다. 형이 이렇게 말했다.

"넌 네 부모 생각 좀 그만 해."

이 형을 후레자식이라 욕할 수도 있어 몇 가지 덧붙이지 않을 수 없다. 형은 어머님이 돌아가신 후 그 상실감에 몸져누웠고 결국 고등학교 일 년을 휴학할 수밖에 없었다. 아버님이 돌아가셨을 때는 대학원 준비 중이었는데 결국 시험을 치르지도 못했다. 효도? 이 형 앞에선 감히 명함도 못 내민다. 지금은 홀로 된 장모님을 모시고 산다. 벌써 이십 년째다. 이런 형이 내게 그런 뜬금없는 소리를 했고, 난 그 말이 나를 사랑해서 어렵게 한 말이란 것을 알았다. 형이 신학을 공부했기에 그런 말을 할 수 있었으리라 생각한다. 형의 말 덕분에 난 내가 될 수 있었다. 시간이 흘러 대학에서 강의를 하게 되고, 항아리 청치마 여학생을 만나 그런 말을 할 수 있었던 것도 모두 다 형 덕분이다. 고맙습니다, 형.

귀신이 곡할 이야기

옛날에 주변 고을에서 부러워하는 어마어마한 부잣집이 있었다. 아들도 자그마치 셋씩이나 있었다. 모두 부러워했지만 이 부부는 예쁜 딸 하나 두는 것이 세상에 없는 소원이었다. 결국 신령님께 빌고 빌어 딸을 얻었다. 예쁘고 깜찍한 것이 정말 눈에 넣어도 아프지 않을 듯했다. 이제 더 이상 바랄 것이 없는 이 부잣집에는 행복이 끊이지 않을 듯했다.

그런데 언젠가부터 이상한 일이 벌어졌다. 하룻밤만 자고 나면 외양간에 있는 소가 한 마리씩 죽어 자빠지는 것이 아닌가. 지금도 소는 비싼 가축이지만, 농사가 주업이었던 옛날에 소란 단순한 가축 이상이었다. 소가 하루에 한 마리씩 죽어버리니 문제가 심각했다.

아버지는 첫째 아들에게 소를 지키게 했다. 그날 밤 외양간을 지키던 첫째는 놀라운 장면을 목격하고 만다. 밤이 깊어지자 막내 누이가 슬그머니 방을 나와 재주를 팔딱팔딱 넘더니 글쎄 꼬리 아홉 달린 여우가 되는 것이 아닌가. 여우누이는 소 항문에 손을 쑥 집어넣더니 소의 간을 푹 뽑아내서는 피가 뚝뚝 떨어지는 그 간을 우적우적 씹어 먹었다. 냠냠 맛있게 먹고는 입맛을 쩝쩝 다시며 다시 팔딱팔딱 변신해서 아무렇지도 않은 듯 방으로 들어가 버렸다. 놀란 첫째 아들은 사실대로 아버지에게 말했다. 아버지는 하나밖에 없는 누이동생을 모함하는 나쁜 놈이라며 아들을 쫓아냈다.

다음날 둘째 아들에게 외양간 지키는 일을 맡겼다. 같은 장면을 목격하고 같은 말을 전한 둘째 역시 쫓겨났다. 셋째 아들도 한밤중 외양간에서 누이가 변신하는 것을 봤지만 바른대로 말하지 않고 그냥 소가 쓰러져 죽었다고, 아버지 입맛에 맞게 거짓말을 했다. 칭찬을 들은 셋째는 쫓겨나지 않고 그대로 집에서 살았다.

집에서 쫓겨난 첫째와 둘째는 도사를 만나 공부를 했다. 꽤 세월이 흐른 뒤 집이 걱정돼 돌아와 보니 대궐 같았던 집이 앙상한 뼈대만 남은 것이 아닌가. 여기저기 잡풀이 돋고 아무도 살지 않을 것 같은 무너진 집 방문이 빼꼼 열리더니 막내 누이가 생글생글 냉큼 달려 나오며 오빠들을 살갑게 맞았다. 부모와 셋째 오빠까지 가족 모두 병이 들어 죽었다는 말에 둘은 무슨 일이 일어났는지 짐작할 수 있었다.

누이가 밥을 차리겠다며 부엌에 간 틈을 타 둘은 잽싸게 도망쳤다. 누이는 팔딱팔딱 여우로 변신해서 쫓았고, 형제는 도사가 준 빨간 호리병, 하얀 호리병, 파란 호리병을 차례로 던지며 도망쳤다. 빨간 호리병에서 불길이 치솟고 하얀 호리병에서 가시덤불이 돋아나고 파란 호리병에서 시퍼런 강물이 쏟아졌다. 여우누이는 불길을 뚫고 가시덤불을 뛰어넘어 쫓아왔지만 결국 강물에 빠져 죽고 만다.

우리 설화 〈여우누이〉 이야기다. 결국 여우가 집안을 말아먹었다는 내용이다. 소를 잡아먹고 집안의 하인들까지 잡아먹고는 급기야 부모의 간과 쓸개까지 빼먹었다는 이야기다. 왠지 이 이야기의 부모 모습이 간과 쓸개까지 모두 빼주는 요즘 부모들을 꼭 닮은 것 같아 입맛이 씁쓸하다.

여우누이를 둔 부모를 두둔하자면 할 말이 없는 것은 아니다. 누군들

요사스런 여우를 낳을 줄 알았겠는가. 낳고 보니 여우인 걸 어쩐단 말인가. 하지만 이 부모는 단단히 잘못했다. 여우를 낳은 것이 잘못이 아니라, 딸이 여우인 것을 알아보지 못한 것 말이다. 아들들이 그렇게 말하는데도, 소들이 죽어나가는 변고가 끊이지 않는데도 사태 파악이 안 되었다니 그것이 정말 말이 되는가. 모든 가축이 죽고 하인들도 죽고 심지어 셋째 아들까지 죽고 나서 단 둘만 남을 때까지 생글생글 웃으며 눈알을 빙글 돌리는 여우 년을 못 알아보았단 말인가?

"우리 딸은 절대 여우일 리가 없어. 절대."

어쩌면 이렇게 핏대를 올리며 삿대질을 했을지도 모르겠다.

"내 배 아파 내가 낳은 새끼, 내가 더 잘 알아 네가 더 잘아?"

여우의 농간을 보지 못한 건지, 아니면 보고 싶지 않고 믿고 싶지 않아 고개를 돌려 외면한 건지……. 글쎄 자신의 간까지 빼먹겠다고 마지막으로 달려들 때 어떤 심정이었을지 정말 궁금하다.

황당하지만 황당하지 않은 이야기

맨 앞에서 썼던 이야기를 떠올려보자. 불온하고 수상해 보이는 한 남자가 무리를 이끌고 나타나 일 잘하고 있는 아들에게 자신들과 함께 가자고 꾀었던 이야기 말이다. 고백하자면 그 이야기는 성경에 있는 이야기다. 내가 색깔만 바꿨을 뿐이다.

갈릴리 어촌에 예수란 자가 나타났다. 나이는 서른. 몇 명의 비슷한 또래들이 따르는 젊은이였는데, 들리는 말에 의하면 나사렛에서 목수 일을 했다고 한다. 그가 베드로와 안드레 형제에게 와서 말을 건다.

> "나를 따라오라. 내가 너희를 사람 낚는 어부가 되게 하리라." (마4:19)

이 말에 두 형제는 그물을 팽개쳐버리고 그를 따라갔다. 다단계도 아니고, 원 세상에 이런 일이 있단 말인가. 베드로 형제보다 더 심각한 자들은 같은 마을 야고보와 요한이었다. 그들에게도 예수는 동일한 말을 했다. 이 두 철부지 아들들은 배도 버리고 아버지 세베대도 버리고 예수를 따라갔다(마4:23).

이는 결코 간단한 문제가 아니다. 그물을 버리고 배를 버리고 간다는 것은 자신의 모든 것을 버리고 간다는 거고, 아버지를 두고 간다는 것은 의절을 의미한다. 앞서 내가 지은 듯한 이야기를 들을 때 느꼈던 감정을 떠올려보자. 아들들이 정말 막무가내의 나쁜 놈들, 아니면 어리석은 불쌍한 놈들이란 느낌이 들었을 거다. 한데 성경 속 이야기라고 하자 마음이 어떠신가? 여전히 아들들이 막무가내 철부지로 느껴지시는가?

맞다. 이들은 철부지들이다. 상황 판단도 못하고 예수에 홀린 자들이다. 이상을 좇아 메시아 운동에 나선, 혈기 왕성한, 그야말로 강가에 내놓은 아이 같은, 어디로 튈지 모를 자들이다. 이들은 자신의 삶만 버린 것이 아니라 부모와 절연하고 떠났다. 완전히 독립한 것이다. 세상에 어떻게 이럴 수 있단 말인가?

예수는 갈릴리에서만 제자들을 모은 것이 아니다. 다른 마을에서도 '나를 따라오라'고 했다. 그런데 그들은 갈릴리의 베드로, 요한 등과는 다른 반응을 보였다(눅9:59~62).

"저희 아버지께서 돌아가셨습니다. 우선 장례를 치르고 가겠습니다."

"저도 당신을 따르겠습니다. 일단 제 가족들에게 작별 인사를 하고 오겠습니다. 괜찮겠죠?"

이런 말을 하는 자들에게 예수는 가차 없이 매정한 말을 했다.

"손에 쟁기를 잡고 뒤를 돌아보는 자는 하나님의 나라에 합당하지 않다."
(눅9:62)

예수는 무데뽀였다. 인정사정없다. 그냥 따라오라는 거다. 대체 예수는 왜 이런 황당한 요구를 했을까? 피도 눈물도 없는 자란 말인가? 아니면 지금 당장 사람들을 모아 혁명을 해야 하니 분초를 다툴 정도로 바빠 그런 것일까?

예수의 요구는 분명했다. 그물을 버리고 아버지를 떠나 자신을 따라오라는 요구는 분명한 가르침이었다. 그건 자기 스스로 '자기'가 되어야 한다는 거였다. 부모를 떠나 독립해야 비로소 '자기'가 되는 거란 가르침이었다. 그렇게 주체적인 '자기'가 되어야 비로소 자신이 해야 할 일을 정할 수 있는 것이다. 그것이 예수의 말처럼 사람을 낚는 일이든 아니면 그가 해오던 바다의 물고기를 낚는 일이든 말이다.

착각하지 말 것은 예수가 모든 사람에게 '사람 낚을 어부'가 되라고 하지 않았다는 점이다. 모두가 목사가 되고 모두가 선교사가 되면 대체 버스는 누가 몰고 지하철은 누가 운전할 것이며 식당에서 밥은 누가 하고 정치는 누가 할 거란 말인가.

예수의 가르침은 간단했다.

"네가 되어 네가 할 일을 해라."

　바로 이거다. 부모를 떠나 홀로 생활하면서도 부모 걱정에 애면글면 하는 착한 이들이 생각보다 많다. 그것을 효도라고 생각하는 사람들도 많다. 정작 자신이 부모의 영향력으로부터 벗어나지 못하고 있는 줄도 모르면서 말이다. 이젠 캠퍼스에서 어머니가 수강신청을 대신 해주고, 취직해 연봉협상 때 부모가 동행한다는 말이 조금도 생경하지 않다. 그것이 스스로를 반쪽이 팔푼이를 만드는 거지만 아무도 의아해하지 않는다. 작은 문제건 큰 문제건 부모가 득달같이 달려와 따따부따해대는 부모는 극성이라 치자. 그런데 그렇게 해대는 부모를 그냥 보고 있는 당신은? 당신은 무엇이고, 당신은 누구인가?

　우리는 부모를 떠나야 한다. 좋고 싫고의 선택 문제가 아니다. 소나 말은 엄마 뱃속에서 나오자마자 곧 버둥거리다 일어선다. 그때 일어서지 못하면 그 송아지, 망아지는 죽는다. 그렇게 '서는 순간' 그들은 하나의 존재가 된다. 군이 학자들의 말을 인용하지 않아도, 동물들과 달리 인간이 인간으로 '서기' 위해서는 꽤 오랜 기간이 필요하다는 것을 우리 모두 안다. 문제는 그 기간이 길다는 것에 편승해, 부모는 자식들을 품에 끌어안고 놓지 않으려 하고 자식들은 두려운 세상에 나가지 않으려고 캥거루처럼 자꾸 품으로 파고든다.

　우리는 부모를 떠나 자신의 길을 걸어가야 한다. 자기 발로 뚜벅뚜벅 걸어가야 한다. 그렇게 걸어가는 것을 '배신'이라 자책할 필요도 없고, '헤어짐'에 아련해하고 서글퍼할 필요도 없다. 당당하게 자기 삶을 살아야 한다. 그렇게 행복하면 된다. "쟁기를 쥐고 뒤를 돌아보는 사람은 나에게 합당한 사람이 아니"라고 한 말을 기억하며 꿋꿋이 앞으로 가야 한다.

"아버지는 아버지고, 나는 나다."

이것은 싸가지가 아니다. 그래야 한다. 이것이 예수의 호출이다. 갈릴
리에서 그물을 팽개치고, 배를 버리고, 심지어 아버지를 두고 따라나섰던
제자들처럼 그렇게 부름에 응답해 나와야 한다. 떠나야 한다.

부모는 놓아주어야 한다. 자신의 자식이 버둥거리며 서려는 몸부림이
안타깝겠지만 그것을 지켜보는 것이 부모의 몫이다. 자신이 나서서 일어
서는 것을 도와줄 수 없고 그래서도 안 된다. 소도, 말도 그건 안다. 그렇
게 부모가 도와준 송아지, 망아지가 결국 죽고 만다는 것을 왜 모르는가.

〈여우누이〉의 딸은 원래 여우가 아니었을지도 모른다. 그런데 부모가 놓
아주지 않고, 가야할 곳을 가지 못하게 하자 여우로 변신했을지도 모른다.

생각해보라, 집에서 쫓겨났던 첫째와 둘째 오빠가 왔을 때 그녀가 무엇
을 하고 있었는지를 말이다. 집안에 '먹을 것' 하나 없었지만 다른 곳으로
가지 않고 그 퇴락한 집에 죽치고 있었단 사실을 기억해야 한다. 오빠들이
나타나자 살갑게 군 것은 이제 '이틀' 먹을 양식이 생겨서다. 그녀는 그 전
날까지 무엇을 먹고 살았을까? 부모님이 바로 전날 돌아가신 것이란 말인
가? 아니다. 그렇지 않다. 그녀는 모두 다 잡아먹고도 집을 떠나지 않았다.
아니 떠나지 못했다. 한 번도 그래본 적이 없으니 엄두도 못 냈던 것이다.
그래서 그렇게 그냥 그 곳에서 굶주리며 시름시름 죽어가고 있었던 거다.

이 부모는 딸을 여우로 '낳은' 것이 아니라 여우로 '키운' 것일지도 모
른다. 자신들의 간과 쓸개를 쏙쏙 다 빼먹도록 그렇게 키운 것이다. 이는

분명 끔찍한 공포다. 때가 되어 떠나야 하는 자식을 바라보는 부모의 심정을 모르는 게 아니다. 그물을 팽개치고 고기잡이배를 버리고 제 갈 길 가겠다고 일어선 자식을 바라보던 갈릴리 아버지들의 마음을 어찌 모르겠는가. 하지만 그들은 자식들을 떠나게 했고 그 자식들은 정말 '사람 낚는 어부'가 되었다.

부모는 불안하고 힘겹더라도 자식을 지켜보고 응원하고 기도해줘야 한다. 자식이기 전에 아무개의 남편, 아무개의 아내가 되었음을 인정해야 한다. 그들이 어설프고 실수가 많겠지만 기다려야 한다. 그들의 행동이 눈에 차지 않는 것은 당연하겠지만 그냥 지켜봐야 한다. 이제 막 '일어섰는데' 어떻게 멋지고 우아하게 척척 걸어갈 수 있겠는가. 그래도 그들은 행복할 것이다. 여우가 되지 않아 행복하고, 자신을 믿어준 부모가 있어 행복할 것이다.

부모는 자신이 사랑하는 바로 그 자식의 행복을 위해 그들을 놓아주어야 한다. 자식이 여우가 되지 않고 그가 홀로 서기를, 제발 혼자 결정하기를, 제발 자신의 길을 가기를 기원해줘야 한다.

나를 따라오라던 예수의 요구는 조금도 황당한 요구가 아니었다.

우리나라 옛이야기에서 '여우'는 늘 여성으로 그려진다. 〈여우 누이〉도 그렇고 꼬리 아홉 달린 여우 〈구미호〉도 그렇다. 여우라고 수컷이 없을 리 없지만, 늘 여성으로 그려지는 이유는 이야기 속에서 여우가 간교하게 속이고 남을 홀려 유혹하는 역할을 하기 때문이다. '그럼 여성이 상대를 홀리기만 하는 나쁜 존재란 말이냐?'고 생각할 필요는 없다. 여우에 홀리는 멍청하고 어리석은 인물이 늘 남성이기에, 사실 여우 이야기는 '어리석은 남성들' 이야기다. 사실 이야기에서 여우를 나쁜 악이라고 말하기가 주저되는 것이 이 때문이다. 여우의 문제가 아니라 여우에 홀려 엉뚱한 짓을 하는 자들이 문제이기 때문이다.

중국도 그렇다. 청나라 포송령蒲松齡1640~1715이 지은 『요재지이聊齋志異』만 봐도 대부분 여우 이야기다. 물론 이 여우도 여성들이고, 그 여우에게 홀린 어리석은 남성들이 갖은 문제를 일으키는 이야기다.

왕도 하지 못한 일

일어나지 않을 일과 누군가의 열정

가상의 이야기다.

미국 한 상원의원이 비행기로 워싱턴을 오가다가 한 가지 위험한 일을 보았다. 항공기를 조종하는 기장이 있는 조종실을 스튜어디스가 너무 쉽게 드나드는 거였다. 문제가 될 수도 있겠다 싶은 생각에 그 상원의원이 의회에 법안을 제출했다. 항공기 기내에서 문을 열려 해도 조종실 안쪽에서 기장이 열지 않으면 문이 열리지 않도록 하는 특수설비를 장착하라는 내용이었다. 취지는 좋았지만 이 법안이 워싱턴 정가에 문제를 일으켰다.

당장 항공업체들부터 난색을 표명했다. 모든 비행기에 이런 장치를 만들어 설치하려면 비용이 상당한데다, 그렇게 무게가 늘어난 만큼 비행기를 운항하는 데 연료가 더 든다는 거였다. 게다가 비행기 동체의 개조와 무게 변경으로 인해 이·착륙 때 작용하는 복잡한 메커니즘에도 문제가 발생할 수 있어 위험하고, 반대로 조종석 안에서 기장이 문제를 일으킬 경우 어떻게 대처해야 하는지를 다시 또 매뉴얼로 만드는 복잡한 일이 이어진다는 거였다.

기자들은 법안을 제출한 상원의원을 뒷조사하고 다녔다. 비행기 제조업체로부터 금품 로비를 받았다는 추측성 기사가 나왔고, 연이어 상원의원 지역구 출신의 아무개가 운영하는 도어 록 업체와의 관련설까지 쏟아졌다. 온갖 혼잡한 논란과 추문 속에서 상원의원은 고전했지만, 그는 불굴의 의지로 해당 법안을 표결까지 오르게 했고 결국 통과시켰다. 그 법안에 따라 미국 내 모든 항공기는 물론이고, 미국 영토에 도착하는 타 국적 항공기까지 모두 다 보안 장치를 설치해야 했다.

비난은 끊이질 않았고 추문도 사라지지 않았다. 이젠 다른 나라에서까지 험담이 쇄도했다. 결국 이 상원의원은 다음 선거에서 떨어지고 말았다. 그 후 그는 조용히 자신의 집에서 여생을 보내고 쓸쓸히 죽었다. 비문에는 그저 상원의원이었다는 것만 적혀 있다.

그런데 이 상원의원의 노력으로 9.11 테러를 일으키려 했던 테러범들은 테러에 성공하지 못했다. 바로 그 보안 장치 때문이었다. 하지만 일어나지도 않은 9.11 테러의 영웅으로 이 상원의원을 꼽는 사람은 아무도 없었다. 너무 당연했다. '일어나지도 않은 일'을 가지고 칭찬할 수는 없으니 말이다.

세상 모든 일이 그렇듯이, 일단 테러가 터지고 난리가 나야만 비로소 입에 거품을 물고 정부를 비난하는 의원들, 기자들이 쏟아지고 그 문제를 집요하게 성토하는 사람이 영웅으로 부각된다.

9.11도 그렇다. 테러가 벌어진 후라면 보안문을 만드는 법보다 더 심한

법안이 제출되어도 그 누구 하나 반대하지 않았을 것이다. 오히려 너무 늦었다는 탄식과 한숨 속에서 일사천리로 통과될 것이다. 그렇게 사후약방문死後藥方文을 내면서, 정부를 강도 높게 비난하며 강력한 테러방지법을 만들어야 한다며 거침없는 열변을 토해내는 어떤 정치인이 영웅으로 부각된다. 그리고 사람들은 그를 훌륭한 사람으로 기억한다.

이 이야기는 나심 탈레브Nassim Nicholas Taleb(1960~)가 『블랙 스완(The Black Swan: the impact of the highly improbable)』에서 상상해낸 이야기다. 일어나지 않은 일에 대해 미리 준비하고 노력하는 것이 힘들다는 것을 지적하면서, 일어나지 않은 일을 방지하기 위해 노력하는 사람은 비난을 온몸으로 감수해야 하고 그렇게 노력해도 궁극적으로 그는 아무도 기억하지 않는다는 것이다.

사실, 기업마다 조직마다 위기 관리 매뉴얼이 있다. 종종 기업의 총수나 인척들이 사회적 물의를 빚는 것을 보고, 그 기업인들보다 그들 주변의 보좌진을 비난하는 사람들이 있다.

"대체 저런 식으로 하면 기업 이미지가 망가질지 몰랐던 거야?"
"아니 그걸 대응팀에서 막지도 않고 그냥 내버려두었던 거야?"
"월급 받으면서 저런 일도 하나 미리 못 막아?"

이런 비판은 옳다. 하지만 위기 관리 대응 팀은 속이 탄다. 그들이 일을 하지 않은 것이 아니다. 재벌가 총수에게 문제점을 말하며 조언을 하지 않은 것도 아니다. 그들은 열심히 노력해서 문제의 빌미가 될 것을 충실히 조언했지만 재벌 총수는 듣지 않았다. 아무리 말해도 총수 일가가 듣지 않은 이유는 아직 일어나지 않은 일을 문제라고, 위험하다고 인식하지 않기 때문이다. 간혹 소신을 굽히지 않고 줄기차게 극한 간언을 하는 경우, 그 간언은 옳지만 그 사람은 죽고 만다. 퇴직을 당하든지 좌천을 당할 각오가 아니면 그런 옳은 말을 하면 안 된다.

> "우리가 가지고 있는 위기 관리 매뉴얼은 선배들의 피와 시체를 밟고 이 룩해낸 겁니다."

누군가의 희생이 있고 나서야 비로소 옳은 것이 옳게 된다는 얘기다. 참 쉽지 않다. 바로 기업과 그 기업의 이익을 위해 말하는 것인데도 그 기업의 오너는 그것을 고깝게 생각하고 그를 내친다. 지금만이 아니다. 옛날에도 그랬다. 임진왜란이 일어날지도 모른다는, 뜻있는 대신들의 직언에 따라 선조 임금이 일본에 사신을 파견했다. 돌아온 사신은 당파에 따라 두 가지 다른 전략을 냈다.

> "토요토미 히데요시는 원숭이 같은 자이옵니다. 감히 우리나라를 침범할 재략才略이 없사옵니다."
> "아닙니다. 군비軍備를 확장하고 군사들을 조련하고 있습니다. 조만간 침 범할 것이 분명합니다."

당장 듣기에는 먼저 말이 당연히 좋다. 그냥 잘 즐기며 이대로 지내자는 말이다. 지금까지 해온 준비와 태평성대가 임금의 은혜라는 말로 들린다. '당신은 잘하고 있으니 걱정 마시오'란 말이 누구에게든 더 그럴 듯한

법이다. 한 주먹도 안 될 섬나라 오랑캐들 때문에 호들갑스럽게 군사를 준비하고 성을 수리한다는 것은 시쳇말로 모양 빠지는 일이기도 하다. 공연히 '일어나지도 않을 일'을 가지고 호들갑 떤다는 소리만 듣는다.

선조의 결정은 우리가 알고 있다. 우리나라가 겪었던 참혹한 전쟁의 피해에 대해서도 알고 있다. 이이李珥가 십만양병설을 주장했다는 것에 대해 지금 역사학자들이 이런저런 이견을 내놓고 있다. 중요한 점은, 누군가는 당시 우리나라의 문제점을 지적하고 해결책을 모색했다는 점이다. 비록 받아들여지지 않았지만 말이다.

로마 공화정의 원로원은 귀족 출신들이 독점하고 그들만의 정치를 펴는 곳이었다. 로마가 확장을 거듭해서 커지고 넓어지자 평민들의 의견과 그들의 삶의 모습을 받아들여야 할 시점이 도래했다. 그전처럼 작은 도시국가였다면 그럴 필요가 없었을 테지만 세계제국으로 발돋움하는 기로에 놓인 로마에게 이 문제는 시급하고 중대한 문제였다. 로마 원로원이 평민들의 의견을 받아들이는 문제는 귀족들에게는 자존심 상하는 문제다. 깜냥도 안 되는 것들이 설치는 것을 도저히 눈꼴시어서 봐줄 수 없는 감정의 문제이기도 했다. 하지만 정말 제대로 옳은 정치적 판단을 해야 하지 않을까, 하는 현실적 문제이기도 했다.

로마 역사를 아는 지금 시점에서 보면, 당시 로마가 호민관護民官이라는 평민들의 대표를 받아들이지 않았다면, 아마도 로마는 세계 국가의 문턱에서 좌절했을 것이고 우리가 아는 로마가 될 수 없었을 것이다. 그저 작은 도시국가에서 조금 세력을 확장하려다가 좌절했던 그렇고 그런 많은 도시국가 중 하나로밖에 기억되지 않았을 것이다. 로마는 평민의 입장을 대변하는 평민 출신 호민관을 만들어 정무관의 집무 및 원로원의 결의에 대해 거부권을 행사할 수 있는 권한을 주었다. "모든 길은 로마로 통한다"는 놀라운 제국을 건설할 기틀을 마련했다.

이 호민관 제도는 거저 생긴 것이 아니다. 쟁쟁한 귀족이자 명문가의 자제인 그라쿠스 형제의 개혁과 그들의 피살, 그럼에도 불구하고 이루려 하는 의지와 소신 같은 줄기찬 노력이 있었기에 가능했다.

모든 것을 위기로 생각하고 매사에 전전긍긍해야 한다는 위기담론을 유포시키는 것은 옳지 않다. 무사안일로 현재의 보신만을 휘황찬란한 언변으로 정당화하는 것도 역시 옳지 않다.

그럼 어떻게 해야 할까? 그 누구도 알 수 없는 미래와 내일을 위해 우리는 어떤 자의 어떤 말을 들어야 할까? '일어나지 않을 일'인지 '일어날 일'인지 어떻게 알 수 있느냐 말이다.

그 지긋지긋한 산당

솔로몬의 용렬한 아들 르호보암의 잘못된 판단으로 할아버지 다윗이 통일한 왕국이 둘로 쪼개졌다. 다윗 자손들이 통치하는 남쪽 유다와 르호 보암 때에 갈라져 독립한 북쪽 이스라엘로 나뉜 두 왕국은 서로 다른 길을 걸었다.

성경에서 남 유다와 북 이스라엘 각각의 왕위 계승을 연대순으로 기록하고 있는데, 주로 남쪽 유다에는 우호적인 시선이고 북쪽 이스라엘에는 비판적 시선을 취한다. 민족의 정체성과 정통성 때문이다.

이집트에서 탈출하여 광야를 헤매며 강한 민족의식을 지니게 된 이스라엘 민족은 자신들의 신을 야훼 하나님이라 믿었다. 가나안 땅에 정착한 후에는 하나님을 섬기기 위한 장소로 예루살렘에 성전을 건축했다. 성전 완공 후 백성들은 예루살렘에 있는 성전에 와서 예배를 드려야 했다. 야훼 신앙이 있다면 말이다. 곧, 야훼 신앙을 지닌 자들은 예루살렘 성전에서 예배를 드려야 했고 그것이 곧 민족을 하나 되게 하는 정체성과 정통성의 근거가 되었다.

문제는 나라가 분리되면서부터였다. 북쪽 이스라엘 왕국의 백성들은 나라가 나뉘었지만 종교적으로는 예루살렘으로 향해야 했다. 그건 북왕국의 존재 가치를 흔드는 일이었다(왕상12:26~27). 남 유다의 예루살렘에 가서 예배드린다는 것은 곧 북왕국이 정통성이 부족하다는 의미이기 때문이다.

북왕국에서 대안을 만들어냈다. 금송아지 둘을 만들어 "너희가 다시는 예루살렘에 올라갈 것이 없도다. 이스라엘아 이는 너희를 애굽 땅에서 인도하여 올린 너희의 신들이라(왕상12:28)"고 우기면서, 하나는 벧엘에 두고 하나는 단에 두었다. 자신들 영토 안에, 그것도 불편을 최소화하려고 그랬는지 두 군데나 둔 것이다.

북왕국 이스라엘은 이 사설 신전인 '산당'을 없애지 않았다. 이를 없애면 예루살렘 성전으로 가야 했기 때문이다. 북왕국의 정통성을 흔드는 문제이니 어쩔 수 없는 노릇이었다. 북왕국에 많은 선지자들이 나서서 이를 비판했지만 꿈쩍도 하지 않았다. 본질적으로 그럴 수 없었다.

열왕기 기자를 비롯한 성경의 저자들은 모두 하나같이 북왕국을 부정적 시각으로 보았다. 문제는 엉뚱한 곳에서 터졌다. 예루살렘 성전이 있는 남왕국 유다가 생각지 못한 해괴한 짓을 벌였다. 여기서 다시 르호보암이 등장한다. 그 분단의 책임자인 르호보암 말이다. 그가 이런 짓을 저질렀다.

> 유다가 여호와 보시기에 악을 행하되 그의 조상들이 행한 모든 일보다 뛰어나게 하여 그 범한 죄로 여호와를 노엽게 하였으니, 이는 그들도 산 위에와 모든 푸른 나무 아래에 산당과 우상과 아세라 상을 세웠음이라. 그 땅에 또 남색하는 자가 있었고 여호와께서 이스라엘 자손 앞에서 쫓아내신 국민의 모든 가증한 일을 무리가 본받아 행하였더라. (왕상14:22~24)

군이 변호하자면, 예루살렘 성전이 없는 북왕국의 산당 건립은 정치적 행동으로 이해되는 면이 있지만, 남 유다의 행동은 그야말로 패륜이라고 할 수밖에 없다. 예루살렘 성전이 있는데 군이 산당을 만든 것이다. 물론 남 유다의 행동도 정치적 이유에서 출발한 것은 맞다. 백성들의 요구에 굴복하여 그들의 욕망을 충족시켜 주려 한 것이니 말이다. 산당과 우상을 세우고 아세라를 세운 것은 토착 신앙에 대한 인정과 함께 남색처럼 그들의 욕망을 충족시켜주는 하나의 정치 술수였다. 하지만 르호보암이 끼친 해악은 나라가 망하는 때까지 두고두고 이어졌다. 무도한 왕이 아니라 유능하고 현명한 왕, 하나님을 잘 섬기는 왕들조차도 이 산당을 감히 건드리지 못했다.

> 아사가 그의 조상 다윗같이 여호와 보시기에 정직하게 행하여, 남색하는 자를 그 땅에서 쫓아내고 그의 조상들이 지은 모든 우상을 없애고, 또 그의 어머니 마아가가 혐오스러운 아세라 상을 만들었으므로 태후의 위를 폐하고 그 우상을 찍어 기드론 시냇가에서 불살랐으나, 다만 산당은 없애지 아

니하니라. 그러나 아사의 마음이 일평생 여호와 앞에 온전하였으며 (왕상 15:11~14)

여호사밧이 그의 아버지 아사의 모든 길로 행하며 돌이키지 아니하고 여호와 앞에서 정직히 행하였으나, 산당은 폐하지 아니하였으므로 백성이 아직도 산당에서 제사를 드리며 분향하였더라. (왕상22:43)

요아스는 제사장 여호야다가 그를 교훈하는 모든 날 동안에는 여호와 보시기에 정직히 행하였으되, 다만 산당들을 제거하지 아니하였으므로 백성이 여전히 산당에서 제사하며 분향하였더라. (왕하12:2~3)

아마샤가 여호와 보시기에 정직히 행하였으나 그의 조상 다윗과는 같지 아니하였으며 그의 아버지 요아스가 행한 대로 다 행하였어도, 오직 산당들을 제거하지 아니하였으므로 백성이 여전히 산당에서 제사를 드리며 분향하였더라. (왕하14:3~4)

돼먹지 못한 왕들 말고 성군聖君이라 일컬을 만한 왕들도 산당을 혁파하지는 못했다. 산당은 그야말로 이방신을 섬기는 곳으로 야훼 신앙의 정통성을 흔드는 적대적 요소였다. 하지만 왕들도 그것은 어쩌지 못했다. 수많은 개혁을 하고 갖은 노력을 했지만 그것만은 못했다. 심지어 어머니인 태후를 폐위시키는 엄청난 일을 하고도 산당은 없애지 못했다. 정말 성경에 지긋지긋할 정도로 나오는 것이 산당이다.

이기적인 하나님의 한숨과 탄식

왜 산당을 없애지 못했을까? 답은 의외로 간단하다. 북왕국의 경우를 보면 된다. 백성들이 좋아했기 때문이다. 남 유다도 마찬가지다. 인기에 영합하기 위해 르호보암이 만든 이 괴상망측한 산당이 일단 한번 자리 잡자 도저히 왕도 뽑아낼 수 없는 뿌리를 뻗치고 말았다.

그럼, 백성들이 좋아하는 산당을 왜 군이 없애야 할까? 이 답도 간단하고 분명하다. 하나님이 명령했기 때문이다. 하나님의 뜻이기에 산당을 없애야 했다.

교회를 오래 다닌 분들이라면 이쯤에서 자신도 모르게 짜증날 수 있는데, 하나님은 하지 말라는 것이 너무 많다. 정말 이기적인 양반이라고 해도 틀린 말이 아니다. 맞다. 하지만 그렇게 단순하지 않다. 내가 군이 하나님을 변호할 필요는 없지만, 하나님의 속마음을 대변하자면 이렇다.

"산당을 없애는 것이 백성들에게 이롭다."

예루살렘 성전과 달리 산당은 '사설 신전'이기에 아무 곳에나 세우고 의미를 부여하면 그만이다. 맘만 먹으면 특정 지역에 신성을 부여해 멋대로 산당을 건립할 수 있다. 산당의 난립은 자연스레 당연히 그 지방 토착세력의 강화를 수반하고 그들의 정치적 영향력 확장으로 이어진다.

결국 산당의 건립은 중앙집권적 형태의 국가 기반을 흔드는 일이 될 수밖에 없고, 산당의 확대는 주변 나라의 좋은 먹잇감으로 나라를 분열시키는 기제가 된다. 하지만 산당을 건립하려는 지방 토착세력들은 당장의 이

익에 눈이 벌게져 있었고 자신들 기득권 강화와 확장에 골몰했다. 그렇게 산당을 세우고 그렇게 나라의 힘은 점점 빠져나갔다.

북왕국 이스라엘과 남왕국 유다가 차례로 아시리아와 바벨론에 멸망한 것은 당연한 수순이었다. 강력한 국가공동체 건설에 실패한 결과다. 산당이 멸망에 이르는 중심에 있었다. 산당을 유지하고 싶어 하는 지방 기득권 세력이 일반 민중들을 우매하게 만들어 꼬드기고 부추겨, 이런저런 성적 쾌락과 방종은 물론 중앙의 예루살렘까지 가지 않아도 된다는 달콤하고 현실적인 이유까지 들먹거리며, 그들을 민족의 공동체 정신에서 분리시켰다. 야훼 신앙으로 하나였던 민족이 사분오열한 것이다. 남 유다와 북 이스라엘로만 나뉜 것이 아니라 이리저리 갈가리 찢어져 있었기에 나라가 쉽게 패망한 것이다.

결국 산당의 폐해는 백성들의 끔찍한 고통으로 귀결되었다. 나라의 멸망과 포로생활이다. 포로생활 내내 파괴된 예루살렘을 그리워하다 돌아와 제일 먼저 성전을 건설한 이유를, 우리는 의미심장하게 바라보아야 한다. 자신들이 그토록 우기던 산당 제사가 어떤 가공할 문제를 초래할지 미욱한 그들은 그때는 몰랐던 거다. 바벨론 강가에 앉아 눈물로 노래를 부를 때에야(시137:1) 비로소 깨달았다. 하지만 이미 늦었다. 9.11 테러가 발생한 후 아무리 테러방지법을 발효시켜도 죽은 이들이 돌아오지 않은 것처럼 말이다.

산당을 혁파하고 야훼 신앙을 세워야 한다고 부르짖은 것은, 하나님이 이기적이어서가 아니라, 그렇게 나라의 힘이 빠져나가는지 모르고 있는 어리석은 백성들을 향한 하나님의 탄식의 울부짖음이었다. 북왕국과 남왕국의 수많은 예언자들이 피를 토하듯 부르짖은 소리가 바로 그러했다.

백성들은 그것을 따르지 않았다. 당장의 쾌락과 당장의 행복이 더 달콤했기 때문이다. '일어나지 않을 일'을 경고하는 예언자들의 말을 좋아할 사람은 세상 어디에도 없다.

당신에게는 아직 기회가 있습니다

민중들은 몰라도 지도자는 안다. 백성들은 몰라도 위에 있는 권력자들은 안다. 무엇이 중요하고 무엇이 중요하지 않은지, 무엇을 해야 하고 무엇을 하지 말아야 하는지, 더 나아가 지금보다 발전하려면 어떻게 해야 하는지 너무나도 잘 안다. 하지만 그들은 쉽게 결정하지 못한다. 자신들의 정치적 생명, 자신들의 위치가 흔들리기 때문이다. 때론 자신들의 진심과 본의에 침 뱉는 민중들의 아우성과 비난, 욕설에 낙담할 수밖에 없기 때문이다.

인간은 누구든 낙심한다. 그러니 인간이다. 지도자도 인간이고 장관도 인간이며 목사도 마찬가지다. 하지만 낙심한다면, 자신의 소신을 몰라주는 사람들로 인해 모욕을 당하는 것 때문에 좌절하고 멈춰 선다면, 그대로 포기한다면, 그는 지도자가 되어서는 안 되는 사람이다. 그 자리를 놓고 물러나야 한다. 그것이 옳다. 자신이 할 수 없다면 자신보다 더 훌륭한 다른 누구에게 기꺼이 비켜주는 것이 옳다.

예수도 욕을 받았고 모세도 평생을 주름살 속에 살 수밖에 없었다. 산당을 없애는 것이 옳다면 없애야 한다. 방법의 과격함이냐 온건함이냐는 선택할 수 있고 상황에 따라 유연하게 대응할 수도 있지만 산당을 혁파해야 한다는 원칙은 단호해야 한다. 흔들려서는 안 된다. 그것이 백성을 위하는 것이기 때문이다.

나약해서 자신의 판단에 흔들리고 후회하고 번민하는 인간에게 하나님께서 길을 보여주시고 방향을 제시하셨다. 그건 이기적인 것도 하나님의 아집도 아니었다. 그것이 궁극적으로 모두가 행복한 방향이었다. 그것을 백성들은 몰랐어도 지도자는 알았다. 하나님이 그를 지도자로 높여 삼으셨으니 말이다. 그걸 알면서도 그 길로 가지 않은 지도자는 지도자가 아니다. 산당은 왕이 없애야 했다. 백성이 할 수 없다. 백성의 일은 백성이 하지만 왕의 일은 왕이 해야 한다.

성군 요시야가 그런 일을 하기는 했다(왕하22~23장). 그래서 성군聖君이다. 하지만 너무나도 늦었다. 대세를 돌릴 수 없을 정도로 늦었다. 요시야가 조금만 일찍 태어났다면, 이스라엘 백성들이 조금만 일찍 각성했다면, 하는 아쉬움과 안타까움이 들지만 소용없다. 지난 일은 땅을 치고 후회한들 콩알만큼도 바뀌지 않는다.

이런 안타까움을 성경에 담은 이유는 무엇일까? 아마도 이런 의도가 아닐까?

"당신에게 아직 기회가 남아 있다면 용기를 내라. 시간이 무한정 당신을
기다려주지는 않는다."

우리 고전에 앞날을 '예언'하는 이야기는 서경덕徐敬德, 이지함 李之菡, 남사고南師古처럼 도를 닦은 뛰어난 인물에 얽힌 사건 이 야기다. '관상'을 보거나 '명당'을 정해서 복 받으려는 이야기도 그렇다.

어떤 이야기든 그 예언·관상·명당의 주인공은 그것을 묻거나 집착했던 사람들이 아니다. 그들은 행복하지 못했다. 예언하는 이 들도 자기 앞날은 알지 못했고, 관상 보는 이도 제 앞날은 볼 수 없었다. 거울을 놓고 제 얼굴을 보는 이야기도 있지만, 그도 역시 불행하게 생을 마쳤다. 명당을 써서 자손을 잘 되게 하려던 자들 도 그들이 죽은 후 얼마 지나지 않아 그 명당이 다르게 변하는 것 까지 막을 수는 없었다.

눈앞은 온통 화려했는데 정작 손에 쥔 것은 하나 없다. 손가락 사이로 빠져나가는 모래를 잡으려고 난리치는 용두사미龍頭蛇尾 같은 이야기들이다.

미국 서부 개척 시대에 금광을 발견해 부자가 되겠다는 부푼 마음으로 허다한 사람들이 몰려들었지만, 정작 부자가 된 사람은 금을 캔 사람들이 아니라 그들에게 청바지와 곡괭이를 판 사람들 이었다.

진지하게 생각해볼 문제다.

어수선한 번잡함의 장막을 치고

말하는 이는 '요점만 간단히'

"간단히 말해봐."

"그래서 핵심이 뭔데?"

외국에 오래 산 친구가 말하길 한국 사람들은 이런 말을 자주 한단다. 정말 그런지 한 번도 진지하게 생각해본 적이 없는 나는 잠시 그 친구의 설명에 귀 기울였다.

"한국 사람들은 매사를 빨리빨리 해치우려는 것처럼 '요점만 간단히'를 너무 좋아하는 것 같아. 제대로 알려 하지 않고 그냥 결과만 말하라는 거야."

친구는 나름의 분석을 내놓았다.

"대학입시 때문에 결과만 달달 외우다보니 그런 거 아닐까? 입시공부 방식이 몸에 익어서 말이야."

그의 말이 아주 엉뚱한 것 같지는 않았다. 주변 정황, 역사적 연원, 상황적 의미 등을 고려하지 않고 무작정 핵심만 간단히 요약하다 보면 종종 오류가 발생하기도 한다. 친구의 우려 섞인 분석이 나름 타당해 보였다. 정말 우리들의 특성일지도 모르겠단 생각도 들었다.

난 친구와 조금 달리 생각했다. 요약해서 핵심만 말하는 것보다 그렇게 요구해서 나온 결과만 똑 떼어 보고 그냥 넘어가는 것이 문제의 본질이 아닌가 싶었다. 듣는 사람은 쉬워 보일지 모르겠지만, 핵심만 간단히 말하는 것은 무척 어려운 일이다. '요점만 간단히' 말하려면 본질을 정확히 알아야 하고, 본질을 파악하려면 전체를 다 포괄할 수 있는 시야가 있어야 하기 때문이다.

꽤 오래전 '무크mook지'라는 말을 자주 쓰는 같은 교회 청년부의 여대생이 있었다. 그때 난 그 뜻을 몰랐다. 내가 재수를 하고 있었기에, 당시 대학가에서 사용하는 말이라서 모른다고 생각했다. 아무튼 모 대학 국문과에 진학한 그 친구는 너무 자주 '무크지'라는 말을 사용했다. 어느 날 정말로 궁금해진 나는 그 뜻을 알고 싶어 물었다. 분명히 고백하지만 그녀를 공박할 생각은 손톱만큼도 없었다. 다른 청년들은 모두 아는 듯 고개를 끄덕이는데 나만 몰라 궁금해서였다.

"무크지가 뭐야?"

그녀는 당황했다. 눈빛은 자신을 이렇게 공격하다니 하는 표정이 역력했다. 순간 난 당황하면서도 미안했다. "그것도 몰라?"로 시작된 그녀의 말이 한참 이어졌지만 솔직히 난 무슨 소린지 하나도 알아듣지 못했다. 당황해서 못 알아들은 것이 아니라 느낌이 앞섰기 때문이다. 그녀가 '무크지'를 잘 모른다는 느낌이었다. 그렇게 자주 입에 올리던 그녀도 모르고 한 소리였단 느낌말이다.

풀리지 않은 궁금함은 무의식 창고 속에 잠자고 있다가 종종 불쑥 떠오르기도 한다. 몇 년 흐른 후 굉장히 똑똑해 보이는 친구와 이야기를 하다가 그 옛날의 '무크지'가 퍼뜩 생각나 물었다. 이 친구는 심드렁한 표정으로 답을 했다.

"부정기 간행물."

단순하고 간결하고 핵심만 짚은 답이었다. 군더더기 없이 깔끔한 단 한마디. 이 친구는 알고 있었다. 난 그가 분명히 알고 말한다는 것을 느낄 수 있었다. 그날 난 요점만 간단히 말하려면 정확하게 알고 있어야 한다는 것을 깨달았다. 어디서 주워들은 것으로는 얼버무릴 수밖에 없고, 결코 핵심만 간단히 말할 수 없다는 것을 깨달았다.

한동안 잊고 있던 '요점만 간단히'가 다시 나를 찾아온 것은 박사논문을 쓸 때였다. 어느 날 저녁, 선배 형이 학교 서문 쪽 허름한 식당에서 밥을 사주면서 물었다. 박사논문의 주제가 뭔지, 뭐에 대해 쓰는지, 어떤 내용인지 등등. 온 세상 사람 통틀어 아무도 하지 않고 나만 하고 있기에, 이 주제에 대해서는 내가 최고의 전문가라고 우쭐댔다. 당연히 난 내 맘대로 말할 수 있었다.

숟가락을 든 채 멈춰 있던 형은 난감한 표정이었고 한참을 듣다가 이런 말을 했다.

"A4 한쪽으로 요약해봐."

형의 말이 황당하게 들렸다. 내가 얼마나 '많은 말'로 내가 알고 있는 것이 얼마나 '방대하고 복잡한 것'인지 충분히 설명했는데도 형이 그런 말을 했기 때문이었다. '아니 요약을 하라니? 대체 이 많은 넓고 복잡한

것을 어떻게 요약한단 말인가? 형은 대체 내 말을 제대로 듣기는 했나?'

별다른 장점이 없는 내 성격 중 굳이 장점을 꼽으라면, 남의 말을 잘 듣는다는 거다. 물론 좋은 사람들이 한 말의 경우에만 해당하지만 말이다. 난 형의 말대로, 내가 알고 있는 그 어마어마한 '많고 복잡하고 대단한 것들'을 단 한 장의 백지 위에 정리하려고 했다. 쉬울 줄 알았다. 휘리릭 끝날 줄 알았다. 그게 아니었다. 몇 날 며칠을 끙끙댔다. 썼다 지웠다 수십 번 반복했다. 하지만 백지 한 장이 채워지질 않았다. 머릿속엔 수많은 지식이 날뛰며 괴성을 지르고 있는데 도무지 정리되지 않았다. 요약이 되지 않았다. 생각들이 계속 서로 치고받고 싸우기만 해댔다.

남의 말을 잘 듣는 내 장점 때문에 포기하지 않았고 꽤 시간이 흐른 후 결국 해냈다. A4 한 쪽으로 요약을 했다. 그렇게 '요점만 간단히' 정리하는 순간, 아니 정리하면서 깨달았다. 내가 제대로 모른다는 거였다. 내 생각과 논리에 구멍이 숭숭 뚫려 있다는 거였다. 핵심과 요점을 정리하면서 난 내 생각과 논리와 과정을 채워 넣을 수 있었고 과잉으로 쓸데없이 불거진 부분은 과감히 쳐낼 수 있었다. '요점만 간단히' 하는 것은 "내가 정말 알고 있는가?"라는 질문을 스스로 해보는 것이고, 그 진지한 물음의 답변으로 모아지는 핵심이다.

말하는 자의 노력에 비해 듣는 자들은 무척 편하다. 깊은 고민의 결과만 모아서 들을 수 있으니 말이다. 그런데 듣는 자가 그렇게 요점만 간단히 들으면 물 위에 떠 있는 빙산의 일부만 보는 격이다. 그 핵심을 중심으로 이리저리 사방으로 펼쳐진 그 흥미진진한 것들은 말하는 자만 알고 있기 때문이다. 듣는 자는 말하는 자의 깊이와 넓이의 크기를 가늠하기 쉽지 않다. 어쩌면 불가능할 수도 있다. 부모가 "자식을 낳아봐야 알지"라고 할 때의 그 깊이와 넓이를, 솔로몬이 "헛되고 헛되며 헛되고 헛되니 모든 것이 헛되도다(전1:2)"라고 읊조릴 때의 그 막막한 심정의 깊이를 과연 누가 가늠할 수 있겠는가. 핵심이지만, 요점이지만, 그것만 달랑 떼어내서 가져가봐야 말짱 꽝이다. 어쩌면 앞서 말한, 외국 살던 친구가 '요점만 간단히'를 부정적으로 바라본 이유가 이것 때문일지도 모르겠다.

듣는 이는 '과정과 맥락을 꼼꼼히'

요점만, 결과만, 핵심만, 간단히 수동적으로 수용하려는 자세는 온당치 않다. 생각지 못한 일이 벌어지기 때문이다. 과정과 맥락이 무시되거나 간과되는 순간, 그렇게 수용한 요점과 핵심이 엉뚱한 것이 되고 만다.

중국 전국시대 초나라 사람 굴원屈原이 쓴 〈이소離騷〉의 앞부분을 보면 다음과 같은 구절이 나온다.

朕皇考曰伯庸짐황고왈백용 : 내[朕] 선친[皇考]은 '백용伯庸'이다.

굴원이 자기 아버지 성함을 말하는 구절인데, 여기서 굴원은 자신을 지칭하는 1인칭 대명사로 '짐朕'이란 용어를 사용했다. 알다시피 '짐'은 황제가 자신을 일컬을 때만 한정적으로 사용하는 1인칭 대명사다. 다른 사람들이 쓰면 큰일난다. 문자 그대로 목이 달아날 수 있다. 그러면 이 구절을 쓴 굴원이 황제였냐 하면 그렇지 않다. 초나라 대신이었을 뿐이다. 그럼 굴원이 이 구절을 잘못 쓴 것이냐 하면 그것도 아니다. 진실은 간단하다.

이 글을 쓸 당시 '짐朕'은 누구든 사용할 수 있는 1인칭 대명사였다. 이 용어를 황제에게만 쓰게 규정한 이가 진시황인데, 진시황은 굴원이 살던 전국시대 후에 태어나는 인물이다. 그러니 굴원이 살던 시대에 이 '짐'이 란 용어는 황제와는 상관없는 평범한 1인칭 대명사였고 문제될 것이 전혀 없었다. 알고 보면 맥이 풀릴 정도다. 하지만 당대 상황과 맥락에서 사용했던 용어와 말을 이해하는 것이 가장 기본적인 자세다. 결과만 간단히 쏘옥 가져다가 사용하면 안 된다.

성경을 이해하는 것도 마찬가지다. 하나님은 악인을 용서하라고 귀에 못이 박히도록 말씀하는 분이시니 그냥 휙 넘어갈 구절이지만, 다음은 언뜻 이해가 안 된다.

> 내 사랑하는 자들아 너희가 친히 원수를 갚지 말고 하나님의 진노하심에 맡기라. 기록되었으되 원수 갚는 것이 내게 있으니 내가 갚으리라고 주께서 말씀하시니라. 네 원수가 주리거든 먹이고 목마르거든 마시게 하라. 그리함으로 네가 숯불을 그 머리에 쌓아 놓으리라. 악에게 지지 말고 선으로 악을 이기라. (롬12:19~21)

악에 지지 말고 선으로 이기라는 총론은 알겠다. 스스로 원수 갚지 말고 원수가 굶주리면 먹을 걸 주고 목말라하면 마실 걸 주라는 것도 알겠다. 한데 대체 "그리함으로 네가 숯불을 그 머리에 쌓아놓으리라"는 말은 뭔가? 숯불을 머리 위에 쌓아놓으면 언젠간 떨어질 테고 그러면 그 원수가 홀라당 불에 타버릴 텐데, 대체 하나님이 왜 이러시는 걸까? 먹고 마실 것을 주며 보살피는 것이 결국 원수를 약올리다 죽이란 말인가?

오랫동안 맘속에 얹혀 있던 이 구절이 어느 날 책을 읽다가 풀렸다. '숯불을 머리 위에 쌓아 놓는다'는 말은 당시 이스라엘에서 흔히 사용했던 숙어다. 우리말로 하자면 '얼굴이 화끈거리게 만들라' 정도가 된다. 곤핍함에 처한 원수를 돌봐주기를 그가 겸연쩍어 얼굴이 화끈거릴 정도까지 하란 의미다.

알고 나자, 대충 요점만 간단히 읽어나가던 것과는 비교할 수도 없이 확연해졌다. 하나님의 뜻을 더욱 분명히 알게 된 것이다.

세 가지 장벽

훌륭한 선조들은 노력을 거듭한 끝에 놀라운 결과물들을 만들어내서 그 핵심 정수를 모아 후대에 전수한다. 그렇다. 핵심 정수만 '요점만 간단히' 전한다. 그럴 수밖에 없다. 그 시간과 노력을 다 담아낼 수는 없으니 말이다.

핵심 정수가 성경일 수 있고 법률일 수 있고 날카로운 과학적 이론일 수도 있다. 후대의 우리들은 그것을 이해하기 위해 '과정과 맥락을 꼼꼼히' 살펴보고 따져보며, 그 찬란한 결과들을 받아들이고 발전시켜야 한다. 그 결과물을 우리 후대에 전해주어야 한다. 그런 흐름이 제대로 이루어지지 않고 삐걱거릴 때가 종종 있다. 아마도 다음 셋 중 하나 때문일 듯싶다.

첫 번째. SFScience Fiction소설은 무척 재미나다. 그런데 소수의 마니아들만 좋아하는 장르로 여겨진다. 생각보다 적은 사람들만 즐긴다. 그 이유를 SF작가들은 이렇게 말한다.

"진입 장벽 때문입니다."

일정한 룰rule과 과학적 원리와 이치를 이해해야만 비로소 그 소설의 흥미진진한 것들이 독자들 몸에 와 닿게 된단다. 일단 과학적 지식을 이해를 한 후에야 즐길 수 있으니, 주객이 전도되는 것 같은 느낌도 든다.

"난 소설을 읽으려는 거지 과학 설명을 들으려는 게 아냐."
"왜 내가 굳이 이런 것까지 고민하면서 읽어야 하는 거지?"
"재미를 위해 읽는 건데 이렇게 머리를 싸매가며 읽을 필요가 뭐가 있어?"

이런 생각과 복잡함에 회의감이 들고 때론 자괴감에까지 이르러 결국 소설을 던지고 만다는 거다. 그래서 소수 마니아층만 열광하는 장르가 된 것이다. 추리소설, 스릴러, 판타지 등이 광범위한 독자층을 지니고 있는 것과는 확실히 다르다.

이 모두가 '의도치 않은 장벽' 때문이다. 작가들이 독자를 배제할 생각으로 소설을 쓰는 것은 당연히 아니다. 할 수만 있다면 모든 사람들이 자기 소설을 읽고 사랑해주기를 바라는 것이 작가의 마음이다. SF작가들은 할 수만 있다면 과학의 딱딱함, 용어의 난삽함, 설정의 복잡함 같은 것을 최대한 줄이려고 노력한다. 어떻게든 진입 장벽을 낮춰보려고 무진 애를 쓴다. 때론 독자들 앞을 가로막아 선 지긋지긋한 진입 장벽을 아예 몽땅 부숴버리고 싶은 욕망이 솟기도 한다. 하지만 그럴 순 없다. 과학적 사실이 바탕이 되지 않은 소설을 SF소설이라 할 수는 없으니 말이다. 본질적으로 어쩔 수 없이 존재하는 의도치 않은 장벽, 이것이 분명 우리 앞에 있다.

두 번째. 중·고등학교 시절 과학 시간을 떠올리면 지루하고 괴로웠던 기억이 난다. 나만 그랬나 싶어, 과학 분야 동료 교수들에게 물었는데 정말 의외의 대답을 들었다. 그들도 역시 과학 시간이 재미없었다고 입을 모았다.

왜 과학이 재미없을까? 본래 흥미가 없는 사람도 있다. 하지만 전공을 하고 있는 이들까지도 과학 시간을 별로 좋게 떠올리지 않으니 뭔가 이상하다. 그 이유를 동료 교수들은 이렇게 답했다.

"과학 지식만 가르치려 하니 그렇지."

제대로 가르칠 환경 부족, 수업 시간 부족 등 때문이라는 설명이 추가되었다. 하지만 본질은 과학 교사들이 수업 시간에 과학 지식의 '핵심만 간단히' 가르치기 때문이라는 거다. 역사와 맥락 없이, 왜 그런 과정을 통해 발전되어 왔는지는 가르치지 않고 그저 법칙과 공식만 나열하는 것이 문제란다. 학생 처지에서는 달달 외워야 할 밑도 끝도 없는 수식들과 생경한 용어가 한도 끝도 없이 튀어나오니 어느 누가 재미있다고 하겠는가.

학교 현장에서 케플러가 얼마나 자신의 삶과 가족의 불우한 고통으로 인해 번민이 깊었는지 말하는 경우는 없을 것 같다. 그가 천문학자로서는 최악의 단점인 시력 저하에도 불구하고 역사에 길이 남을 천문학자가 되기까지 치열한 과정과, 쏟아 부은 열정에 대해 들어본 적도 없을 것이다. 그저 케플러 1·2·3법칙을 '요점만 간단히' 듣고 맥락 없이 외웠을 것이다. 흥미, 재미, 동기부여? 그런 것들은 저 별나라만큼 먼 이야기일 것이다.

물론 과학 과목도 SF소설처럼 어느 정도 '의도치 않은 장벽'이 있다. 일정한 수식과 과학 언어를 이해해야 한다. 이는 필수적이다. 하지만 과학이란 황홀한 세계에 접근하지 못하도록 하는 게 그것만은 아니다. 과학의 과학다움보다 과학교육의 실체가 복잡다단한 수식과 용어에 있다고 믿는 이들이 꽤 많기 때문이다. 차라리 본래 과학은 수식과 과학 언어로만 가르쳐야만 하는, 건조할 정도로 냉정한 것이라고 믿고 있다면 괜찮다. 그런데 혹시 과학다움을 잘 몰라서 아니면 알지만 그렇게 가르치는 것이 힘겹고 귀찮아서 앞에 놓인 장벽을 그냥 방치하는 것이라면 그건 다른 문제다. 정말 그렇다면, '방치하는 장벽'의 책임을 어디에 물어야 할까? 적어도 배우려고 달려드는 학생들에게 물을 것은 아닌 것 같다.

세 번째. 의약분업이 정착돼 처방전을 들고 약국에 가야 하는 요즘은 나아졌다. 무슨 얘기인고 하니, 예전에는 의사들의 처방전을 일반인이 도저히 알아볼 수 없었다. 안 보여주기도 했지만 볼 수 있어도 알 수 없는 말이 가득했다. 의사들끼리 하는 말도 그렇다. 알고 보면 단순한 말도 전문용어와 약어로만 표현한다. 드라마에서도 병원 의사들의 대화 중 나오는 전문용어를 자막으로 추가 설명한다. 병원에 입원하거나 질병으로 병원에 가면 의사들끼리 암호 같은 말을 나누는 것을 한참이나 그저 넋 놓고 보게 된다. 길어질수록 조금씩 불안해진다. 그렇게 한참을 이야기 한 후 환자에게 돌아오는 말은 대강 이렇다.

"푹 쉬고 스트레스 안 받으면 됩니다."

의사가 거짓말을 하는 것은 아니다. 한데 그렇게 오랫동안 심각한 말을 나누고는 고작 쉬라니……. 물론 환자의 병을 낫게 하기 위한 그들의 고민과 의견을 충실히 교환했을 거다. 다만 환자에게는 '결론만 간단히' 말해주었을 뿐이다. 의사를 믿는다. 하지만 나만 모르는 뭔가가 오간 것 같아 불안감이 씻어지지 않고, 받지 말라는 스트레스가 더 쌓이는 기분이다.

일반인들이 얼씬거릴 수 없는 장벽이 있다. 예전보다 나아졌다고는 해도 장벽은 여전하다. SF작가, 과학 교사들의 경우와 다르게 의사들의 용어와 말은 다분히 의도적이다. 그 '의도적 장벽'은 병을 낫게 하려는 본래 목적에 충실하기 위해서이다. 환자가 마음대로 억측해서 불안해하거나 다른 의료 행위를 하지 못하게 하려는 의도이지, 의료적 지식을 독점하기 위한 수단이 아니다.

일반인들은 단순히 감기여서 타이레놀을 처방한다고 생각하지만 그렇지 않다. 듣는 환자 입장에서는 "푹 쉬고 스트레스 받지 말라"는 말이 너무 쉽고 단순하기에 별것 아닌 것처럼 여겨질지 모르지만, 그것도 그렇지 않다. 환자를 두고 수많은 가능성과 허다한 논리적 추론 과정을 검토한다. 결과는 단순히 해열제이지만 바로 해열제가 그 해열제여야 하는 이유는 여러 가지였고 그렇게 열이 나는 원인의 가능성도 수십 가지였다. 그 모든 것을 검토한 결과가 타이레놀이었고, 푹 쉬고 스트레스 받지 말라는 거였다. 결과만, 요점만, 간단히 내놓은 것만 보고 환자는 섭섭해할 수 있지만 그리 단순한 것이 아니다.

의사들의 장벽은 SF작가들의 과학 지식의 전제만큼이나 본질적이고, 과학 교사들의 복잡다단한 수식과 용어만큼이나 불친절하다. 게다가 의도적이기까지 하다. 범박하게 말해 SF작가들이 '비의도적 장벽'을 만들었다면, 과학 교사들은 '알면서도 설명하지 않는 방치된 장벽'을 두었고, 의사들은 '선의로 의도적 장벽'을 쌓았다고 할 수 있다. 단지 이쯤이면 좋겠지만 세상은 어디 그런가. 더 뒤숭숭한 것이 하나 더 있다.

그리고 하나 더

의사들의 의도적 장벽이 본질적으로 환자를 위하는 선의에서 출발했다고 하지만 변질되는 경우가 없지 않다. 의료분쟁에서 쉽게 이기기 힘든 이유가 바로 그렇게 음침하게 변질된 탓이다.

무수한 도표와 약어가 날아다니는 경제 소식을 접하다 보면, 정말 저들이 알리려는 것일까, 아니면 알리는 척하는 것일까 궁금해진다. 의도적으로 산만하게, 번잡하게, 어수선한 장막을 치고 자신들만의 리그를 치르는 것일지도 모른다는 생각이 드는 게 한두 번이 아니었다. 각 경제 단체가 내놓는 경제지표가 제각기 다른 것을 확인하고 나면 심증이 더 굳어진다. 외국에서 환율이 급등해서 어쩌고저쩌고 그래서 아무튼 경제지표가 어쩌고저쩌고 그래서 결국 '요점만 간단히' 말해서 "당신들은 살기 어려워졌어요"라고 말한다면 누가 쉽게 수긍하고 납득할까. 실제 그 과정에 어떤 협잡이나 비리가 없었다 해도 납득하고 따르기란 여간 어려운 일이 아니다. 두껍고 번잡한 장막을 쳤으니 그 안에서 무슨 일이 일어나고 있는지 궁금한데 훤히 보여주지 않으니 의심이 증폭된다. 그런 사람들의 시선을 불신이라고 싸잡아 매도하는 것은 옳지 않다. 핸드폰 매장에 가서 아무리 들어도 도무지 알 수 없는 요금제, 단말기 가격, 통신사 보조금 문제와 조금도 다를 바 없으니 말이다. 핸드폰을 개통해서 들고 나올 때마다 매번 당한 것 같은 느낌에 사로잡히는 것이 꼭 나만의 문제는 아닌 것 같다.

솔직히 말해, 난 정치에 신경 쓰고 싶은 마음이 눈곱만큼도 없다. 누가 대통령이든 누가 리더든 아무 상관없이 행복하게 살고 싶다. 자기 할 일을 하는 데에도 상당한 시간과 노력이 필요하기에 자기 본업에 충실한 것만으로도 무척 바쁘기 때문이다. 대의 민주주의라는 것은 그런 게 아니던가. 내가 할 것을 위임해서 잘 하라고 건네주는 것 말이다. 그렇게 건네주고 각기 제 본업에만 몰두하자는 것 아니었던가 말이다.

옛날 중국 요堯임금 때는 태평성대였다고 한다. 그 이상적인 시대에 어느 늙은 농부가 불렀다는 노래 〈격양가擊壤歌〉는 태평성대의 실체를 날카롭게 보여준다.

날이 밝으면 나가 일하고[日出而作]

해가 지면 집에 돌아와 쉬고[日入而息]

목마르면 우물 파서 마시고, 배고프면 밭 갈아서 먹으니[鑿井而飮 耕田而食]

임금의 덕이 나에게 무슨 소용이 있단 말인가[帝力于我何有哉]

내 할 일을 내가 열심히 하며 살고 있으니 누가 집권자든 상관도 안 한다는 노래다. 정치 무관심이 아니라 관심가질 필요 없게 하는 게 태평성대란 의미이다. 이런 태평성대가 되지 않는 이유는 임금이 제대로 일을 하지 않기 때문이다. 전쟁을 벌이고 착취하고 괴롭히기 때문에 어쩔 수 없이 정치에 신경을 쓰고 임금의 말과 행동에 관심을 갖게 되는 것이다. 피곤하기 이를 데 없다.

그런데 종종 그렇게라도 알려는 시도에 어둠의 장막을 친다. '요점만 간단히' 말해줄 테니 잘 알아들으라고 한다. '과정과 맥락을 꼼꼼히' 알고자 하면 큰일이 날 거라고 엄포를 놓고 호들갑을 떤다.

"파우스트 박사가 악마에게 영혼을 팔고 지식을 얻었어."

"아담과 하와는 선악을 분별하는 과일을 따먹었지. 그래서 세상에 악이 생긴 거야."

"호기심이 인간을 망친다고 해도 과언이 아니야."

이 말의 진실함을 모르지 않으나, 고상한 겁박으로 들린다.

루터를 비롯한 종교 개혁가들은 왜 교황청에 반발했던가? 구교 성직자의 처음 취지는 좋았으나, 하나님의 말씀을 아는 것이 소수의 지식인들만 가능하다고 우기면서부터 어그러졌다. 그들이 그렇게 한 이유가, 의사처럼 신자들이 제멋대로 엉뚱한 이단과 사이비에 빠질 것을 우려해서일지도 모른다. 과학 교사들처럼 '요점만 간단히' 설교한 이유가, 복잡다단한 것을 설명하기에는 예배시간이 길어질 것 같아서일 수도 있다. 어쩌면 말해줘도 알려 하지 않는 신자들의 게으름 때문일지도 모른다. 어떤 이들은 SF작가들처럼 '제발 내 이야기를 들어줘' 하는 진정으로 설교를 했을 수도 있으니 말이다.

아마 이 셋 중 어딘가에 그들의 진정이 있었을 것이다. 하지만 결국 라틴어를 읽을 수 있는 소수의 지식인들만이, 성직자들만이 신의 뜻을 헤아릴 수 있다고 또 그래야만 한다고 말하는 것으로 변질돼버렸다. 자신들의 장막을 치고 지식을 독점한 것은 진정 백성들을 위한 것도 아니고, 하나님을 위한 것도 아니었다. 그들이 장막 안에서 벌인 일들은 결코 향기롭지 않았다.

어둠의 장막을 친 이런 병폐가 구교에만 있는 것일까? 신약시대인 지금은 구약의 제사 방식과 달리 예수에 대한 믿음으로 제사가 이루어진다고 한다. 예수가 십자가에서 운명했을 때, 대제사장만 들어갈 수 있는 "성소의 휘장이 위로부터 아래까지 찢어(막15:38)"져 이젠 누구든 하나님을 거리낌 없이 알 수 있고, 쉽게 하나님을 만날 수 있게 되었다고 한다. 한데 그렇게 찢어졌는데도 여전히 우리의 눈과 귀를 둘러싸는 어수선하고 번잡한 장막이 곳곳에 시커멓게 쳐 있는 것 같다.

물론, '요점만 간단히' 딱 듣고 휙 지나가고 싶은 우리가 문제다. 물론, 알아서 잘할 거란 마음 때문일 수도 있다. 위임인지 방임인지 잘 구분이 안 되지만 말이다. 물론, 꼭 교회 이야기만이 아니다.

　요즘은 검색이 쉬워 뭐든 인터넷에서 찾는다. 그런데 더 자주 잊는다. 방금 찾아본 것도 돌아서면 금방 잊는다. 체득하지 못했기 때문이다.

　'지식을 검색한다'고 하지만 거짓말이다. 지식은 검색할 수 없다. 정보와 지식은 아주 다르다. 정보를 찾아 스스로 '의미화'해야만 비로소 지식이 된다. 온갖 돌멩이들을 그러모으는 것은 정보 검색일 뿐이다. 그 돌멩이를 가지고 탑을 쌓든 돌담을 쌓든 해야 지식이 된다. 어쩌다 주워 든 돌멩이를 자랑스레 흔들면 우스워 보인다. 자신이 만든 거라며 뻐기면 어리석어 보인다. 지식은 단순 찾기로 얻는 게 아니다.

　공자孔子가 "아는 것을 안다고 말하고 모르는 것을 모른다고 말하는 것이 진짜 앎이다[知之爲知之 不知爲不知 是知也]"(『논어』위령)라며 제자 자로子路에게 말했다. 자로는 용맹하고 의지가 강한 제자였지만, 늘 공자에게 꾸중을 들었다. 이런저런 질문도 많이 하는 등 배우려는 열심이 넘쳤지만 스승은 늘 타박만 했다.

　그는 하나가 부족했다. 정보와 지식을 구분하지 못했다. 얻은 것을 스스로 자기화해서 체득하지 못했던 것이다. 훌륭한 스승에게 많이 들었지만 깊은 깨우침을 얻지는 못했다. 공자가 자로를 "학문의 마루에는 올랐으나 방에는 들어가지 못했구나[昇堂矣 未入於室也]"(『논어』선진)라고 했던 것도 그 때문이었다.

포스트모던한 시대의 불량아들

늙고 병든 아버지와 막 나가는 아들들

요즘엔 보기 힘들지만 전에는 웬만한 택시와 버스에 "오늘도 무사히"라는 구절과 함께 한 아리따운 여성으로 여겨지는 인물이 무릎 꿇고 두 손 모아 기도하는 그림이 붙어 있었다. 아마 어디선가 본 듯한 느낌이 들지도 모르겠다. 나는 "오늘도 무사히"라는 구절보다 그림 속 인물이 여성인지 남성인지에 더 관심이 많았는데, 나중에야 그가 성경 속 인물 '사무엘'이라는 것을 알았다. 남자였던 거다.

사무엘에 대해서는 주일학교 때부터 숱하게 들어왔다. 어머니 한나가 기도해서 낳은 자식이란 이야기로 시작해서 사울과 다윗을 기름 부어 세웠다는 것까지 일 년에 한두 번은 그에 대한 설교 말씀을 들은 것 같다. 그때마다 그와 상반되게 등장하는 인물이 엘리 제사장과 그의 두 아들 홉니와 비느하스다. 엘리 제사장은 사무엘을 어려서부터 가르치고 키우다시

피 한 인물이었지만, 그는 어리석고 한심하게 여겨졌다. 반골 기질이 있어 매사를 삐딱하게 보는 나였지만 한 번도 마음속에서 엘리 편을 든 적은 없었다. 그러던 어느 날 문득 엘리의 심정이 덜컥 내게 들어왔다. 하나님이 뱃속부터 콕 찍어서 잘나게 태어나게 한 제자 사무엘과 자신의 두 아들이 너무나도 비교되었을 것 아닌가. 엘리가 무척이나 마음고생이 심했겠다, 하고 공감하자 그의 신세가 딱하고 안쓰럽게 여겨졌다. 하나님도 야속하시지, 어쩌자고 그 잘난 사무엘과 그 못난 아들들 사이에 아버지를 끼게 하셨단 말인가 하는 한탄이 절로 나왔다.

엘리 제사장의 두 아들 홉니와 비느하스는 문제가 많았다. 제사장 직분은 본래 세습되는 것이니 그들도 제사장이 되었지만(삼상1:3) 하는 짓은 보통사람들보다도 못했다. 보통사람들이 하지 않을 짓을 서슴없이 해댔다. 성전에서 일하며 제사를 준비하는 여인들과 사사로이 동침할 뿐만 아니라 하나님께 드리는 제사의 예법을 무시하고 제멋대로 이득을 챙겼다(삼상2:12~22). 제사장이란 권력을 빙자하여 전횡을 부리는 등 안하무인이었다. 엘리는 98세의 노령인데다 눈까지 어두워 앞을 볼 수 없으니(삼상4:18) 제사장 업무는 물론 일상생활도 쉽지 않았다. 이런 엘리가 애타는 마음으로 두 아들을 불러다가 간곡히 타일렀다.

"너희가 어찌하여 이런 일을 하느냐. 내가 너희의 악행을 이 모든 백성에게서 듣노라. 내 아들들아 그리하지 말라. 내게 들리는 소문이 좋지 아니하니라. 너희가 여호와의 백성으로 범죄하게 하는도다. 사람이 사람에게 범죄하면 하나님이 심판하시려니와 만일 사람이 여호와께 범죄하면 누가 그를 위하여 간구하겠느냐." (삼상2:23~25)

요즘엔 젊은 애들은 물론 어린 초등학생들도 아버지의 말을 쉽게 무시한다. 제 생각이 옳다고 우기지는 않아도, "왜 그러면 안 되는데요?", "제가 틀린 게 뭔데요?"라고 되받아치기 일쑤다. 이러이러해서 그러니 하지 말라, 하는 말을 있는 그대로 받아들이는 자식들은 좀체 볼 수 없다. 자신들에게 이득이 되든지, 아니면 머리로 납득이 되든지 둘 중 하나 정도는 돼야 비로소 "그럼, 해볼까" 정도로 타협한다. 물론 확 돌아서면 그마저도 던져버리지만 말이다.

이렇게 된 원인이 여럿 있겠지만 가장 큰 이유는 아마도 포스트모던 postmodern한 사회이므로 확정적이고 분명한 가치가 어디에도 없다는 생각이 팽배해졌기 때문인 것 같다. 포스트모더니즘postmodernism은 20세기 중후반에 일어난 문화운동이자 문예사조로, 이성중심주의라 할 수 있는 모더니즘modernism에 반발해 나타났다. 기존의 합리적인 사고나 중심, 기준, 가치 등을 회의적이고 부정적인 시선으로 바라보며 해체하려는 움직임이다. 즉, 세상에는 절대적이고 객관적인 중심이나 기준이 있지 않으며, 그런 중심이 없기에 무엇이든 중심이 될 수 있고 누구든 기준이 될 수 있다는 생각이 바탕에 깔려 있다. 해체주의적 사고방식과 다양성의 가치를 인정하는 시대에, '꼭', '반드시' 같은 가치나 외침은 아집과 독선으로 비치기 쉽다. 그렇게 말하는 사람조차 목소리에 자신감이 없다. 여기에 '꼭, 반드시 이러이러해야 한다'는 것의 결과가 그리 신통치 않은 것을 몇 번 체험한 이들의 말까지 보태며 반박해오면, 목소리를 높이던 사람은 머쓱해진다. 공연히 말했다는 자책감까지 생긴다. 그리고 '다시는 입을 열지 않으리라', '이 꼴이 뭐란 말인가', '세상이 죽이 되든 밥이 되든 내가 알게 뭐란 말인가', '이게 뭐 내 일인가' 하는 마음으로 몸과 마음을 웅크린다.

'사실 인생에 무슨 답이 있고, 사는 방식에 한 가지 길밖에 없겠는가. 그런데 뭐가 잘났다고 괜히 내가……'

그래 그런지 주변을 돌아보면 어디에도 "꼭, 반드시, 이러이러하세요." 라고 힘주어 말하는 사람은 없는 것 같다. 간혹 만나는 조금 이상한 종교에 물든 사람들 빼고는 말이다.

망나니 두 아들이 가문을 멸망시키다

지금 같은 포스트모던한 시대가 오려면 꽤 오래 기다려야 하는 그 옛날, 엘리가 제사장이던 시절, 두 아들이 아버지의 말씀을 잘 들었으면 좋으련만 그러지 않았다. 늙은 아버지의 간곡한 타이름을 가볍게 무시했다. 어찌 보면 당연하다. 아버지는 늙었고 앞도 못 보는 데다 자신들이 아니면 이스라엘의 제례가 돌아가지 않는다. 한 마디로 자신들이 이스라엘 전체 제례와 의식을 수중에 넣고 있는데 무엇이 두렵단 말인가. 게다가 이들은 코흘리개 어린애도 아니었다. 백 살을 바라보는 엘리의 나이를 감안하면 아무리 늦게 낳았다고 해도 둘 다 사십은 넘었을 테니, 남의 말을 고분고분 들을 리 없다.

공자孔子가 "사십에 불혹不惑했다"고 말했는데, 그 의미는 '나이 사십이 되자 어떤 유혹이나 사설에도 흔들리거나 혼미하지 않고 소신이 분명해졌다'는 뜻이다. 이 말을 따서 동양에서 마흔을 '불혹'이라 부른다. 그러니까 대충 나이 마흔이 되면 웬만한 것에 흔들리지 않는다는 것인데, 좋게 말해 '소신을 지닌다'는 것이겠지만 반대로 보면 '똥고집이 세어진다'는 의미로도 통한다. 뚱딴지같은 소리가 아니다. 주변의 윗분들을 살펴보시라. 그 양반들이 애초부터 그러지는 않았다. 그리고 그분들 주장이 완전히 어긋난 것도 아니다. 다만 고집이 조금, 어떤 때는 고래 힘줄만큼 셀뿐이다.

"내가 해봐서 아는데 말이야."
"어허, 그게 아니라니까. 뭘 모르면서 그런 말을 해."

그동안 쌓은 삶의 경험과 궤적이 일정한 틀 속에서 벗어나기 힘든 나이가 대충 마흔 전후인 거다.

홉니와 비느하스는 아버지 엘리의 말을 무시하고 제멋대로 전횡을 부렸다. 엘리가 딱한 것이 늙어 힘도 없고 앞도 보지 못하니 말로 타이를 뿐이었다. 나름 최선을 다해 노력한 것이다. 그러나 하나님은 그렇게 생각지 않으셨다.

선지자를 보내 엘리에게 극단적인 말을 퍼붓는다. "하나님이 네 집과 영원히 계신다고 했는데 이젠 아니다. 끝났다"는 말로 시작해서 "멸시하고 경멸하겠다"는 말까지 서슴지 않는다. "이스라엘이 다 복을 받아도 너는 환란을 볼 거"고, "네 후손들이 싹 다 젊어서 죽을 거"란 말끝에 청천벽력 같은 선포를 한다.

"네 두 아들 홉니와 비느하스가 한 날에 죽으리니 그 둘이 당할 그 일이 네게 표징이 되리라." (삼상2:34)

참, 하나님도 너무하신 게, 이런 악담을 자식들과는 너무나도 비교되는 똑똑하고 명민한 제자 사무엘의 입을 통해서 다시 한 번 반복하셨다는 거다. 사무엘을 통한 하나님의 두 번째 말씀은 "영원히 심판하겠다"는 경고로 시작해서 다음과 같이 끝난다.

> "엘리 집의 죄악은 제물로나 예물로나 영원히 속죄함을 받지 못하리라."
> (삼상3:14)

이쯤 되면 사형선고나 다름없다. 어떤 방법도 없다는 단죄에 엘리는 어떤 심정이었을까?

결국 상황은 하나님의 말씀대로 흘러간다. 제사장인 홉니와 비느하스는 블레셋과의 싸움에 법궤를 가지고 갔다가 죽임을 당하고(삼상4:11), 그 소식을 전해들은 엘리 제사장은 의자에 앉아 있다가 뒤로 넘어지면서 목이 부러져 죽고 만다(삼상4:18).

> "자식이 어디 맘대로 되나."
> "때려서 말 들을 것 같으면, 매일 같이 때리지, 쉽지 않아……."

맞는 말씀이다. 정말 자식이 내 맘 같지 않다. 나무라고 혼내고 닦달한다고 해서 바뀌지 않는다. 그런데 자식 잘못으로 아버지까지 징치를 당하고 집안이 쑥대밭이 되는 저주의 온상이 되다니, 하나님이 너무 매몰차단 생각이 든다. 아버지의 입에서 볼멘소리가 절로 나올 듯하다.

"지긋지긋하게 말 안 듣는 자식을 주시고서, 대체 나보고 어쩌란 말인가."

쉽지 않은 이 상황에서, 잠시 한발 빗겨 서서 우리 옛날이야기를 살펴보자. 혹시 우리가 놓친 것이 있을지도 모르니 말이다. 이 이야기에는 엘리 제사장과 판박이 같은 아버지와 그의 아들들이 등장한다.

고뇌와 탄식의 아버지 코스프레

우리 옛 소설 중에 『삼설기三說記』라는 단편소설집이 있다. 거기에 〈황주목사계자기黄州牧使戒子記〉라는 짧은 소설이 실려 있다. 제목을 풀면 '황주의 목사가 아들을 가르친 이야기' 정도가 된다.

윤수현이란 사람에게 아들이 셋 있었다. 첫째는 재주가 뛰어나 공부는 잘했지만 양반이라고 거들먹거리며 안하무인으로 행동했고, 둘째는 약삭빨라 요령이 넘쳤고, 셋째는 매사에 설렁설렁했다.

아버지 윤공이 황주 목사로 부임하면서 아들들을 데리고 갔다. 공부를 시킬 요량이었지만, 세상 모든 아버지의 바람과 어긋나는 것이 아들들의 행태인지, 이놈들은 하라는 공부는 않고 기생들과 놀러 다녔다. 뿐만 아니다. 황주 고을을 마치 제가 다스리는 것처럼 아전들까지 멋대로 부리며 소란을 피웠다. 고을이 쑥대밭이 될 지경이었다. 아버지가 아무리 타일러도 앞에서만 듣는 척할 뿐 돌아서서는 여전히 막무가내였다. 결국 윤공은 포기하고 말았다. 자식 이기는 부모가 어디 있겠는가. 그렇게 세월이 흘렀다. 황주 목사의 임기가 끝나 돌아갈 때가 되었다. 이 소식을 들은 세 아들은 고민이 이만저만 아니었다. 맘대로 전횡을 부리다가 하루아침에 끝내려니 아쉬운 게 한두 가지가 아니었다.

세 놈 모두 제 처소로 돌아가 그동안 붙어 지내던 기생들과 작별을 했다. 첫째 아들은 이별이 서러워 우는 기생에게 눈을 부릅뜨며 고함을 질렀다.

"이년, 썩 그치지 못하겠느냐!"

그러고는 종을 불러 그동안 사귀었던 기생을 쫓아버리고는, 벌렁 드러누워 코를 드르렁거리며 잠을 자버렸다.

둘째 아들은 달랐다. 그는 슬퍼하는 기생을 끌어안고 얼굴에 흐르는 눈물을 닦아주며 말했다.

"걱정 마. 내가 서울 가서 과거급제하면 이 고을 암행어사로 올게. 그때까지 정절을 지키고 있어. 알았지?"

셋째 아들은 기생과 서로 부둥켜안고 서러워했다. 차라리 같이 죽자는 말까지 하며 밤을 지새우다가 새벽닭이 울자 어쩔 수 없다는 듯 말했다.

"울지 마. 우리 도망치자. 너는 장터에서 빈대떡 장사, 술장사하고, 나는 아전들 밑에서 심부름이나 하며 지내면 밥은 먹고 살지 않겠니? 우리 그렇게 살자."

이렇게 세 아들이 기생과 이별하는 모습을 몰래 지켜본 아버지 윤공이 방으로 돌아와 부인에게 아들들의 미래를 예측해서 말했다.

"첫째 놈은 성품이 괴곽하고 악해서 제 자신은 물론 남까지 해치겠소. 오랫동안 정을 붙이던 기생에게 저리도 매몰차다니, 평생이 고약하고 편안치 못할 거요."

둘째에 대해서는 이렇게 말했다.

"그놈은 속마음과 달리 거짓말을 하며 기생을 어르더군. 간사하고 못난 놈이오. 앞으로 사람을 후려 속이고 재물을 불려 그럭저럭 벼슬은 하겠지만, 크게 될 놈은 아니오."

이러던 아버지 윤공이 셋째에 대해서만은 칭찬을 했다.

"셋째는 천성이 어지니 진실하게 말하더군. 기생을 진정으로 대하는 것이나, 양반이면서도 아전들 밑에서 심부름하면서라도 같이 살자고 하는 것을 보니 잘 알겠소. 셋째는 훗날 분명히 큰 벼슬에 오를 것이오."

세 아들의 미래는 아버지가 내다본 대로, 그렇게 펼쳐졌다고 한다.

이 이야기는 들을 때마다 씁쓸한 뒷맛이 남는데 그건 아버지 윤공 때문이다. 아버지 윤공은 아들들 미래를 정확하게 예측하고 판단할 정도로 날카로운 지성과 심미안을 지녔으면서도 아들들을 제대로 가르치지 못했다.

사실 윤공이 아들들을 불러 훈계를 하기는 했다.

"너희 놈들이 서울에서 무어라 했느냐? 아비 말대로 이곳에 내려와서는 열심히 공부하겠다고 하지 않았느냐. 그런데 대체 이 무슨 짓들이냐?"

하지만 이 아들들은 뻔뻔스럽게 이렇게 대꾸했다.

"이왕 잘못된 걸 어떻게 하겠어요. 여러 말씀하지 마시고 가만히 계세요. 우리가 알아서 잘 할게요."

그러고는 모두 코웃음치고 밖으로 나가버리는 것이 아닌가.

<황주목사계자기>

사실 이쯤이면 손을 떠난 거다. 어떤 방법도 없다. 어쩌다 이런 지경까지 이르게 된 걸까? 애초부터 이들은 천하의 잡놈이었을까? 도저히 고칠

수 없는 인간 말종이었을까? 이야기를 꼼꼼히 잘 살펴보면 그런 것 같지는 않다. 망나니 아들들을 바로잡을 기회가 아버지에게 있었다. 하지만 그때마다 아버지 윤공이 제대로 하지 않았다. 분명하게, 엄하게, 단호하게 꾸짖지 못했던 거다. 이유는 간단하다. 그는 이렇게 생각했기 때문이다.

'저희들은 한사코 하고자 하는데 내가 굳이 말리다가 귀한 자식들 병나면 어떡하지. 차라리 약간 타이르고 내버려두는 것이 낫겠다.'

<황주목사계자기>

이것이 윤공의 마음이다. 그래서 망나니짓을 보고도 눈을 감아버린 거다. '아이고 우리 귀한 아들을 어쩌나. 불면 날아갈까 쥐면 꺼질까 하며 곱디 곱게 키웠는데, 저렇게 하겠다니 믿어야지' 하며 탄식할 뿐이었다. 이쯤 되면 엄하게 꾸짖지 '못'한 것이 아니라 '안'한 것이다. 꼭, 분명히 말해야 할 것을 하지 않은 거다.

혹시 조선시대 윤공이 워낙 출중해서 미래를 내다보는 분이시다 보니, 먼 미래에 다가올 '포스트모던한 시대'를 예견하고 미리 포스트모던하게 자식들을 키우신 것은 아닐까? 미안하다. 농담이다.

소설 제목이 말이 좋아, '황주목사가 아들을 훈계하고 가르친 이야기'지, 실제로 아버지가 훈계한 거라곤 하나도 없다. 그저 방관하고 탄식했을 뿐이다. 엄밀히 말해 그게 전부다. 아들들의 미래를 정확히 예측했다면, 그들을 더 엄하게 진정으로 타일렀어야 했다. 물론 자식 이기는 부모는 없다. 맞다, 그렇다. 아무리 타일러도 본인이 깨닫지 못하면 안 되는 법이다.

하지만 윤공의 방임은 제 자식들만의 문제가 아니라 모두의 문제가 되어버렸다는 데 그 심각성이 있다. 그의 무책임은 자신이 황주목사로서 마땅히 다스려야 할 고을이 결딴나고 있는데도 그대로 방치했다는 점에서 심각한 직무유기다.

그래 좋다. 당신 자식은 당신 맘대로 하시라. 하지만 왜 당신 자식들 때문에 황주 고을이 쑥대밭이 되어야 한단 말인가? 자식들을 붙잡아다 볼기를 치고 감옥에 넣었어야 했다. 피눈물이 나겠지만 그것이 자식을 위하는 일이고 또 그것이 자신이 맡은 바 임무인 '목사'로서의 직무였다. 하지만 그는 그러지 않았다. 그러면서도 그는 자식들의 미래가 마치 그들의 품성과 소양 때문에 어쩔 수 없는, 피할 수 없는 운명이란 듯이 설레발을 치고 있다. 자신의 심각한 잘못은 모른 채, 자기는 충분히 할 바를 했다는 듯 멀찍이 떨어져 관망하는 자세로 발뺌을 하고 있다. 모든 잘못이 '그렇게 행동한 자식 놈들에게 있다'며 고뇌에 찬 표정의 아버지 코스프레나 하고 있다. 이 이야기를 들을 때마다 찜찜하고 개운치 않았던 것은 바로 이 때문이었다.

불량 아들? 불량아들?

이제 다시 엘리를 살펴보자. 황주목사 윤공의 모습과 너무나도 똑같다는 것에 깜짝 놀랄 지경이다. 굳이 다른 점을 찾자면, 홉니와 비느하스는 실제 제사장이었고 윤공의 자식들은 아버지 위세를 등에 업고 패악을 부리며 호가호위狐假虎威했다는 것이 다를 뿐, 모든 것이 베낀 것처럼 꼭 같다.

엘리는 성전의 여인들과 간통하고 하나님의 제사에 사용되는 재물을 마음대로 빼먹는 아들들을 불러 간곡히 타이른 것 같다. 성경이 구체적인 정황을 보여주지 않으니, 엘리의 아들들이 윤공의 막돼먹은 세 아들처럼 뻔뻔스럽게 "이왕 잘못된 걸 어떻게 하겠어요. 여러 말씀하지 마시고 가만히 계세요. 우리가 알아서 잘 할 테니"라며 코웃음을 쳤는지는 알 수 없다. 그런데 성경은 그런 설명 대신 더 명확한 지적을 하고 있다.

> "너희는 어찌하여 내가 내 처소에서 명령한 내 제물과 예물을 밟으며 네 아들들을 나보다 더 중히 여겨 내 백성 이스라엘이 드리는 가장 좋은 것으로 너희들을 살지게 하느냐." (삼상2:29)

> "내가 그의 집을 영원토록 심판하겠다고 그에게 말한 것은 그가 아는 죄악 때문이니 이는 그가 자기의 아들들이 저주를 자청하되 금하지 아니하였음이니라. 그러므로 내가 엘리의 집에 대하여 맹세하기를 엘리 집의 죄악은 제물로나 예물로나 영원히 속죄함을 받지 못하리라" (삼상3:13~14)

앞의 것은 엘리에게 하나님의 선지자가 와서 한 말이고, 뒤의 것은 제자 사무엘을 통해 하신 말씀이다. 엘리는 "네가 네 아들을 하나님보다 더 중하게 여긴다", "네 아들들이 스스로 저주받기를 자청하고 있다", "네가 알고 있는 바로 그 죄악 때문에 망할 것이다"라는 메시지를 분명하게 들었다. 하지만 엘리는 바뀌지 않았다. 여러 번의 기회가 주어졌지만 그는 움직이지 않았다. 윤공과 같은 마음이다. 자식사랑이란 거짓 애정의 허울을 뒤집어쓰고 전전긍긍하는 아버지 코스프레, 좋은 아버지 흉내를 낼 뿐이었다. 그러고도 엘리는 마치 하나님이 바뀔지도 모른다는 듯이 행동했다. 선지자를 통한 첫 번째 경고에도 불구하고 아무 것도 하지 않던 그가, 사무엘에게 하나님의 임재가 있었음을 알고는 하나님이 뭐라 말씀하셨는지 말하라고 다그쳤다. 참혹한 말이기에 감히 스승에게 말할 수 없어 주저하는 사무엘에게 엘리는 이렇게 독촉했다.

> "청하노니 내게 숨기지 말라. 네게 말씀하신 모든 것을 하나라도 숨기면 하나님이 네게 벌을 내리시고 또 내리시기를 원하노라." (삼상3:17)

엘리는 과연 무슨 말이 듣고 싶었던 걸까? 자식은 바뀔 수 없으니, 아니 자식은 바꿀 수 없으니, 하나님 보고 "마음 푸시고 좀 바꾸시죠" 하고 싶었던 걸까? 사랑으로 용서할 테니 걱정 말라는 달콤한 말을 듣고 싶었던 걸까? 두 망나니 자식들의 행패는 누가 봐도 분명히 패악이고 방종이었지만 엘리는 그걸 그렇게 보지 않았다. 육신의 눈만 먼 것이 아니라 영혼의 눈까지 까맣게 멀었다.

여전히 엘리를 편들고 싶은 분이 있을지도 모르겠다. 이렇게 말이다.

> "늙고 병든 아버지, 아흔여덟의 노인이 힘세고 기세등등한 자식들을 어떻게 당해요?"
>
> "어릴 때 못 잡은 것을 다 큰 애들 어떻게 바로 잡는단 말인가?"

그렇지 않다. 홉니와 비느하스의 행패는 황주목사 윤공의 세 아들 놈의 패악보다 더 심각했고, 엘리는 윤공과는 비교도 할 수 없는 막중한 위치에 있었다. 일개 고을의 원님보다 제사장이 훨씬 더 무거운 직분이고, 그 영향력이 미치는 범위도 더 넓고, 그 결정과 판단의 결과도 훨씬 본질적이며 근본적이다. 게다가 엘리는 단순히 제사장이 아니었다. 그는 놀랍게도 사사土師였다. 성경은 엘리가 의자에서 넘어져 목이 부러져 죽었다는 설명 다음에 다음과 같이 무섭고도 떨리는 언급을 기록하고 있다.

"그가 이스라엘의 사사가 된 지 사십 년이었더라. (삼상4:18)"

그는 자그마치 사십 년 동안 사사였다. 사사는 우리가 아는 바로 그 사사다. 기드온, 삼손, 입다 같은 쟁쟁한 인물들이 하나님께 받았던 그 직분 말이다. 재판관이자 정치지도자이고 군사 영웅이었던 그 사사의 직분을 엘리는 과연 어떻게 감당했을까? 성경은 그가 무엇을 했는지 아무런 말이 없다. 단지 그와 관련된 것은 제자 사무엘을 통해서 그리고 그의 망나니 아들들을 통해서 그려지는 앞의 이야기가 전부이다.

엘리는 직무를 유기했다. 아버지로서만이 아니라 제사장으로서, 사사로서, 하나님의 직무를 팽개쳤다. 홉니와 비느하스를 아버지의 시선으로서만 바라봐서는 안 되는 거였다. 그는 제사장이었고 사사였다. 이스라엘을 다스리고 옳고 그름을 가르는 재판관 사사로서 그들을 잡아다가 징치했어야 한다. 그것이 하나님이 그에게 주신 직무였다. 하지만 그는 자식을 하나님보다 더 귀중히 여기는 잘못을 저지르며, "오냐, 오냐"만 일삼았다. 그런 행동이 단순한 아버지였다면 혹시 용서받을 일말의 가능성이 있을지 모르겠지만 제사장으로서, 사사로서는 아니다. 하나님이 두 번씩이나 경고를 하고 기다린 것만 해도 오래 참으셨다.

엘리의 이 짜증스런, 제 자식 끼고 돌기 때문에 빚어진 비극은 치명적이다. 그 때문에 이스라엘이 블레셋에게 패했고, 하나님의 법궤까지 빼앗기고 말았다. 전쟁에 나간 무수한 청년들이 도륙을 당하는 슬픔을 당했고, 허다한 부모가 눈물 흘려야 했다. 모두 제 새끼만 예뻐하고 감싸고 돈 죄 때문이었다. 미안한 말이지만, 엘리와 그의 집안이 저주를 받은 것은 지극히 온당하다 하지 않을 수 없다.

포스트모던한 시대 탓을 하며, 그저 내버려두면 잘 될 거라고 믿는 알량한 마음이 결국 어떤 미래를 빚어낼지는 신이 아니니 나도 잘 모르겠다. 다만 성경에서 '꼭', '반드시' 이리이리 해야 한다고 명확하게 말하고 있는 것은 안다. 시대가 포스트모던하든 구닥다리 옛날이든 변하지 않는 것이 있다는 것 정도는 분명히 알고 있다.

홉니와 비느하스가 '불량한 아들'인 것은 맞다. 하지만 자식의 죄로 부모를 벌하지 않고, 부모의 죄로 자식을 벌하지 않는 하나님이다. 엘리는 그 자신이 바로 '불량한 인물'이었기에 징벌을 받았다. 엘리 이야기는 불량한 부모가 불량한 자식을 키워낸 이야기인 것이다.

어쩌면 이 모든 사달이 홉니와 비느하스, 그리고 윤공의 세 아들이 '불량 아들'이었기 때문이 아니라, 아버지 엘리와 윤공이 '불량아'였기에 벌어진 일일지도 모르겠다. 포스모던한 시대에는 '불량 아들'보다 '불량아'들이 더 치명적일지도 모르겠단 생각이 든다. 한번 진지하게 고민해보시라. 아버지와 아들 중 누가 더 불량한지 말이다.

조선시대 평민들은 기억을 통해 입에서 입으로 전해지는 이야기를 듣고 말했다. 이를 '설화說話'라고 한다. 양반들도 그런 이야기를 듣고 말했지만, 그들은 문자를 알고 있기에 말로만 전하지 않고 기록하기도 했다. 조선시대 양반들이 한문으로 기록한 짧은 이야기들을 '야담野談'이라고 한다.

이야기를 듣고 말하는 것은 인간 본성에 걸맞은 일이라, 양반들이 많은 야담을 남겼는데 이런 야담을 모아 편집한 야담집이 조선후기에 많았다. 『청구야담靑邱野談』, 『계서야담溪西野談』, 『동야휘집東野彙輯』 같은 야담집들 모두 한문으로 기록되어 있다.

본문에서 다룬 〈황주목사계자기〉가 실린 『삼설기』는 한문이 아닌 한글로 된 이야기 모음집이기에 연구사적으로 특별하다.

『삼설기三說記』는 1848년 방각본坊刻本으로 만들어져 유통된 한글 단편소설집으로, 판본에 따라 수록된 작품이 조금씩 다르지만, 〈삼사횡입황천기三士橫入黃泉記〉, 〈황주목사계자기黃州牧使戒子記〉, 〈서초패왕기西楚覇王記〉, 〈삼자원종기三子遠從記〉, 〈노처녀가老處女歌〉 등이 실려 있다.

목적이 이끄는 삶의 피곤함

왜 사냐고 물으면 차라리 웃을까

심리학자들의 말에 따르면 대강 사십 대 후반 즈음이 되면 '난 왜 살지?'라고 고민한다고 한다. 고민하느라 괴로운 사람들에겐 '그저 지나치는 인생의 과정'이라는, 주변의 건조한 논평은 별로 위로가 되지 않는다. 간혹 주변에 인생이 무엇인지, 삶이 무엇인지, 우리가 왜 사는지에 대해 깨달은 분들이 계신 것 같다. 시인 김상용金尙鎔(1902~1951)도 그렇다. 〈남으로 창을 내겠소〉라는 시를 보자.

남(南)으로 창(窓)을 내겠소.
밭이 한참갈이
괭이로 파고
호미론 풀을 매지요.

구름이 꼬인다 갈 리 있소.
새 노래는 공으로 들으랴오.
강냉이가 익걸랑
함께 와 자셔도 좋소.

왜 사냐건
웃지요.

시골에 묻혀 사는 사람에게 어떤 친구가 찾아왔던 것 같다. 와서 한다는 소리가 "이 답답한 양반아, 왜 이렇게 살아?"라며 타박 섞인 힐문을 하니, 그에 대해 멋들어진 답을 한 것이 바로 이 시다. 알아들을 생각이 없는 자에게 그윽한 삶의 깊이를 구구절절 말해봐야 입만 아프니 그저 웃는다는 의미다.

사실 이 시는 당唐나라 시인 이백李白(701~762)의 〈산중문답山中問答〉을 모티프로 했다. 한시의 상징성과 배경이 있어 의미를 제대로 설명하기가 쉽게 않지만 번역하자면 이렇다.

"그대는 왜 이런 깊은 산골에 사는가?"[問余何事棲碧山]
웃기만 할 뿐 답하지 않으니 마음이 절로 한가롭구나[笑而不答心自閑]
복사꽃 뜬 물이 아득하게 흘러만 가니[桃花流水杳然去]
인간 세상이 아닌 별천지가 바로 이곳이로구나[別有天地非人間]

이백의 시는 김상용의 시에서 보이는 전원적인 수준보다는 훨씬 더 깊은 의미를 담고 있기는 하지만, "왜 사는가?"에 대한 갈증을 풀어주지는 못한다. 이백이 그린 고졸하고 탈속한 삶의 모습이 부러울 뿐 어떻게 해야 그렇게 살 수 있는지는 말해주지 않는다.

사실 인간세상 어느 누가 인간 존재 본질의 이유를 말해줄 수 있겠는가. 이는 종교가 이야기해줘야 할 영역이다. 성경은 분명하게 말한다. 인간이 왜 사는지, 왜 살아야 하는지에 대해서 명확하게 말한다. 아마 한 번쯤은 들어봤을 거다.

"하나님의 영광을 위해서 산다."

이는 정답이다. 군말 붙일 생각 없다. 틀렸다고 생각하지도 않는다. 그러나 "하나님께 영광을 돌리기 위해 삽니다"라고 씩씩하게 말하는 청년들이 기특하기는 해도 솔직히 진심인지 묻고 싶을 때가 한두 번이 아니다. 정말 자신이 말하는 내용이 뭔지 알고나 그렇게 답하는지 궁금하다. 이를테면 이런 질문이다.

"어떻게 사는 것이 하나님의 영광을 위해 사는 것인가?"
"대체 왜 하나님의 영광을 위해 사는가?"

당연한 것에 공연히 딴죽 거는 것처럼 들릴지 모르나, 누구든 한 번쯤 고민해봐야 할 물음이다. 생각해보라, 하나님이 얼마나 영광이 부족하시면 나같이 한심한 작자가 돌릴 영광까지 받아 챙기시려 하신단 말인가? 내가 영광을 안 돌리면 하나님의 영광이 퇴색할까?

솔직히 말하겠다. 나는 예수 믿는 사람들이 하는 가장 큰 거짓말이 "하나님의 영광을 위해 산다"는 말이라고 생각한다. 애초부터 그 누구도 하나님의 영광을 위해 살 생각이 없어 보이기 때문이다. 정말 훌륭한 몇몇 분을 빼면, 말만 그럴싸하게 하는 구호처럼 들린다.

영광을 위해 산다는 입버릇만 가득한 이유는 간단하다. 그저 외웠기 때문이다. 하나님의 영광을 위해 산다는 것이 '정답'이고 그 정답에 하나님의 권위까지 얹혀 있으니 이를 부인하거나 반박할 수는 없다. 그래서 그냥 외웠다. 보통 그렇듯 외운 답에는 진심이 담기지 않는다. 그저 탁 치면 툭 나오는 기계적 프로세스일 뿐이니까. 교회는 하나님의 영광을 목표로 살아야 한다고 가르치고, 그것을 듣는 신앙인 아닌 교인들은 다음 둘 중 하나를 선택한다.

"그렇게 살아야 할 텐데……" 하는 마음으로 죄책감을 갖든지, 그런 죄책감이 싫어 무념무상하게 "아하, 그래……" 하며 귓등으로 흘려듣는 것이 익숙하도록 스스로를 만들든지.

이러니 당연히 우리는 하나님의 영광에서 멀어지고 하나님은 부담덩어리가 된다. 우리는 교회에 가서 '교인' 노릇을 하고 밖에 나가서는 '아무것도 아닌 사람'으로 산다. 무기력한 예수쟁이들이 도처에 즐비한 것이 이 때문이다.

주객 전도를 모르는 사람들

'신앙인' 말고 그냥 교회 다니는 '교인'들을 범박하게 둘로 나눠보자.

하나님이 두려워서 한껏 주눅 들어 끌려 다니는 그룹과 아예 하나님 말씀에는 귀를 닫고 무늬만 예수의 외투를 쓰고 다니는 그룹으로 나눌 수 있다. 당연히 둘 다 옳지 않다. 너무 단순하게 나눴다고 뭐라 하실지 모르겠는데, 다음 질문에 한번 진지하게 대답해보시라.

"예수 믿어 정말 행복하십니까?"

느낌 오시는가? 답을 뭐라 하셨는가? 내가 만나본 분들 중 "예수를 믿게 되어 너무너무 행복해"라고 말한 사람은 딱 한 명뿐이다. 물론 내 교유 범위가 협소하고 한심하기는 하지만 단 한 명이라는 것은 좀 심각한 문제다.

그분은 학교 선배인데 이름만 대면 알만한 큰 성결교회 장로다. 그 선배는 예수를 믿는 것이 정말 행복하고 신나는 일이라고 말한 유일한 사람이다. 물론 다른 분들도 많으시겠고 표현을 못한 분들도 있으시겠지만, 그렇게 진심으로 환호한 예수쟁이는 처음이었고 아직까지 유일하다. 선배는 남모르는 선행을 몇십 년째 해오고 있고 해외 선교사 후원도 오랫동안 해오고 있다. 매일 아침마다 나라·민족·이웃을 위한 기도를 잊지 않는다. 상당히 자유롭게 살지만 문란하지는 않다. 종종 물으면 "하나님의 영광을 위해 산다"고 답하지만 목적이 이끄는 삶이 주는 피곤함에 찌든 것 같지도 않다. 콕 집어 표현하자면 성경이 말한 대로 "좌로나 우로나 치우치지 않는(신5:32)" 삶을 사는 듯하다.

오랫동안 옆에서 지켜본 내 생각을 정리하면, 선배는 분명 하나님을 위한 삶을 산다. 하지만 거기에 얽매이지는 않는다. 하나님의 영광을 위해 살지만 그것이 목적이 아닌 것이다. 말장난처럼 느껴지는 분들은 다음 몇 가지를 한번 생각해보시라.

하나. 교통법규를 지키려고 운전하는 사람은 아무도 없다.

뚱딴지같은 소리로 들릴지 모르지만 이 말은 진실이다. 교통법규를 무시하라는 말이 아니고, 법규가 없어야 한다는 말도 아니다. 당연히 법규는 지켜야 한다. 하지만 그 법규를 지키려고 운전대를 잡고 도로에 나오는 사람은 단 한 명도 없다. 차를 타고 운전하는 이유는 '법규를 지키려는 목적' 때문이 아니라 '어디론가 가려는 본질적 이유' 때문이다.

때론 그냥 운전을 통해 머리를 식히려는 생각으로 차를 몰기도 하지만, 결코 교통법규를 지키는 멋들어진 모습을 보여주기 위해 운전하지는 않는다. 그런 자는 단 한 명도 없다. 있다면 미안한 말이지만 조금 이상한 분이다.

운전할 때 교통법규를 지키는 것은 본질이 아니라, 단지 필요한 일일 뿐이다. 스스로의 안전을 위해, 그리고 목적지에 온전히 가기 위해서.

둘. 문법을 지키려고 글을 쓰는 것은 아니다.

글쓰기도 마찬가지다. 꽤 많은 사람들이 글쓰기에 두려움을 갖는데, 그 이유가 '띄어쓰기나 문법이 틀리면 어떡하지?'와 같은 전전긍긍하는 마음 때문이다. 글쓰기를 아는 내 입장에서 보면 정말 가슴 아픈 일이다. 글을 쓰는 이유는 문법을 지키려고 쓰는 것이 아니다. 문법을 무시하라는 말이 아니라 문법이 목적이 되어서는 안 된다는 말이다. 문법은 지켜야 하지만 그것은 글을 쓰고 소통하는 데 도움이 되기 때문에 지키는 것일 뿐이다. 의사소통이 먼저고 법칙은 나중인데도, 사람들은 법칙이 두려워 글 쓰는 본질을 포기하거나 회피한다. 우선 글을 써야 한다. 틀린 문법은 나중에 고치면 된다. 그렇게 고치면서 하나씩 배우면 그만이다. 정말이다. 믿으시라.

셋. 우리는 민족중흥의 역사적 사명을 띠고 이 땅에 태어났다?

우리가 세상에 태어난 이유는 무엇일까? 우리가 세상을 사는 이유가 나라에서 정한 법률을 지키려고 사는 것인지 곰곰 생각해보시라. 법률을 우습게 알라는 것이 아님은 거듭 반복하는 말이다. 정말이지 우리가 국가 법률을 지키기 위해 매일매일 이렇게 열심히 사는 것인가? 아니면 우리가 세상을 잘 살기 위해 법률이 필요한 것인가? 답을 말할 필요도 없을 것이다. 우리는 그냥 우리가 살고 싶어서 사는 것이다.

세상에 태어난 이유도 그렇다. 법률을 지키려고 이 땅에 태어난 사람은 없다. 굳이 있다면 "우리는 민족중흥의 역사적 사명을 띠고 이 땅에 태어났다"는 〈국민교육헌장〉을 달달 외워야 했던 1970, 80년대에나 있었을지 모르겠다.

지금은 없다. 혹시 살다보면 민족중흥의 위대한 대업을 할지도 모르나, 그걸 하자고 태어난 것은 아니다.

교통법규를 잘 지키는 모습을 뽐내기 위해 차를 몰고 나오는 사람은 단한 명도 없지만, 문법을 지켜야 한다는 강박관념 때문에 본질인 글쓰기를 망치는 사람들은 여럿 있다. 하나님의 법칙을 지키지 않으면 천벌까지는 아니어도 하나님의 영광을 가리는 것이니 조심해야 한다며 전전긍긍하는 사람들은 부지기수다.

아마 이젠 아실 듯한데, 하나님이 정한 규칙을 무시하라는 말도 아니고 규칙이 필요 없다는 말도 아니다. 종종 그 규칙을 지키려고 인생을 사는 사람들이 있는데, 미안한 말이지만 어딘가 좀 이상해 보인다. 국민교육헌장을 무조건 외워야 했던 사람들처럼 말이다.

행복은 '더하기'다

　사람들은 행복하기를 원한다. 행복하게 살기를 바라지만 정작 주위엔 불행하다고 느끼는 사람들이 더 많다. 불행히도 우리나라 자살률이 전세계 최고인 것만 봐도 그렇다. 왜 사람들은 행복하기를 바라면서도 행복하지 못할까? 훌륭한 분들의 여러 분석이 있지만, 내 생각엔 사람들이 '행복하게 살려' 하기보다는 '불행하지 않게 살려' 하기 때문인 것 같다. 행복하게 산다면서 실은 불행하지 않기 위해 살기에 행복과 멀어지는 것이다. '행복한 것'과 '불행하지 않은 것'은 동치 개념이 아니다. 같아 보이지만 완전히 다른 말이다. 행복하려면 '더해야' 하지만 불행하지 않으려면 '빼야' 한다.

　우선, 불행하지 않은 삶을 산다는 것은, '이러면 괴로우니 하지 말자'나 '그런 일 때문에 불행해지니 그것을 없애자' 같은 무수한 생각이 머리를 꽉 지배하는 거다.

　　"아이들이 좋은 대학에 진학하지 못하면 괴롭게 살 거다. 행복해지려면
　　좋은 대학에 가야지."
　　"편식하면 건강을 해칠 수 있어. 아프면 행복하지 않으니까."
　　"그 일은 위험해. 안 돼, 하지 마. 다칠 수 있거든."

　느꼈겠지만, 틀린 말은 아니다. 필요한 말이기도 하다. 머릿속에 이런 말만 가득한 것이 심각한 문제다. 언뜻 보면 이런 말들 중에 '긍정형'인 것도 있지만, 그 속내는 다 '부정형'이다. 긍정적인 척 무엇을 해야 한다고

말하지만, 그 바탕엔 어떤 것이 두려워 그 일이 벌어지지 않기 위해서 그 무엇을 해야 한다는 식이다. 이러면 절대로 행복할 수 없다. 온 세상 먼지를 싹 다 닦아내겠다는 소리이기 때문이다.

세상엔 먼지가 있다. 늘 있다. 아무리 깔끔하게 세탁해서 차려 입어도 하루를 지내다 보면 먼지가 묻는다. 그러지 않을 수 없다. 그런데 '불행하지 않게 살려는 사람'들은 그 먼지가 묻으면 안 된다고 하는 사람들이다. 먼지가 붙으면 안 되니, 몰아내고 떨쳐내고 없애야 한다는 거다. 세상 모든 먼지를 매의 눈으로 잡아내서 몰살시키겠다는 그 놀라운 의지는 감탄스러우나 아둔한 짓이다. 무엇보다 서글픈 것은 그런 힘겨운 노력을 해서 혹시 얻을지 모를 결과가 단지 '불행하지 않다'는 것뿐이다. 세상 사는 이유가 먼지와의 싸움인 것이다. 왜 태어났느냐고 물으면 먼지와의 전쟁이라고 말할 것이다. 행복? 묻지 마시라.

달란트를 쓸 것인가, 묻을 것인가?

'불행하지 않은 삶' 말고 '행복하게 사는 삶'은 어떤 걸까? 답은 놀랍게도 성경의 달란트 비유에 들어 있다. 〈마태복음〉 25장에 기록되어 있는 천국 비유 시리즈 중 하나인 그 유명한 달란트 비유 말이다.

어느 주인이 있었다. 먼 나라에 떠날 일이 생겨 종들을 불러 자신의 재산을 맡기며 잘 돌보라 했다.

각각 그 재능대로 한 사람에게는 금 다섯 달란트를, 한 사람에게는 두 달란

트를, 한 사람에게는 한 달란트를 주고 떠났더니 (마25:15)

어릴 적에는 이 비유를 들을 때마다 조금 성질이 났다. 누구에겐 다섯 개 주고 누구에겐 두 개, 한 개를 줬다는 것 때문이었다. 고등학교에 들어간 후에는 내 생각이 잘못이란 걸 알았다. 한 달란트도 엄청나게 큰돈이었다는 것을 알았기 때문이다.

달란트talent는 큰돈이었다. 당시 화폐 가치에 대한 논의가 분분하고, 당시 물가를 지금과 고려하면 편차가 있기는 하지만, 한 달란트는 성인 남성이 이십 년 정도 일하고 받을 품삯이라고도 하고, 대충 이십 억 정도 된다고 추산하기도 한다. 어마어마하게 큰돈인 것이다. 그러니 한 달란트도 받을 만큼 받은 거였다.

그래도 한 개보다는 다섯 개가 더 낫지, 하는 욕심도 부렸지만, 나이를 좀 더 먹은 후에는 그것이 감당 못할 일이란 걸 알았다. 다섯 개 받은 자는 다섯 개를 더 벌어 열 개를 주인에게 돌려주었고, 두 개 받은 자는 두 개를 더 벌어 네 개를 돌려주었다.

솔직히 난 자신이 없다. 한 개만 해도 벅찰 것 같았다. 그래서 한 달란트 받은 자의 심경이 이해되었다.

한 달란트 받은 자는 가서 땅을 파고 그 주인의 돈을 감추어 두었더니 (마 25:18)

문제는 주인이 돌아온 후였다. 주인이 결산을 했다. 그리고 익히 아는 대로, 다섯 달란트 받은 자와 두 달란트 받은 자는 "착하고 충성된 종아(마

23:21,23)"라며 큰 칭찬을 받았다.

놓치지 말아야 할 것은 주인은 열 개를 가져온 종이나, 네 개를 가져온 종이나 똑같이 칭찬했다는 점이다. 엄청난 부자인 주인 입장에선 그깟 열 개냐, 네 개냐는 사소한 일이었으니 말이다. 이익을 낸 액수가 문제가 아니라 이익을 내려고 노력한 과정과 열정이 문제일 따름이었다.

한 달란트 받은 자가 문제였다. 그는 그냥 한 개를 가져오며 이렇게 말했다.

한 달란트 받았던 자는 와서 이르되 "주인이여 당신은 굳은 사람이라 심지 않은 데서 거두고 헤치지 않은 데서 모으는 줄을 내가 알았으므로 두려워하여 나가서 당신의 달란트를 땅에 감추어 두었었나이다. 보소서 당신의 것을 가지셨나이다." (마25:24~25)

꽤 많은 사람들이 달란트 비유의 핵심을 오해하는데, 심지어 한 달란트 받은 종이 이렇게 당당하게 주인에게 말하는 것을 두고, 사리를 정확하게 따지는 현대적 가치라고까지 말하기도 한다. 말도 안 되는 소리다. 종의 말을 다시 살펴보라. 궁지에 몰려 되도 않는 평계를 대며 변명하는 소리지, 무엇이 정당한 모습이란 말인가?

그래도 주인을 향해 문제점을 조목조목 짚으며 당당하게 말한다고 여전히 느껴지신다면, 한 가지만 대답해보시라.

주인이 떠나 있던 동안 이 종은 무엇을 먹고 살았을까?

그렇다. 이 종은 주인의 것을 제 것처럼 먹고 마시며 지냈다. 주인의 권위와 주인집의 보호 속에서 팽팽 놀며 지냈다. 그래도 여전히 미심쩍다면 한 가지만 더 생각해보시라. 혹시 집에 서른 넘어서도 일은 않고 '밤엔 뭘 했는지, 해가 '똥구녕'을 찌를 때까지 잠만 퍼 자고 있는 놈팡이 아들 놈'이 있는 분이시라면 대번 아실 게다. 자식이지만 그 아들이 뭘로 보이시는 가? '놈'도 많이 봐준 표현 아닐까? 입가에 침이 말라붙은 채로 밥상 다 치운 후에 어기적거리며 나오는 면상을 보면 절로 욕이 튀어나오지 않을까? 그러고도 한다는 소리가 부모가 어쩌고저쩌고 해댄다면 '저 놈의 주둥아리를 싹싹 비벼 놓고 싶'지 않으실까? (고백하자면, 따옴표 안의 말들은 모두 내 모친께서 종종 하시던 말씀이다. 알아서 생각들 하시라.) 부모 자식 간에도 이런 심정인데 주인이 종을 볼 때 무슨 심정이 되겠는가.

성경은 주인의 분노를 이렇게 설명한다.

그 주인이 대답하여 이르되 "악하고 게으른 종아 나는 심지 않은 데서 거두고 헤치지 않은 데서 모으는 줄로 네가 알았느냐? 그러면 네가 마땅히 내 돈을 취리하는 자들에게나 맡겼다가 내가 돌아와서 내 원금과 이자를 받게 하였을 것이니라" 하고 (마25:26~27)

계산 빠른 어떤 분들은 이 구절을 가지고 금리 계산을 해서 대충 이자가 일 년에 육천만 원 정도 되니, '은행에 맡기기라도 하지'라며 주인의 말을 곡해한다. "육천만 원 정도면 네 먹고 살 것은 되었을 텐데, 그것도 하지 않았단 말이냐"라고 주인이 말했다고 생각한다. 한참 헛다리짚은 거다. 주인의 이 말은 질책하는 말이고 비꼬는 말이다. 주인이 하고 싶은 말은 다섯 달란트나 두 달란트 받은 자에게 했던 말과 같은 뜻이다.

"너는 왜 네가 받은 달란트를 활용하지 않았느냐?"

주인은 일하지 않은 그 게으름을 탓한 것이다. 충분히, 적절히 '각각 그 재능대로(마25:15)' 주었는데 그것을 사용하지 않은 무기력과 방기를 혼냈던 것이다.

만약, 다섯 개 받은 자가 다섯 개 이익이 아니라 적게 이익을 냈다면 주인이 혼을 냈을까? 혹시 일하다가 원금까지 다 날려버렸다면 혼을 냈을까? 아니다. 절대 아니다. 주인은 이익을 남기라고 달란트를 준 것이 아니다. 주인은 재산이 넘치고도 넘치는 양반이다. 주인이 달란트를 준 것은 자신의 종들이 각자 자신의 재능에 맞게 최선을 다해 살기를 바라서였다. 노파심에 덧붙이자면, 다섯 개 받은 자는 절대 원금까지 날려버리지 않는다. 이유는 주인이 '그 재능대로' 잘 알아서 주었기 때문이다. 물론 인간 세상에서는 손해도 있고 실패도 있다. 아무리 똑똑하고 현명한 주인이라도 잘못 볼 수 있고, 주인의 혜안이 옳았어도 인간 세상에 부득이한 변수는 차고도 넘친다. 그러니 실패를 볼 수도 있다.

하지만 아니다. 예수는 천국을 비유했다. 주인은 하나님이고 종들은 우리이다. 그렇다. 하나님은 우리를 너무나도 잘 알아서 '각각 그 재능대로' 우리에게 달란트를 맡겨 주셨다. 여기에 잘못은 없다. 실패도 없다. 문제는 단 하나다. 재능대로 일을 할 것인가, 아니면 그냥 땅에 묻어 놓을 것인가 뿐이다.

이제 달란트 비유의 마지막 핵심을 찾아보자. 한 달란트 받은 자는 왜 자신의 달란트를 땅에 묻었을까? 이 물음의 답에 핵심이 숨어 있다. 성경은 '두려워서'라고 답한다. 앞서 인용한 구절을 다시 한 번 잘 살펴보자.

> 한 달란트 받았던 자는 와서 이르되 "주인이여 당신은 굳은 사람이라 심지 않은 데서 거두고 헤치지 않은 데서 모으는 줄을 내가 알았으므로 두려워하여 나가서 당신의 달란트를 땅에 감추어 두었었나이다. 보소서 당신의 것을 가지셨나이다." (마25:24~25)

한 달란트 받은 자가 일을 하기 싫어 땅에 달란트를 묻은 것이 아니다. 다른 종들보다 적게 받은 것에 맘이 꽁해져서도 아니다. 무서워서였다. 그는 자신이 받은 한 달란트를 '잃어버리면 어쩌지?', '실패하면 어쩌지?' 하는 걱정에 그 달란트를 땅에 묻었던 것이다. 그가 무서워졌던 이유는 실패에 대한 두려움이었다. 두려움은 인간이 피할 수 없는 본성이기도 하다. 이 종의 잘못을 충분히 이해할 수 있다. 하지만 그는 잘못했다. 아주 큰 잘못을 저질렀다. 그는 주인을 믿었어야 했다. 그는 믿지 못했다. 주인이 '각각 재능대로' 주었다는 것을 신뢰하지 못했다. 나보다 더 날 아는 주인이 계시다는 것을 잊었다. 왜 달란트 비유가 천국을 비유한 것인지 이제 분명해졌다. 신뢰와 믿음의 이야기인 것이다.

하나님의 자녀라면서 로봇이 되려는 사람들

"왜 사는가?" 물었을 때, 하나님의 영광이 삶의 목적이고 그 목적을 위해 우리 인생이 달려가야 한다는 말을 들을 때마다 참 갑갑하다. 정답은 알겠는데 납득이 안 된다. 하나님의 영광을 위해 산다는 것이 '긍정형'처럼 보이는 '부정형'이기 때문이다.

하나님의 영광을 위해 살려 하니, 우선 하나님의 영광을 가리지 않기 위해 온갖 애를 쓴다. 좋은 일이고 바람직하다. 하지만 앞뒤가 바뀌었다. 전도하기 위해 교회 다니는 사람 없고, 부모에게 효도하기 위해 세상에 태어난 사람 없다. 하나님의 은혜가 감격스러우니 그것을 전할 뿐이고 부모님의 큰 사랑에 부응할 뿐이다. 그런 행동 그런 부응으로는 결코 하나님의 은혜를 다 갚을 수 없고 부모님의 사랑을 다 알 수 없다.

무엇보다 본질적으로 죄인인 우린 하나님께 영광을 돌릴 만한 능력을 지니고 있지 못하다. 생각해보라. 세상 어느 누가 자신이 죽을 때 '하나님의 영광을 위해 살았'고 감히 말할 수 있단 말인가? 부족한 죄인인 우리가 어떻게 감히 하나님의 영광에 참여할 수 있단 말인가? 대체 우리는 가능한 것에 도전하고 있기는 한 것인가? 아무리 자식이 효도를 해도 부모의 은혜를 갚을 수 없는 것처럼 말이다. 이러니 하나님의 영광을 위한 삶, 목적이 이끄는 삶을 살아야 한다는 말은 정답이지만 오답이다.

태어날 때부터 정해진 길, 정해진 방법, 정해진 목표가 있고, 반드시 거기로 가야 한다면, 아무리 좋게 포장해도 인간이 그냥 '로봇'일 뿐이다. 하나님의 노예 로봇 말이다. 그런데 아무리 생각해봐도, 하나님이 나를 노예로 삼으려고 창조하셨다고는 눈곱만치도 생각되지 않는다. 내 멋대로, 내 맘대로 사는 모습을 너그러운 웃음으로 푸근한 미소로 바라보시려고 창조하셨다고 나는 믿는다.

하나님은 자녀인 우리들이 행복하기를 바라지 불행하기를 바라지 않는다. 그건 분명하다. 그런데 우리는 왜 행복보다는 불행과 더 가깝게 지내는 걸까? 과연 행복이란 무엇일까?

성경은 말했다. 행복하고 싶으면 자기 달란트를 가지고 열심히 일을 하라고 말했다. 자기 달란트를 잃을까 두려워 땅에 묻는 것은 불행으로 가는 지름길이라고 분명히 말했다. 그런데 불행하고 싶지 않아 한 일이 불행으로 가는 지름길이라니, 아이러니도 이런 아이러니가 없다.

'불행하지 않은 삶'은 빼는 삶이다. 문제의 소지를 없애려는 삶이고, 목적이 이끄는 것에 매여 끌려다니는 수동적 삶이다. 잘해야 중간이다. '행복한 삶'은 더하는 삶이다. 무언가 하는 삶이고, 자신에게 주어진 달란트를 마음껏 향유하는 능동적 삶이다. 여기에 기쁨이 있다.

무엇을 할지는 스스로가 잘 안다. 하나님이 각자 자신들에게 '그 재능대로' 이미 주셨으니 그것을 찾아 누리고 즐기면 된다. 그림 잘 그리는 재능을 받은 사람에게 노래를 불러 하나님께 영광 돌리라고 하는 일은 없다. 하나님은 이상한 양반이 아니다. 미술 재능을 주셨다면 그것을 하라고 주신 것이고, 음악 재능을 주셨다면 노래를 부르라고 주신 것이다. 하나님은 현명하고 사리가 분명한 분이다.

행복하기 위해서는 자신이 가지지 못한 것에 한탄하지 말고, 자신이 가진 것에 감사하며 그 달란트에 집중해야 한다. 행복한 것은 자신이 하고 싶은 것에 열정을 쏟으며 나아가는 것이다. 실패할 수도 있고 좌절할 수도 있지만 행복은 그 과정에서 이루어진다.

하나님은 당신이 행복하게 살기를 원하신다. 진짜다. 훗날 하나님을 뵈면 꼭 물어보시라. 누구 말이 맞는지 말이다.

율법을 지키는 삶과 얽매이는 삶은 아주 다르다

여전히 맘이 복잡한 분들을 위해 군더더기 둘을 붙인다.

하나.

아버지에게 자식은 사랑스럽다. 늘 사랑스럽다. 자식이 말을 잘 들으면 당연히 사랑스럽지만, 말을 안 들어도 사랑스럽고 심지어 말썽을 부려도 사랑스럽다. 물론 속상할 때도 있지만, 자식은 늘 사랑 덩어리다. 아프면 아픈 대로 부족하면 부족한 대로 사랑스럽고 귀하다. 간혹 그렇지 않은 아버지도 없지 않지만, 그 아버지는 하늘 아버지가 아니다.

걱정 마시라. 하나님은 좋은 아버지다. 당신이 그렇게 믿든 안 믿든 좋은 아버지는 늘 당신을 사랑하신다. 실수하고 엇나가도. 탕자의 비유에서 아버지가 돌아온 탕자 아들을 받아준 것보다 더 중요한 핵심은 그 아들을 무척이나 사랑했다는 사실이다.

둘.

하나님은 사람을 위해 율법을 주셨다. 모세에게 십계명을 주신 것은 백성들을 괴롭히고 옥죄려고 하신 것이 아니었다. 하지만 사람들은 율법의 본질을 잊고 형식에만 집착했다. 그러니 괴롭고 힘들었다. 허다한 선지자들이 와서 율법대로 살라고 외쳤지만 백성들은 잠시 뿐이었다. 율법이 틀려서가 아니라 율법대로 살 수 없었기 때문이다. 그래서 세상엔 의롭게 사는 의인이 한 명도 있을 수 없었다.

기록된 바 의인은 없나니 하나도 없으며 깨닫는 자도 없고 하나님을 찾는 자도 없고 다 치우쳐 함께 무익하게 되고 선을 행하는 자는 없나니 하나

도 없도다. (롬3:10~12)

그래서 하나님은 자신의 아들 예수를 이 땅에 보내셨다. 율법이 아닌 믿음으로 구원을 받으라 하셨다. 이로써 구약 시대에서 신약 시대로 바뀌었다.

지금 우리는 율법이 아닌 예수를 믿는, 믿음으로 사는 시대에 살고 있지만, 여전히 율법대로 살려는 사람이 있다. 불가능에 도전하는 일이다. 율법대로 살려 하면, 우리는 문어도 먹으면 안 되고 오징어도 먹어서는 안 된다. 선짓국도 곤란하다. 먹으면 큰 죄를 범하는 셈이다. 무엇보다 예루살렘 성전에서 예배를 드려야 한다. 계율이니 말이다. 하지만 우리는 그러지 않는다. 하루에 네 번씩 메카를 향해 머리를 조아려야 하고 평생에 단 한 번이라도 메카에 가지 않으면 구원받을 수 없다는 계율이 있는 무슬림과 우리는 다르다.

그럼, 율법은 사라진 것일까? 예수는 율법을 몽땅 없앤 것일까? 아니다. 예수는 사역하는 내내 강조했다. 자신이 율법을 폐하려고 온 것이 아니고 오히려 온전하게 하려고 왔음을 말이다.

"내가 율법이나 선지자를 폐하러 온 줄로 생각하지 말라. 폐하러 온 것이 아니요, 완전하게 하려 함이라." (마5:17)

바울 역시 이렇게 말했다.

"그런즉 우리가 믿음으로 말미암아 율법을 파기하느냐. 그럴 수 없느니라.

도리어 율법을 굳게 세우느니라." (롬3:31)

우리가 운전하는 이유가 교통법규를 지키려는 것은 아니지만 운전할 때 신호를 준수하듯이, 믿음으로 사는 우리는 성경 말씀대로 살고자 노력한다. 비록 부족해도 말이다. 그것이 목적은 아니지만 말이다.

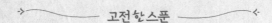

고전한스푼

당唐나라 이백李白은 천재 시인이란 말이 무색할 정도로 탁월한 시인이다. 작품도 무척 많이 남겼는데, 다작이면 졸작도 있으련만 하나같이 명편들이다. 그래서 사람들이 이백을 '시선詩仙'이라 숭앙했다.

이백이 평생을 유유자적하며 방랑했기에 사람들은 그가 죽을 때도 멋들어진 시인답게 죽었을 거라고 여겼다. 그리하여 양자강揚子江 채석기採石磯에서 뱃놀이를 하다가 강에 비친 달그림자를 잡으려고 뛰어들어 익사했다는 전설이 만들어졌다. 하지만 이백은 말년에 종숙從叔인 이양빙李陽氷에게 의지해 지내다가 여느 사람들과 마찬가지로 병들어 죽었다.

예수의 황당한 부탁과 무모한 사람들

부활 승천, 그리고 야속한 부탁

'기름 부음을 받은 자'라는 뜻의 메시아Messiah는 민족과 세상을 구원할 사람이란 의미를 담고 있다. 곧, 메시아는 '구원자'라는 뜻이다. '메시아'라 하면 예수를 생각하지만, 그건 지금에나 그런 것이고, 예수 전후를 비롯한 당대 이스라엘에는 메시아가 한둘이 아니었다. 당시에 메시아 운동도 전개되었는데 어려운 처지에 놓인 나라와 민족을 구하겠다는 열망이 특정 인물을 중심으로 촉발되었다.

특히 예수 당시에는 그런 메시아 운동이 많았다. 일제강점기 나라를 되찾기 위한 노력처럼, 예수 출생을 전후한 이스라엘 지역엔 이민족의 압제에서 벗어나기 위한 방편의 일환으로 메시아 운동이 왕성했다. 심지어 '예수 운동'보다 더 큰 경우도 꽤 많았다. 하지만 그런 운동들은 결국 다 사그라져 소멸하고, 결국엔 예수를 믿는 우리들의 이 '운동'만 남았다.

왜 그랬을까? 왜 수없이 많은 운동들이 종교적 열정과 노력, 구체적 실천에도 불구하고 지속되지 못하고, 오직 지금의 예수교, 즉 기독교[Christianity]만 남았을까?

그 답은 예수보다는 예수 이후에 있다. 예수 운동체인 기독교가 다른 종교와 달리 특별했던 점을, 신학자들은 예수 사후 이루어진 초기 제자들의 행동에서 찾는다. 유명한 베드로와 바울 등 말이다. 〈사도행전〉에 기록된 놀라운 일들이 바로 그것이다. 병을 고치고 죽은 자를 살리는 기적을 베푸는 스펙터클을 말하는 것이 아니다. 그것도 중요하지만, 아니 정확하게는 그것은 별로 중요하지 않고, 가장 핵심적인 것은 '예수를 따르려는 제자들의 충심', '마음'이었다. 너무나도 무모한 '마음'이었다.

예수를 처음에 따랐던 제자들은 대부분 어부나 세리처럼 그리 멋지지도 않고 저명하지도 않은 그렇고 그런 자들이었다. 역시 그렇고 그런 메시아 운동처럼 이들도 자기 흥분에 따라나섰다. 스승 예수가 왕위王位에 오르면 한 자리씩 차지하겠다고 저들끼리 다퉜고 미워하기도 했다(막 10:35~41). 예수가 자신은 잡혀야 한다는 둥, 십자가에 죽어야 한다는 둥의 이야기를 할 때, 의심스러워하거나 걱정했고 때론 무슨 영문인지 감도 잡지 못하던 자들이 바로 이들이었다(마16:21~23). 지적 능력은 물론 상황 판단도 현저히 부족한 자들이었다.

알다시피 예수는 잡혔고 제자들은 놀람과 두려움에 머리를 감싸 쥐고 뿔뿔이 흩어졌다. 메시아 운동의 우두머리가 잡혀 죽었으니 운동은 끝난 것이었다. 인간은 먹고 살아야 한다. 그건 어느 때든 진리다. 도망친 제자들은 각기 제 살던 고향으로 갔다. 정확하게는 그렇게 '숨었다'. 그 상태로 상황이 잔잔해지고 세월이 안정되기를 기다렸다. 물론 다시 메시아 운동을 하려는 생각이 아니라, 잡혀 죽지 않으려는 숨죽임이었다.

다시 어부 일을 하며 그들은 무슨 생각을 했을까? 저버렸던 부모를 바라보는 그들의 심정은 어땠을까? 그들이 버리고 갔던 집안사람들은 그들에게 뭐라 했을까? 그들은 그들의 '열병과도 같았던 뜨거운 삼 년'을 어떻게 기억했을까? 후회했을까? 절망했을까? 예수란 청년을 애초부터 만나지 말아야 했다고 탄식했을까? 아니면 예수가 자신들의 말을 듣고 예루살렘에 올라가지 말든지 아니면 같이 도망쳤어야 했다고 생각했을까? 그도 아니면 강제로 예수를 끌고 광야로 도주해서 재기를 노렸어야 했다고 깊은 자책을 했을까?

모른다. 다만 그들 모두 절망과 후회와 괴로움에 빠져 있었다는 것은 분명하다.

이런 때에 예수가 나타난다. 분명 죽었을 텐데, 예수가 나타난 것이다. 예수를 바라보는 제자들은 그가 누구인지 알았다. 영혼이 온 것이 아니라, 정말로 '그의 말처럼' 부활해서 온 것임을 알았다(눅24:36~43). 영특하고 논리적이고 분석적인 도마만 의심했을 뿐(요20:24~29), 모두가 알았다. 예수가 정말 살아서 왔다는 것을(요21:12).

이젠 어떻게 할까? 다시 '예수 운동'을, 메시아 운동을 시작할까? 으쌰으쌰 힘을 내볼까? 그동안 여기저기 흩어져서 낙심하고 있는 동료들을 불러 모아 용기를 내라 북돋우며 "이제야말로 더 엄청난 기적이 일어났으니 우리가 이길 것이 분명하다"고 천하 만방에 외칠까? 어쩌면 그럴 생각이었을지도 모른다.

그런데 예수는 엉뚱한 말을 꺼낸다. 그야말로 뜬금없는, 그리고 언제나처럼 너무나 이해하기에는 어려운 말을 한다.

"내가 내 아버지께서 약속하신 것을 너희에게 보내리니 너희는 위로부터 능력으로 입혀질 때까지 이 성에 머물라." (눅24:49)

이러고 당신은 그냥 가신단다. 함께 하는 것이 아니라 하늘로 떠난단다. 아니 세상에, 이럴 수가! 같이 메시아 운동을 해야지 스승이 우릴 두고 어디로 간단 말인가? 우두머리가, 지도자가, 갑자기 들고 있던 깃발을 내팽개치고 어디로 간단 말인가? 부활했다는, 너무나도 기가 막히고 끝내주는 기적이 있는데 그걸 다 버리고 대체 왜 간단 말인가?

마음도 주변도 캄캄하게 어두운 그날 저녁 갈릴리 해변에서 예수는 그들에게 어려운 부탁을 한다.

"내 양을 먹이라." (요21:15~17)

예수의 말은 과도한 부탁이었다. 무책임한 말이었다. 자신은 떠나면서 누구에게 하란 소린가? 이 말은 제자들에게 너무나도 무거운 멍에를 지게 하는 말이었다. 이것을 교회에서는 '지상명령'이라고 말한다. 하지만 난 '황당한 부탁'으로 이해한다. 예수는 명령이 아니라 부탁을 했다. 위에서 내리꽂는 강한 명령이 아니라, 너희가 살길은 이것이라고 설득하고 당부하는 부탁 말이다. 다만 그것을 "같이 하겠다"는 것이 아니라 "이젠 너희만 해라" 아니 "이젠 너희가 해야 할 차례다"로 들리는 말이기에 너무 막막하다.

예수는 떠나버렸다. 정말 스승이 가버렸다. 하늘로 올라가버렸다. 남은 제자들의 마음은 난감하고 복잡했다. 승천을 바라보는 제자의 표정은 황홀함에 젖은 멋진 얼굴일 수 없다. 황당하고 암담한 모습이다. 이미 예수를 배반한 전력이 있는데, 또 다시 스승 예수의 부탁을 저버리기 곤란했을 것이다. 무엇보다 정말 모든 것이 예수의 말대로 되었으니 더 그랬다. 평소 그의 말처럼 '죽었고' 역시 그의 말대로 '다시 살아났으니' 예수의 말을 허투루 흘리기란 여간 힘든 일이 아니었을 것이다.

문제는 예수가 하늘로 올라갔다는 것이고, 그건 예수가 다시는 살아서 오지 않을 거란 강력한 메시지였다. 십자가에 못이 박혔던 예수는 숨이 끊어졌지만, 그의 말처럼 살아날 '수'도 있다고 생각했다. 그런 일말의 가능성을 품고 여자들이 이른 새벽 예수의 무덤에 찾아가지 않았던가.

이젠 아니다. 예수는 하늘로 올라가 버렸기 때문이다. 더 이상 세상 어디에도 예수가 없고, 이젠 정말 '스스로 뭔가를 해야 할' 때라는 것을 인정할 수밖에 없는 상황에 내몰린 거였다. 이러니 제자들의 심정이 무너지지 않을 수 없었다. 제자들이 이후에 어떻게 했는지는 우리가 성경을 읽어서 안다. 그래서 당연하고 쉬운 일이었다고 생각한다. 하지만 전혀 그렇지 않다. 대체 이 제자들은 무너지는 답답한 심정을 가지고 어떻게 지금과 같은 기독교가 되도록 '예수 운동'을 할 수 있었을까?

운명론에 갇힌 사람들

전쟁은 사람의 마음에 상처를 남긴다. 죽은 사람들도 불행하지만 살아남은 사람들도 불행하다. 오히려 살아가야 하기에 상처가 더 크고 깊다 할 수 있다. 임진왜란과 병자호란을 겪은 조선시대 사람들도 그랬다. 그들은 다양한 방법으로 마음의 극복을 꾀했는데, 그 하나가 소설이다. 이야기를 통해 마음의 치유를 도모했던 것이다. 왜란과 호란을 배경으로 한 소설들이 꽤 많았는데, 그 중 〈박씨전〉을 보자.

한양에 이득춘이라는 재상이 살았다. 어느 날 금강산에 사는 박처사가 그를 찾아왔다. 이득춘은 대번 박처사가 보통 사람이 아님을 알아보고는 박처사의 딸과 자신의 아들 이시백을 결혼시키기로 결정한다. 아버지 이득춘은 조선시대 일반적인 혼인처럼, 아들 의향을 묻지도 않았고 박처사의 딸을 보지도 않았다. 그냥 결정해버렸다.

얼마 후, 아버지가 아들 이시백을 데리고 며느리 박씨를 맞아오려고 금강산으로 향한다. 우여곡절 끝에 며느리 박씨를 맞아오는데, 그녀의 외모가 좀 문제였다. 사람이라고 하기 곤란할 정도로 끔찍했다. 꼭 우둘투둘한 두꺼비처럼 생겼다. 기겁할 정도로 생긴 박씨의 외모에 온 집안이 수군거리고 난리가 났다. 아버지 이득춘을 제외하고, 남편 이시백은 물론 집안 모두가 박씨를 박대했다.

박씨는 결국 집 안 깊은 곳에 따로 거처를 마련해서 여종 하나만 데리고 살았다. 그녀는 그곳을 '화를 피하는 곳'이란 의미인 '피화당避禍堂'이라 불렀다. 아마도 이때까지는 그 피한다고 한 '화禍'가 집안 식구들의 모진 구박을 뜻한다고 생각했을 것이다. 이후 진가가 드러난다.

사실 박씨는 천지음양의 조화를 깨우친 도술가였다. 그녀가 하지 못하는 일이 없었다. 끔찍할 정도로 못생겼던 것은 더러운 허물을 쓰고 있기 때문이었는데, 때가 되어 허물을 벗은 그녀는 상상하지도 못할 정도로 아름다운 미인이 된다. 온 집안이 다른 의미에서 또 한 번 뒤집어진다. 이렇게 아름다운 여인을 본 적이 없으니 말이다. 이러한 우여곡절 끝에 남편이시백과 같이 잘 지내게 된다는 것이 〈박씨전〉의 전반부다.

〈박씨전〉은 인조 때를 배경으로 하고 있는 역사소설로, 소설 후반부는 병자호란 이야기로 채워져 있다. 이야기는 우리가 익히 아는 역사적 사실처럼 진행된다. 나라가 혼란스러워 오랑캐가 쳐들어오고, 온 나라가 초토화되고, 백성들이 고초를 겪는다. 한양은 이미 청나라 오랑캐의 손에 넘어가 짓밟히고 만다.

이때 청나라 장수 용울대가 한양 도성 안에 있는 이시백의 집에 쳐들어온다. 집안 내외는 모두 피란을 떠났으나, 박씨와 그녀의 여종만은 바로 그 '피화당'에 있었다. 그야말로 박씨 부인과 여종은 죽든지 사로잡힐 상황이었다. 그런데 놀라운 일이 벌어진다. 여자라고 무시하고 달려들었던 그 사나운 청나라 장수 용울대가 박씨에게 죽임을 당하고 만 것이다. 비로소 사람들은 '피화당'의 '화禍'가 바로 병자호란인 것을 알았다. 그곳으로 숨거나 달려온 자들은 살 수 있었으니 말이다.

한편, 승승장구하며 인조를 남한산성까지 밀어붙이고 결국 삼전도三田渡에서 항복을 받아낸 용골대龍骨大는 동생 용울대가 죽었다는 소식에 깜짝 놀란다. 분노한 용골대가 벼락처럼 한양의 박씨 부인의 거처로 달려들어 공격한다. 하지만 용골대 역시 박씨의 놀라운 도술에 꼼짝 못해 죽을 지경에 처한다. 그는 결국 부인에게 거듭 사죄를 청하고서야 겨우 용서받아 달아난다. 그렇게 해서 용골대는 인조의 아들인 소현세자昭顯世子와 봉림대군鳳林大君, 몇 명의 대신과 부녀자들을 잡아서 제 나라로 돌아간다는 이야기다.

그런데 병자호란이 배경인 뒷부분을 읽다 보면, 갸우뚱하게 된다.

"아니, 박씨가 앞에 나서서 청나라 군사들을 모두 퇴치하면 되잖아? 왜 안 그런 거지?"

"용울대는 목을 잘라 죽이면서 왜 용골대는 살려준 거지?"

"설사 용골대는 살려준다 해도, 청으로 잡아가는 소현세자를 비롯한 사람들을 끌고 가지 못하게 할 수는 있었잖아? 왜 안 그런 거야?"

이런 의문과 질문이 끝없이 이어진다. 맞는 지적이다. 〈박씨전〉이 이렇게 맥 빠지게 된 것은 실제로 벌어진 역사적 사실을 거스르지 않고 창작하려 했기 때문이다. 병자호란 때 인조가 남한산성으로 쫓겨 갔다가 삼전도에서 항복을 하고 소현세자와 봉림대군이 잡혀간 것은 역사적 사실이다. 청나라 장수가 용골대龍骨大인 것도 역사적 사실이다. 이는 바꿀 수 없었다.

〈박씨전〉의 작자는 나름의 수완을 발휘했다. 멋지고 속 시원하게 청나라에 분풀이하기 위해 용울대라는 가상의 인물을 만들어 죽였다. 실존 인물인 용골대는 죽이지는 않지만, 비굴하게 목숨을 애걸하는 것으로 그려 냈다.

주인공을 여성으로 설정한 것도 작가의 의도였다. 근본적으로 인조가 항복하고 세자와 대군을 볼모로 잡아가는 것은 바꿀 수 없으므로, 의도적으로 주인공을 남성이 아닌 여성으로 설정하여 피화당 안에 있도록 했다. 남성이 주인공이라면 여기저기 다니면서 도술을 부릴 수 있으니 역사적 사실까지 어그러지게 되지만, 여성이라면 그녀가 있는 곳에 쳐들어올 때만 물리칠 수 있으니 말이다. 지금은 납득되지 않겠지만 당시 사대부가의 여성이 함부로 밖에 다니며 칼을 휘두르거나 전투를 벌인다는 것은 말도 안 되는 일이었다. 사실, 용울대를 죽이는 것도 부인이 직접 칼을 휘두른 것이 아니라 여종을 시켰다. 사대부 여인이 외간남자를, 그것도 오랑캐 장수를 직접 맞닥뜨린다는 것은 있을 수 없는 일이기 때문이다.

이렇게 작가는 역사적 사실을 거스르지 않으면서도 이야기를 만들려고 노력했지만, 여전히 찜찜할 수 있다는 생각을 어느 정도 했던지, 작가는 박씨의 입을 통해 이런 말을 전한다.

"우리나라 국운이 불운하여 이렇게 된 것을 어찌하겠는가. 이는 모두 하늘의 뜻[天命]이다. 운명이다."

'하늘의 뜻'인 '천명天命'이기에 어쩔 수 없이 명장 임경업이 죽임을 당하고, 인조가 항복했고, 세자와 백성들이 볼모로 잡혀가게 되었다는 설명이다. 이런 사고방식을 운명론運命論이라고 한다. 말도 안 되는 소리라 할지 모르지만, 이런 사고방식은 그 당시 잘 먹혀(?)들었다. 이해하고 인정하고 받아들였다. 납득했던 것이다.

운명론은 어느 정도 융통성은 있지만 결국 정해진 대로 흐를 수밖에 없다는 결정론이다. 운명론은 아무리 인간이 노력해도 일정한 한계 안에서의 몸부림일 뿐이란 뜻이다. 천지를 뒤집을 능력을 지닌 박씨 부인도 그 운명 안에 놓여 있었는데, 하물며 우리 같은 하찮은 삶이 뭐 어쩌겠느냔 여운이 꼬리를 드리운다. 맥 빠지게도 말이다.

실제 역사적 사실인 임진왜란, 병자호란 이후 괴롭고 처참한 심정에 어쩔 줄 몰라 했던 조선 백성들에게 위로와 희망을 주려고 지어진 소설이 바로 〈박씨전〉, 〈임경업전〉, 〈임진록〉이다. 가상이기는 하나 소설 속에서 적들을 맘껏 무찌르고 섬멸하는 흔쾌한 감정을 느끼게 하려 한 것이고, 또 사실 어느 정도 효과가 있었다. 소위 '정신적 승리'를 얻기도 했다.

"대체 왜 이런 일이 벌어진 것이란 말인가?"
"이 고통은 대체 무엇이란 말인가?"

이렇게 질문하는 이들에게 답으로 주어진 것이 하늘의 뜻이라는 운명론이다. 사람들은 이 운명론을 붙잡고 피폐한 상황을 버텨내고 정신적으로 극복하려 노력했다. 시간이 흐르는 동안 상처의 아픔이 아문 사람도 있지만 그렇지 못한 사람들도 있었다. 하지만 시간은 이 모든 사건과 사람들을 역사의 뒤안길로 보내버렸다. 전쟁 이후 태어난 자손들은 아픔과 괴로움을 흔적과 관념으로 이해했다. 그들에겐 현실이 아니라 단지 저만치 떨어져 존재하는 사건이었을 뿐이기 때문이다.

그렇게 조선의 무기력과 부정부패, 현실보다 명분만 좇다가 실패한 외교, 허위의식 등등이 묻혔다. 착하지만 어리석은 백성들은 '하늘 탓'을 하는 것으로 자위하고 넘어갔다.

혈액형인가? MBTI인가?

조선시대나 그랬고, 옛날 사람들이나 그랬다고 생각하기 쉽다. 그들을 생각하면 조금 답답하고 안쓰럽게 느껴진다고 생각하기 쉽다. 안타깝다 말하기는 쉽다. 지금처럼 개명한 시대에 살고 있는 우리는 그때 그 사람들과 다르다고 생각하기 때문이다.

과연 그럴까? 당연히 운명론을 좋아하는 사람은 없다. 정해진 운수대로 팔자대로 살라고 하면 누구든 발끈할 것이다. 그러나 그런 발끈함과 달리 우리 대부분은 운명론을 마음속에 새기며 살고 있다. 아니라고 부인할지 모르지만 실상은 그렇다.

사실 운명론은 늘 우리 주위를 맴돈다. 시대와 사회에 따라 새로운 옷으로 갈아입었을 뿐, 단 한 번도 떠난 적이 없다. 재미삼아 한다며 유행처럼 번지는 심리테스트 같은 것도 같은 맥락이다. 심리는 결정되고 규정되고 고정적일 것 같은 느낌을 늘 준다. 정답을 찾아야 할 것처럼 강박한다. 한동안 혈액형에 따라 사람을 나누었다. A형은 소심하고 어쩌고, B형은 활달하고 저쩌고 등등 말이다. 혈액형으로 사람을 규정하는 것이 과학적이지 않다는 말을 들어도, 통계적으로도 유효하지 않다는 결과를 알아도 신경 쓰지 않는다.

"그냥 재미야. 재미로 한 거지 누가 믿나?"

물론 말은 그렇게 한다. 하지만 맘속에 박힌다. 그리고 사람들을 규정한다. 때론 자기 자신도 거기에 가둔다. 관념 속에 자신을 배치하고 옥죄는 것이지만 스스로는 잘 모른다.

요즘은 MBTI 심리검사가 어쩌고 저쩌고로 바통이 넘어갔다. 일본인이 처음 말했다는 혈액형 성격 유형보다는 더 있어 보이고, 최신 심리학적 결과를 받아들여 만든 것이라 더 근사해 보인다. MBTI 검사는 더 믿을 만하다고 여긴다. 심리검사는 과학적인 것이 맞다. MBTI를 통해 인간의 성향과 마음을 찾아보려는 것도 필요한 시도이다. 하지만 실제 MBTI 검사는 떠도는 것보다 더 많은 문항으로 구성되어 있고, 그 결과 값을 해석하는 것이 그리 간단하지 않다는 것을 우리는 잘 모른다. 인간의 심리가 분분초초 바뀌고 변한다는 것도 쉽게 망각한다. 작년의 성격과 올해의 성격이 같을 수 없는데, 한번 MBTI의 성격 유형이 나오면 그것이 자신의 천성天性인 줄로 착각한다. 과학의 외피를 쓰고 있어 훨씬 더 거부할 수 없는 진실처럼 느낀다. 현 시대의 새로운 천명 사상이 MBTI라고 하면 너무 과도한 말일까?

조선시대 사람을 우습게 알지 마시라. 그들도 상당히 진지했고 나름 엄청나게 과학적으로 추론했으며 이 세상과 사회를 이해하고 읽어내려 노력했다. 그 결과가 하늘의 뜻, 천명天命이었다. 그 사회적 작동 메커니즘은 지금 우리가 장난삼아 하는 혈액형 심리 유형이나 MBTI를 비롯한 심리 검사의 규정을 받아들이는 것과 조금도 차이 없다.

프로이트는 과거를 말했고 라캉은 현재를 말했지만

인간의 마음을 학문적 도마에 올려놓은 최초의 인물은 지크문트 프로이트Sigmund Freud(1856~1939)이다. 그는 사람들이 그동안 주목하지 않던 정신, 마음을 파헤쳐 그 복잡다단한 것을 풀어내려고 했다. 인간의 내면과 의식을 분석해서, 현재의 심리적 '결과'가 과거 사건의 '원인'에 의해 빚어진다고 추론했다. 곧, 과거에 겪은 심리적 원인이 현재의 심리적 결과를 만들어낸다는 주장으로, 지금 들으면 너무 당연한 소리라서, 이것이 과연 학설이기나 하나 싶지만 당시에는 획기적인 설명이었다.

프로이트는 우리의 과거에 초점을 맞추었다. 인간의 심성·감정·인성이 대부분 유아기에 형성된다는 것이다. 그런 원인으로 인해 지금의 성격이 결정된다는 것이다. 프로이트의 학설을 두고 옳다 그르다는 견해와 판단이 곳곳에서 충돌하지만, 어떻든 그의 주장은 경청할 만한 타당한 설명이다. 그런데 프로이트의 학설을 배우면 배울수록 우리는 점점 더 과거에 집착하게 되는 아이러니를 겪게 된다.

"나도 모르던, 기억도 나지 않는 내 어릴 적 일이 내 모든 것을 결정했다."

솔직히 맘에 들지 않는다. 지금의 내가 어떤 노력을 해도 소용없단 말처럼 들리기 때문이다. 프로이트의 학설을 틀렸다고 강변하는 사람들의 마음속엔, 어쩌면 과거의 불가항력적인 사건들이 우리 발목을 잡고 있다는 끔찍한 괴로움이 가득 차 있을지 모른다. 과거의 기억에 몸서리를 친 경험이 있는 사람들이라면 더욱 그렇다.
더 곤란한 것은 이런 주장이다.

"나도 기억하지 못하는 그 어떤 사실이 지금의 나를 결정했다."

내가 모르는 일이 나를 결정했다니 그야말로 무서울 지경인데, 프로이트는 우리가 과거의 충격을 기억하지 못하는 이유가 그 충격과 사건을 '억압'해서 무의식에 넣기 때문이라고 설명했다. 그렇게 억압하지 않으면 살수 없기에 인간은 그런 방어기제defense Mechanism를 작동한다는 것이다.
적어도 나는 알고 있고 나도 기억하는 그 무엇 때문이라면 싫어도 대충 납득하겠지만 나도 모르는 일이 나를 규정했다니 난감하기 이를 데 없다. 운명론의 학문적 정당화라고 해도 될 성싶다. 물론 운명론은 태어날 때부터 정해졌다는 것이고, 프로이트는 태어난 후 어릴 적 겪은 일 때문이라는 것이 다르긴 하지만 말이다. 프로이트는 정신의 메커니즘을 우리 과거에서 찾았다. 한 마디로 프로이트는 과거를 주목하고 과거에 대해 말했다.

프로이트의 이론을 발전적으로 계승한 라캉Jacques Lacan(1901~1981)이라는 철학자가 있다. 그가 여러 주장을 했는데 조금 복잡해서 이 자리에서 모두 설명하기는 곤란하다. 다만, 프로이트와 차별점이 몇 가지 있는데, 그중 대표적인 것이 라캉은 현재에 초점을 맞췄다는 사실이다.

프로이트와 달리 라캉은 이렇게 생각했다.

"현재가 과거를 재구성한다."

어린 시절 기억은 사실 그런 일이 실제로 있었던 것이 아니라, 바로 지금 느끼는 감정을 과거에 투사해서 얻어지는 것이란 설명이다. 현재의 감정과 상황에 따라 과거의 감정과 기억을 지금 자기 마음속에 구성해내서 그것을 진실이라고 믿는다는 것이다. 프로이트는 과거 때문에 현재가 이렇게 되었다고 설명했는데, 라캉은 현재의 심리와 상황 때문에 과거를 맞춰서 기억해낸다고 한 것이다.

이해가 쉽지 않을 듯해서 한 가지 예를 들어 보겠다. 실제 내 경험담이다.

내가 대학 다니던 때는 정치적·경제적으로 어려운 시대였다. 학교 공부보다는 돌 던지는 것에 익숙했고 최루탄 냄새를 맡는 것이 꽃향기를 맡는 것보다 더 일상이었다. 종종 동맹휴학을 하기도 했다. 시험 거부도 있었다. 캠퍼스 곳곳에 종종 바리케이드가 쳐 있었다.

20년도 더 지난 후, 대학 동기들을 만난 자리에서 친구놈들이 내게 이런 말을 했다.

"얌마, 그때 너만 혼자 영어 시험 보러 바리케이드를 넘어 갔잖아."

이런 찬탄 섞인 핀잔을 자주 하곤 했다. 동맹휴학 중인데 나만 바리케이드를 넘어 영어 시험을 보러 갔단 말이었다. 솔직히 난 기억이 전혀 없다. 하지만 친구들 대부분이 다 그렇게 말했고, 그놈들이 그렇게 말하는 이유가 악의나 다른 의도가 있어 하는 말이 아닌 걸 알기에, 난 내가 바리케이드를 넘어 시험을 보러 갔다고 생각했다. 떠올려보니 눈앞에 바리케이드 쳐진 옛날 우리 학교 건물도 보이고 해서 그렇다고 믿었다. 뭐 사실 대단한 일도 아니라 심드렁하게 '그런가 보다' 하고 지나갔다. 다만, '바리케이드를 어떻게 넘었지?' 정도가 궁금했다. '옆으로 돌아서 갔나? 아니면 한쪽 다리를 들어서 휙 넘었나?' 아무리 생각해도 내 운동신경으로는 휙 넘었을 것 같지는 않지만, 그래도 그냥 믿었다. 내가 그랬다고 생각했다.

그러던 어느 날이었다. TV 드라마를 보다가 기억 속에서 퍼뜩 한 장면이 떠올랐다. 학교 어학실에서 헤드폰을 쓰고 열심히 영어 발음을 들으려고 애쓰며 시험을 치는 모습이었다. 요즘이야 외국인들이 주변에 많고, 외국에 다녀온 경험도 많은데다, 영어를 비롯해 외국어 교재가 넘치도록 있기에 이해가 안 되겠지만, 내가 대학 다니던 시절에 원어민 목소리를 듣는 경험은 정말 희귀한 일이었다. 거의 들어본 적이 없었다. 텔레비전에서 방송하는 할리우드 영화도 다 더빙한 것이라서, 내가 들어본 영어 발음이라곤 모두 한국인 선생님들의 발음뿐이었다.

내가 처음 외국인 영어 발음을 들은 것이 대학에서였다. 중간고사 시험을 보는 어학실에서 헤드폰으로 처음 들었다. 시험이었다. 그 원어민의 말을 받아쓰기도 하고 번역하기도 해야 하는 것이 그 시절 우리 영어 시험이었다. 그때 난 헤드폰 속에서 들리는 영어문장이 너무 빨라 제대로 알아듣지 못해 낙심했다. 처음 듣는 소리에 멍해서 시험시간인데도 주변을 둘러보았다. 다른 친구들은 어떻게 하나 싶어서였다. 나만 못 알아듣는 바보인가 싶어서였다.

내가 퍼뜩 기억해낸 장면이 바로 그날 내가 본 장면이었다. 분명 그때 나 말고 다른 친구들도, 그들이 누군지는 모르나, 열심히 머리를 조아리며 헤드폰을 쓰고 애를 쓰고 있었다. 그때 난 '아 짜식들은 잘도 들리나 보네' 생각했다. 그래서 더 낙심했던 기억이 났다. 틀림없다. 분명 그랬다. 그러니까 그 시험에 나'만' 바리케이드를 넘어 시험 보러 간 것이 아니라 꽤 많은, 아니 거의 대부분이 시험을 보러 간 것이 분명했다. 기억을 더 더듬어 보니 내가 기억하는 바리케이드는 우리가 영어 시험 보던 건물에는 쳐진 적이 없었던 것 같았다. 학교의 다른 곳에서 본 거였다.

몇 년 후, 다시 모인 동기 모임에서 또 바리케이드와 영어시험 얘기가 나왔다. 난 내가 다시 생각해낸 그때 상황을 말했다. "뭔 소리야, 난 너희들 뒤통수를 다 봤어." 그러자 친구들은 "그랬나?", "그럴 리 없는데?" 하며 고개를 갸웃거렸다. 놈들은 금방 기억해내지 못했다. 어쩌면 내가 거짓말을 한다고 생각한 놈도 있었을지 모른다.

중요한 것은 나와 친구들의 기억이 엇갈리는 이유가 무엇인가 하는 점이다. 누군가를 음해하고 누군가를 헐뜯고 누군가를 괴롭히거나 장난치려는 것이 아니라, 정말 그렇다고 자신은 믿는다는 점이다. 사실 그깟 시험도, 그깟 바리케이드도 지금은 하나도 중요하지 않은 옛날 추억들이니 그냥 웃고 지나가면 그뿐이다. 다만, 내 친구들의 기억은 어찌 된 것일까? 그들이 의도적으로 날 골리려고 한 것이 아니니 조작이나 고의는 아니다. 그렇다면 그들의 기억은 어떻게 생겨난 것일까?

핵심은 이것이다. 기억이란 무엇인가? 과거를 기억한다는 것은 과연 무엇일까? 우리가 떠올리는 기억은 정말 진실일까? 라캉은 이를 두고 '현재가 과거를 재구성한다'고 설명했다.

프로이트에 찌든 사람들이 라캉을 읽으면 조금 밝아진다. 가능성이 열린다고나 할까. 과거의 족쇄에서 벗어나서 현재를 주목하게 되니 말이다. 현재가 어떠하냐에 따라 과거를 기억해내고 소환해내고 이해해내니 말이다. 프로이트는 과거를 말했지만 라캉은 현재를 말했다.

예수는 미래를 말했다

과거에 얽매이는 사람은 운명론에 가장 의지하는 사람이다. 자신이 어떻게 할 수 없는 '그 무엇'이 모든 것을 결정해놓았고 도무지 뚫고 나갈 도리를 찾지 못한다. 현재에 주목하는 사람은 자신감이 있다. 하지만 때론 그 자신감이 쉽게 두려움이나 모멸감으로 바뀌기도 한다. 현재란 늘 낯설고 척박하고 개척해나가야 할 과제 같은 것이기 때문이다. 노력한다고 미래가 어떻게 될지 자신은 물론 누구도 장담할 수 없기 때문이다. 선한 자가 복을 받는 것도 아니고 열심을 낸다고 다 행복한 것이 아니란 것을 보아온 사람들은 낙심하기도 한다. 지금 살아가는 시간이 소중하긴 해도 그것이 앞으로 미래에 어떤 모습으로 펼쳐질지 모르기 때문이다. 현재란 결국 미래의 과거이기도 하니 말이다.

"지금 열심히 공부하지 않으면 미래는 없어."
"백 살까지 산다는데 난 이러면 나중에 어떻게 살지? 굶어죽는 것은 아닐까?"

이런 불안이 한도 끝도 없이 이어진다. 과거는 결정이나 되었으니 잊으면 그만이지만 현재는 지금 만들어가는 것이니 한없이 조심스럽고 한없이 피곤하고 또 한없이 반복되는 느낌이다. 해치워도, 해치워도 또다시 돌아오는 일처럼 눈앞에 쌓여만 간다. 선하게 살아도 끝이 아니라 또 선하게 살고 또 선하게 살고 또 다시 착한 마음을 품어야 한다는 것이 질리기까지 한다. 쳇바퀴에 올라 죽도록 달리지만 늘 같은 풍경을 바라보는 다람쥐 같은 신세처럼 생각된다. 현재에 갇힌 사람들이 그렇다.

세상의 훌륭한 분들은 모두 다 과거 아니면 현재를 말했다. 그들의 시선과 고민과 노력이 모두 다 거기에 머물고 있다. 예수만이 과거도, 현재도 아닌 미래를 말했다. 믿으라고 했다.

예수가 잡혀 치욕적인 죽음을 당하는 공포를 맛본 제자들은 뿔뿔이 흩어져 숨을 수밖에 없었다. 자신들이 예수를 따랐던 과거를, 예수를 메시아라고 떠들었던 행동을 후회하기도 하고 자책하기도 했을 것이다. 그런다고 바뀔 것 없는 걸 알지만 그랬을 것이다. 과거에 얽매여 남은 인생을 보낼 거였다.

어떤 제자들은 지금 숨죽여 지내는 것에 골몰했다. 어떻게든 살아야 했다. 과거가 어쨌든 그것보다 중요한 것은 지금이다. 지금 사는 것이 중요한 문제고 내일은 모른다. 내일은 내일이 되어 생각할 문제다. 열심 있고 노력은 하나 그 삶에 즉자적이고 즉흥적일 수밖에 없다. 어찌된 일인지 나침판이 제멋대로 뱅글뱅글 도는 것처럼 방향을 잃고 헤매기만 할 뿐이다.

이런 제자들 앞에 부활한 예수가 나타났다. 그는 과거도 현재도 아닌 미래를 말했다. 과거에 얽매이지도 말고 현재에 방향을 잃지도 말고 저 앞의 미래를 보라고 했다. 그런데 그가 제시한 미래가 난감한 것이었다. 손에 잡히는 것 하나 없는 뜬구름 같은 것이었다. 과거 예수를 따르던 때보다 현재 방황하는 이 삶보다 미래는 더 황당한 비전vision이었다. 그야말로 환상[vision]이었다. 게다가 예수는 야속한 행동을 했다. 자신은 이제 간단다. 그러며 한다는 말이 이렇다.

"예루살렘을 떠나지 말고 모여서 아버지께서 약속하신 것을 기다리라."
(행1:4)

이런 황당한 명령을 어떻게 따른단 말인가? 예수가 죽임을 당하고 예수의 당이 핍박을 당하는 지금 한곳에 모여 기도하라니, 게다가 다른 곳도 아닌 예루살렘에 모이라고? 이게 대체 무슨 말이란 말인가? 사자의 아가리에 머리를 들이밀어 넣으라는 말보다 더 무모하다. '모이면' 죽는다. '기도하면' 반성하지 않는다고 알려진다. 지금 권력자들은 혈안이 되어 반역자를 찾고 있다. 예수를 따라다녔던 자신들의 얼굴은 온통 알려져 있다. 그런데 모이라고? 그리고 기도하라고?

게다가 예수는 별다른 설명도 하지 않는다. 기다리란다. 대체 언제가 그날인지 말 좀 해주면 좋으련만 그런 말은 없다. 이런 밑도 끝도 없는 말이 전부다.

> "너희는 몇 날이 못 되어 성령으로 세례를 받으리라." (행1:5)

하늘에서 선물인 성령이 온다는데 그건 아무도 체험해보지 못한 것이다. 대체 그게 뭔지, 그게 와도 그건지 알 수도 없는데 대체, 어쩌라고……. 불안한 제자 한 명이 묻는다. "주님 당신이 이스라엘 나라를 회복하심이 이 때이니까?(행1:6)" 예수의 대답은 설상가상이다.

> "때와 시기는 아버지께서 자기의 권한에 두셨으니 너희가 알 바 아니요. 오직 성령이 너희에게 임하시면 너희가 권능을 받고 예루살렘과 온 유대와 사마리아와 땅 끝까지 이르러 내 증인이 되리라 하시니라." 이 말씀을 마치시고 그들이 보는데 올려져 가시니 구름이 그를 가리어 보이지 않게 하더라. (행1:7~9)

이걸 대답이라고 들은 제자들이 황망해하지 않을 수 없다. 그냥 휙 올라가 버리다니. 우리를 버리고. 제자들은 한참동안 넋을 놓고 하늘을 쳐다볼 수밖에 없었다. 멋지고 황홀해서가 아니다. 버려진 듯 암담해서다. 얼마나 그랬으면 천사가 "갈릴리 사람들아 어찌하여 서서 하늘을 쳐다보느냐 너희 가운데서 하늘로 올려지신 이 예수는 하늘로 가심을 본 그대로 오시리라(행1:11)"고까지 말하며 위로했겠는가.

제자들은 믿었다. 예수의 말을 믿었다. 이전에 배신했던 자들까지 모두 다 예수의 말을 믿었다. 미래를 믿었다. '기도하라고? 무엇을 향해? 무엇을 위해?' 끝없이 질문이 생기고, 의문이 꼬리를 물고, 야속함과 황당함이 교차하고, 허망함이 엄습했지만 그래도 믿었다. 두려움과 공포, 자신이 본 부활한 예수가 진실인지에 대한 의심까지 한도 끝도 없이 머릿속에 달려들었지만 그래도 그들은 믿었다. 예수가 말한 미래를 믿었다.

부활한 예수는 '과거'에 자신을 배신한 것을 책망하지 않았다. 지금 '현재' 두려움에 떨고 있는 옹졸함을 지적하지도 탓하지도 않았다. 오직 예수는 '미래'를 말했다. 제자들은 예수가 말한 미래를 믿었다. 그들은 과거에 얽매이지도 않고 현재에 머무르지도 않았다. 미래를 말한 예수가 떠난 뒤, '미래는 자신들 스스로 만들어가야 한다'는 것을 깨달았기에 그들은 나섰다. 예루살렘에 모였고 기도했고 기다렸다.

이것이 다른 메시아 운동과 달랐던 '예수 운동'의 핵심이다. 우두머리가 사라지면 끝나는 여느 메시아 운동과 달리, 미래를 믿은 제자들의 행동이 지금의 기독교 운동을 이루어냈다. 허다한 믿음의 선진들은 무모하게도 수많은 핍박 속에서도 그 미래의 약속을 믿었다(히11:35~40).

예수와 무모한 제자들, 그들이 이 모든 것을 만들었다. 후회하고 낙심하고 좌절한 사람들, 분노하고 울분에 차 어쩔 줄 몰라 하는 사람들, 그들에게 예수는 과거도 현재도 아닌 미래를 말했다. 앞으로 나아가라고, 믿음을 가지라고, 용기를 가지고 한 걸음 내딛으라고 부탁했다.

예수의 부탁은 지금도 유효하다. 그 부탁은 나와 당신에게 무모한 제자들이 되기를 권유한다. 그 무모함은 과거에 좌절하지 말고, 현실에 안주하지 말고, 용기를 가지라는 권유다. 미래를 만들어가라는 간곡한 부탁이다.

전쟁은 트라우마trauma를 남긴다. 전쟁에 죽은 사람들도 불행하지만, 살아남은 사람도 마찬가지다. 살아남은 그들은 살아야 하기에 때론 더 괴로웠다. 자신의 과거가 자꾸 되살아나기 때문이다.

임진왜란壬辰倭亂과 병자호란丙子胡亂을 겪은 조선 백성들의 정신은 그야말로 피폐해져 있었다. 이런 정신적 훼손을 양반들은 관념적 천명론天命論과 예교禮教 문제로 극복할 수 있었지만, 평민들은 아니었다. 그런 지식은 이해하기도 어려웠지만, 그들의 사유 세계 속에 없는 고상한 말장난에 놀아날 정도로 어리석지도 않았다. 그런 백성들이 트라우마를 극복하는 방식으로 받아들인 것이 '정신적 승리'를 강조하는 소설이었다. 〈임진록〉, 〈임경업전〉, 〈박씨전〉 같은 작품들이 이렇게 생겨났다.

이런 작품들이 그려낸 이야기가 허황될지 모르지만 전쟁을 겪은 사람들에게는 큰 위로와 위안이 되었다. 이런 작품들을 가리켜 "역사왜곡" 운운하는 것은 또 다른 고상한 말장난일 뿐이다.

소돔은 동성애로 망한 것이 아니다

욕심쟁이 부자는 쪽박까지 깼다

옛날 어느 마을에 큰 부자인데도 절대 남을 도와주지 않아서 "돼지"라 불리는 양반이 살았다. 얼마나 인색한지 소문이 멀리 퍼져 불타산에 있는 도승까지 그 부자의 행실을 알게 되었다.

도승은 일부러 그 마을에 찾아갔다. 부자의 집 앞에 도착해서는 시주를 해달라며 염불을 외웠다. 그 소리를 들은 부자가 버럭 화를 내며 달려 나왔다. 그러고는 도승을 두들겨 패며 몹쓸 욕을 해댔다.

"너희 중놈들은 일도 않고 먹기만 하는 나쁜 놈이다."

폭행하다 못해 시주받은 쌀을 담는 바랑에 쇠똥을 쏟아 부었다. 그야말로 시주는 못할망정 동냥도 못하게 쪽박까지 깨뜨린 셈이었다. 이미 받은 쌀까지 죄다 못 먹게 되었으니 말이다. 그 모습을 본 며느리가 떠나가는 도승을 따라 나갔다. 미안하다고 거듭 사죄하며 몰래 쌀을 시주했다. 그러자 도승이 며느리에게 비밀을 말해주었다. 이제 곧 큰 재앙이 내릴 터이니 빨리 채비해서 불타산으로 도망하라는 거였다. 그러며 신신당부하였다.

"무슨 소리가 나도 절대 뒤를 돌아보아서는 안 되오."

놀란 며느리는 얼른 집에 돌아가서, 잠자고 있는 어린 아들을 포대기에 싸서 업고, 길쌈하던 명주 꾸러미를 머리에 이고, 늘 곁을 따르던 개를 데리고 불타산으로 도망쳤다. 허위허위 달리고 있는데 갑자기 뒤에서 뇌성벽력이 몰아쳤다. 깜짝 놀란 며느리는 도승의 말을 잊고는, 그만 뒤를 돌아보았다. 그러자 그 자리에 그대로 돌이 되어 굳어버리고 말았다. 훗날 보니, 욕심쟁이 부자가 살던 집은 큰 연못이 되었고, 거기서 조금 떨어진 곳에는 며느리가 돌이 되었다는 바위가 서 있었다.

어디선가 많이 들어본 듯한 이야기일 텐데, 우리나라를 비롯해 전 세계에 널리 퍼져 있는 〈장자못 전설〉 이야기다. 보통 '장자'라 하면 큰아들을 뜻하는 '장자長子'로 이해하기 쉬운데, 여기서 '장자'는 부자라는 뜻의 '장자長者'이다. 곧 〈장자못 전설〉은 '부자 연못 전설'이란 뜻이다. 알기 쉬운 말이 있는데, 굳이 '장자못'이라 하는 이유는 장자長者란 용어가 단순히 큰 부자란 뜻만이 아니라 '윗사람', '덕망 있고 존경받을 만한 분'이란 의미를 지니고 있기 때문이다.

"저분이 연장자年長者이셔."

이 말은 단순히 나이가 많다는 뜻이 아니라, 세상 경험 많은, 존경할 만한 분이란 의미를 담고 있다. 이미 짐작하겠지만, 〈장자못 전설〉의 장자는 전혀 '장자'답지 못했다는 것을 알 수 있다. 이야기의 주인공 양반이 단순한 부자라면 도승을 박대한 행위를 어느 정도 두둔해줄 수도 있다.

"오죽하면 저랬겠어."
"동냥하는 거지들이 노상 와서 괴롭히면 나라도 저러겠다."

단순한 부자가 아니라 '장자'라면 저러면 안 된다. 못 쓴다. 조금도 장자답지 않은 행위이기 때문이다. 얼마가 됐든 어렵고 가난한 자를 돕는 것이 장자의 역할이다. 그런데 시주는 못 할망정 바랑에 똥을 넣는 패악을 저지르다니, 정말 못됐다. 〈장자못 전설〉은 이렇게 장자답지 못한 욕심쟁이 파렴치한 부자가 패망하는 이야기다.

그런데 이 이야기를 처음 들었을 때부터 가시처럼 늘 하나가 맘에 걸렸다. 악한 자가 징벌을 받는 것은 맞는데 조금 개운치 않은 부분이 있기 때문이다.

"욕심쟁이 부자는 잘못이 있어 죽었다 치자. 그런데 무고한 가족들은 다 뭐란 말인가?"
"가족들은 그렇다 쳐도 그 집에서 일하던 종들까지 한꺼번에 죽이는 것은 좀 심한 것 아닌가?"

그렇다. 잘못을 저지른 놈은 따로 있는데, 공연히 그 옆에 있다가 불똥

튄 격이다. 억울하다. 아무리 생각해도 뭔가 잘못되었다. 잘못한 부자만
콕 집어내서 혼내주는 것이 어려운 일도 아닐 텐데, 이렇게 도매금으로 한
꺼번에 싹 쓸어버리는 것은 크게 잘못된 것 같다. 하지만 진실을 알고 나
면 그렇지 않다. 이 이야기에 억울함은 눈곱만큼도 없다. 미안한 말이지만
그들은 죽을 만해서 죽었다. 부자든 가족이든 종들이든 모두 다.

소돔에는 의인 열 명이 없었나?

〈장자못 전설〉은 전세계적으로 널리 퍼져 있는 이야기로, 짐작하시겠
지만 그 원형은 〈창세기〉에도 기록되어 있다. 〈소돔과 고모라〉 이야기다.

지금 팔레스타인 지역에 있는 사해死海 지역이 옛날에는 무척이나 살
기 좋은 비옥한 땅이었단다. 그곳에 소돔성이 있었다. 쾌적하고 풍요로운
곳이라 그곳에 사람들이 많이 살았다. 이스라엘 민족의 아버지인 아브라
함도 조카 롯과 이 부근에 살았다. 둘 사이를 단순한 삼촌과 조카 사이로
보면 안 된다. 친족 관계에 있던 각기 다른 무리를 거느리는 우두머리로
보는 것이 맞다. 아브라함 수하 목동들과 롯의 목동들이 자주 우물 문제로
싸웠다(창13:8)는 것만 봐도 그렇다. 아브라함의 소유가 따로 있고 롯의
소유가 따로 있었다는 것이다. 그런데도 아브라함이 롯의 삼촌이란 것을
보면, 이 무리 전체의 족장은 아브라함이었고 롯은 그 수하 중 중간 정도
의 우두머리였던 것으로 보인다. 롯의 인품과 야심을 알 수 있는 것이 족
장 아브라함의 수하들과 싸우는 것을 방기할 정도로 나름 세력을 키웠고

그로 인해 다툼을 벌였다는 점이다.

부족 내에 문제가 자주 발생하자, 아브라함은 어쩔 수 없이 결단을 내린다. 롯을 징치하는 것이 아니라 좋게 헤어지기로 한다. 롯에게 네가 이쪽으로 가면 나는 저쪽으로 가고 네가 저쪽으로 가면 나는 이쪽으로 가겠다고 한다(창13:9). 아량을 베푼 것이다. 롯은 소돔 땅을 선택한다. 그곳이 그야말로 젖과 꿀이 흐르는 낙원 같은 곳이기 때문이었다.

> 롯이 눈을 들어 요단 지역을 바라본즉 소알까지 온 땅에 물이 넉넉하니 여호와께서 소돔과 고모라를 멸하시기 전이었으므로 여호와의 동산 같고 애굽 땅과 같았더라. (창13:10)

아브라함이 롯과 헤어져 살고 있던 어느 날이었다. 하나님의 사자들이 아브라함을 찾아와 소돔과 고모라의 악행이 너무 커서 멸망시켜야겠다는 말을 한다. 그러자 아브라함이 그 유명한 말을 한다.

> 아브라함이 가까이 나아가 이르되 "주께서 의인을 악인과 함께 멸하려 하시나이까?" (창18:23)

그러고는 하나님과 협상을 벌인다. 소돔성에 의인 오십 명이 있으면 멸망시키지 말라고 간청한다. 하나님은 그러기로 한다. 용기를 낸 아브라함이 계속 숫자를 줄여나간다. 오십 명이 사십오 명이 되고, 삼십 명이 되고, 이십 명이 되었다가 최종적으로 열 명까지 줄인다.

아브라함도 알았다. 소돔성이 문제 있는 곳이란 사실을 알았다. 그래서 그 큰 성에 '의인'이 그렇게 많이 있을 것 같지 않은 노파심에 계속 인원을 줄인 것이다. 물론 그건 소돔성에 사는 무고한 사람들이 죽으면 안 된다는 사실과 함께, 자신을 떠났지만 조카 롯이 그곳에 살고 있기 때문이었다.

하나님도 아브라함의 의도를 알고 있었다. 그래서 "하나님이 그 지역의 성을 멸하실 때, 곧 롯이 거주하는 성을 엎으실 때에 하나님이 아브라함을 생각하사 롯을 그 엎으시는 중에서 내보내셨(창19:29)"던 것이다.

이후 소돔성이 어떻게 되었고, 소돔에 있던 롯이 어떻게 되었는지는 웬만한 분들이면 다 아실 듯하다. 소돔을 멸망시키러 간 두 천사를 알아본 롯이 자기 집으로 초대했는데, 그 천사들이 롯에게 〈장자못 전설〉의 도승처럼 비밀을 말해준다.

> 그 사람들(천사−인용자)이 롯에게 이르되 "이 외에 네게 속한 자가 또 있느냐? 네 사위나 자녀나 성 중에 네게 속한 자들을 다 성 밖으로 이끌어내라."
> (창19:12)

이 풍족한 성이 멸망한단 소리를 곧이곧대로 들을 사람은 없었다. 롯의 "사위들은 농담으로 여겼(창19:14)"기에 따라나서지 않았고, 결국 롯과 롯의 아내, 그리고 딸들만 도망쳤다. 얼마 후 곧 소돔과 고모라에 하늘에서부터 유황과 불이 쏟아져 내렸고, 뒤를 돌아본 롯의 아내는 소금기둥이 되었다(창19:24~26). 그렇게 풍요로운 땅, 소돔이 멸망했다.

〈소돔과 고모라〉 이야기를 들을 때마다 궁금했던 것이 하나 있다.

"소돔에 만약 아홉 명의 의인이 있었으면 어떡하지?"

그렇다. 아브라함이 열 명까지는 협상했는데, 혹시나 그보다 적은 수의 의인이 있었다면 그렇게 죽은 의인은 좀 억울하지 않은가. 〈장자못 전설〉을 대할 때와 똑같은 마음이었다. 하지만 내 고민은 쓸데없는 걱정이다. 소돔에는 열 명은커녕 단 한 명의 의인도 없었다. 그래서 멸망했다.

그들 모두 공모자였다

교회에서는 소돔 멸망의 원인을 성적 타락에서 찾는다. 동성애 때문에 멸망했다는 것이다. 그러면서 성경에 나오는 동성애를 비난하는 구절들을 근거로 제시한다. 영어로 동성애를 뜻하는 'sodomy' 역시 소돔 sodom에서 따왔을 정도로 이런 비난의 근거는 뿌리 깊다. 소돔에 동성애가 성행하긴 했다. 롯의 집에 들어온 천사들을 소돔 사람들이 몰려들어 내놓으라고 협박을 한 것이 동성애를 하겠다는 의도인 것도 맞다.

> (소돔 사람들이-인용자) 롯을 부르고 그에게 이르되 "오늘 밤에 네게 온 사람들이 어디 있느냐 이끌어내라 우리가 그들을 상관하리라." (창19:5)

우리말 성경(개역개정 4판)에선 "우리가 그들을 상관하리라"라고 조금 유연하게 번역했지만, 영어 성경(NIV)은 "we can have sex with them (우리가 그들과 성관계를 하겠다)"라고 분명하게 서술하고 있다. 몰려든 소돔 사람들이 나그네들을 끌어내서 성교를 하겠다는 것이 분명했다. 물론 나그네는 천사였지만, 그 천사들이 남자로 보였기에 동성애를 요구한 것이 분명하다.

이렇게 소돔에는 동성애를 비롯한 성적 타락이 만연했기에 하나님이 징벌로 소돔을 멸망시킨 것이라고 생각한다. 하지만 그렇게 보면 본질에서 너무 멀어져버린다. 소돔 멸망은 동성애 때문이 아니라 그들의 죄악 때문이었다. 성경에 그렇게 쓰여 있다.

차근차근 멸망의 원인을 생각해보자. 분명 소돔에 의인 열 명이 있었으면 멸망하지 않았을 텐데, 없었기에 멸망했다. 이때 아브라함이 말한 '의인'은 누구를 가리키는 것일까? 아브라함이 말한 '의인'은 동성애를 하지 않는 사람, 혹은 성적으로 방탕하지 않은 사람이란 의미일까? 비슷하지만 정확하지 않다. 아브라함이 말한 '의인'은 우리가 아는 그대로의 '의로운 사람'이란 뜻이다.

천사가 소돔성에 들어가 롯의 집에서 유숙하려 했다. 앞서 보았듯이 그때 사람들이 몰려와 그들을 내놓으라 소리쳤다. 성관계를 하겠다고 말이다. 이때 몰려든 사람들은 누구일까? 이것이 핵심이다. 이때 몰려든 소돔 사람들은 모두 성욕이 뻗친 혈기왕성한 젊은 남자들뿐이었을까?

> 그들(천사들-인용자)이 눕기 전에 그 성 사람, 곧 소돔 백성들이 노소를 막론하고 원근에서 다 모여 그 집을 에워싸고 (후략)
> Before they had gone to bed, all the men from every part of the city of Sodom-both young and old-surrounded the house. (창19:4)

영어판 성경을 같이 보면 분명하다. 모두가 몰려들었다. 젊은 사람 늙은 사람 할 것 없이 온 소돔 사람들 모두 쏟아져 나왔다. 롯의 집 주변만이 아니라 그야말로 원근 각처에 있는 온 사람들이 우르르 몰려나온 것이다. 알다시피 당시는 여성과 아이는 숫자에도 넣지 않는 시대였으니, 어쩌면 우악스런 노파들과 여성들도 함께 와서 떠들어댔을 것이다.

이들은 롯의 집에 몰려와서 고상한 말을 한 것이 아니다. 만류하는 롯을 향해 "네 놈이 뭔데, 이래라 저래라야?"라는 식으로 협박하고 롯의 집 문을 부수려고 난동을 부렸다(창19:9).

느낌이 오시는가? 한번 상상해보시라. 당신이 외국의 어느 나라에 갔다. 그곳의 한 호텔에 묵게 되었다. 밤이 되었는데 횃불 든 수많은 사람들이 당신이 묵고 있는 호텔로 몰려들었다. 그리고는 "야, 당장 나와! 우리는 너와 섹스하고 싶어"라고 외친다 치자. 그러지 말라며 만류하는 호텔 지배인을 밀치며 "네놈이 뭔데 막아? 네 놈이 판사냐?"라고 하고는 호텔 방문을 부수려고 달려든다. 어떤 느낌이 드는가? 이것이 단순히 동성애 문제로 보이는가? 죄송한 비유지만 호텔에 묵는 여행자가 여성이었다면 어땠을까? 그래도 동성애인가?

사실 여행자가 남성이냐 여성이냐는 하나도 중요치 않다. 그냥 이 잡것들(?)은 여행자를 괴롭히고 협박하고 강탈하고 모욕할 생각이었다. 인간이 저지를 수 있는 폭력의 최종 형태인 강간을 할 작정이었던 것이다. 상대가 여성이든 남성이든 상관없이, 이놈들은 인간을 동물적 수준으로 떨어뜨려 능욕하려는 악한 생각에 잔뜩 들뜬 자들이었다.

성경은 소돔 사람들이 단순한 동성애자나 단순한 성적 방종자들이라고 말한 것이 아니다. 성경이 말하는 본질은, 소돔 사람들은 폭력자이고 능욕자이며 타자의 인간다움의 근원까지 뺏어 능욕하려는 짐승과도 같은 악한 자들이라고 밝힌 것이다. 그렇다. '악인'이다. '의인'이 아니라 상종 못할 끔찍한 '악인'이었다. 소돔 사람들은 단순한 욕심쟁이가 아니었다. 자신들이 부족해서 남의 것을 뺏는 단순한 부자들이 아니었다. 이들은 재미로 남을 괴롭히고 능욕하는 데서 쾌락을 얻는 악한 자들이었고, 하나님은 이런 자들을 더 이상 용서할 수 없었던 것이다.

소돔 사람들은 지금 롯의 집을 찾아온 손님에게만 그런 것이 아니었다. 그 손님이 아름다워 보여 그야말로 상관하려고 한 것도 아니다. 남성이어서 동성애 하려고 그런 것도 당연히 아니었다. 이 악한 자들은 누구에게든지 늘 그랬다. 만만한 먹잇감이 생기면 괴롭히고 학대하는 변태적 쾌락을 일삼았다. 그래서 천사가 롯에게 "소돔 사람들에 대한 부르짖음이 여호와 앞에 크므로 여호와께서 이곳을 멸하시려고 우리를 보내셨나니 우리가 멸하리라(창19:13)"고 했던 것이다. 약자들의 신음, 억눌린 자들의 탄식이 하나님에게 들렸던 것이다.

소돔 사람들은 압제자였고 타락자였다. 앞장서서 "상관하겠다"며 외친 자들만 죄인이 아니라, 그 성에 사는 모든 사람들이 다 죄인이었다. 모두가 공모하고 동조하고 동참했다. 그들 모두 공범자이고 동조자였다. 소돔은 멸망해 마땅했다. 불벼락으로 죽은 그들은 억울할 것 하나 없다. 모두 다 자신들의 죄로 인해 죽었기 때문이다. 다시 말하지만 소돔이 멸망한 이유는 간단하다. 단 한 명의 '의인'도 없었기 때문이다.

동성애 때문이라고 보는 것이 속 편하다

〈장자못 전설〉에서 욕심쟁이 장자만 죽은 것이 아니라 그 집안의 종들까지 모두 다 멸망한 이유가 있다. 장자만 탐욕자요 능욕자가 아니었다. 장자가 그런 식으로 행동하도록 용인한 그 집, 그 마을, 그 지역 사람 모두가 욕심쟁이였고 타락한 자들이었다. 〈장자못 전설〉의 어느 각 편을 보면 며느리가 남편에게 같이 도망치자고 설득하는 장면이 나온다. 남편은 부인의 말을 듣지 않는다. 주변을 지배하고 착취하며 잘 지내던 남편은 결코 자신의 가업이 망할 거라 생각하지 않았기 때문이다. 그것을 두고 간다니 말도 안 된다. 다른 곳에 가면 자신이 이방인이 될 텐데, 그렇다면 자신이 늘 저질렀던 능욕과 수모를 자신이 받게 될 텐데, 대체 어디로 간단 말인가. 이 좋은 곳을 두고 말이다.

롯의 사위들이 멸망한다는 말을 농담으로 들은 것처럼, 남편도 떠나지 않았고 결국 장자와 함께 죽는다. 장자는 단순한 욕심쟁이나 탐욕가가 아니다. 그는 착취자이며 불법자이고 폭력 행사자였다. 남을 괴롭히고 능욕하는 것에서 쾌락을 느끼는 못된 자였다. 외부인인 스님을 때리고 욕하고 바랑에 똥을 넣는 능욕을 서슴없이 저질러도 그 누구 하나 나무라지도, 잘못되었다고 하지도 않는 타락한 마을이 바로 그가 사는 동네였고, 그 마을의 장자가 바로 그였다. 그 폭압에 억눌린 자들의 신음소리를 도승이 들었던 것이고, 직접 찾아왔던 것이다. 결국 장자와 그 주변 공범자들은 모두 멸망했다. 마땅하다.

소돔과 고모라의 멸망은 동성애 때문이 아니다. 하지만 우리는 동성애 때문에 멸망했다고 보는 편이 좋다. 왜냐하면 우리 다수가 동성애자가 아니기 때문이다.

'난 성적으로 타락하지 않았으니 괜찮아.'

'동성애자나 그렇게 나쁜 짓을 하지 나야 뭐 그러겠어?'

'난 죄인이 아니니 멸망당하지 않아.'

동성애 때문에 멸망했다고 보아야, 이런 식의 마음속 면책특권을 얻는다. 하지만 잘못된 생각이다.

소돔 죄악의 본질은 탐욕과 능욕이지 동성애가 아니었다. 타자를 향한 일상화된 폭력이 죄악의 본질이다. 그것을 하나님이 준엄히 심판하셨다. 그 매섭고 분명한 하나님의 심판을 동성애로 좁게 한정함으로써 스스로 '자유롭게 욕심을 부려도 되는 마음의 도피처'를 만들어낸 것이 요즘 우리들 모습이다. 그릇된 모습이다.

눈을 감아도 진실은 늘 눈앞에 있다. 아무리 아니라고 우겨도 해는 동쪽에서 떠서 서쪽으로 진다. 소돔의 타락이 지금 오늘 우리의 타락이 아니라고 자신할 사람이 과연 얼마나 있는지 궁금하다. 남을 향한 일상화된 폭력에 젖어 있으면서도 자각하지 못하는 지금 우리에게, 과연 '의인 열 명'이 있는지 불안하다. 아직까지 이 땅에 불벼락이 내리치지 않은 것을 보니 그래도 의인이 있는 듯하다. 적어도 열 명은 말이다.

동성애 얘기를 꺼냈으니 교회에서 한창 뜨거운 동성애 문제를 짚지 않을 수 없다. 동성애가 옳으냐 그르냐, 죄냐 아니냐, 심지어 징벌이냐 아니냐, 하는 온갖 소리로 교회 안팎이 시끄럽다. 무엇이 맞는지는 학자들께서 알아서 하실 테니 난 낄 생각이 없다.

다만 하나는 지적하겠다. 예수 그리스도가 이 땅에 온 이유는 "온 세상을 구원하기 위해서"라고 한다. 그 말이 맞는다면, 그 말을 믿는다면, 지금 교회에서 하는 것처럼 하면 안 된다. '온 세상'에 동성애자들은 포함되지 않는 것인가? 동성애가 옳든 그르든 예수가 구원할 '온 인류'에 그들 자리는 없단 말인가? 구분하고 배제하고 떼어내다 못해 억압하고 착취하고 폭력을 저지르는 것이 과연 예수가 원하는 일일까? 오히려 소돔 사람들과 비슷한 것은 아닐까?

답은 아마 아실 게다. 내 답은 중요치 않다. 우리 모두의 답이 중요하다. 적어도 열 명이 필요하니 말이다. 아슬아슬하고 불안하다.

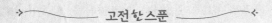

고전한스푼

신화神話, 전설傳說, 민담民譚을 합해서 '설화說話'라고 하는데 이 셋을 구분하는 것은 간단하지 않다.

신화는 단순히 신들의 이야기가 아니라 사람들이 '신성하다고 여기는' 이야기들이고, 전설은 구체적인 증거물이 있어 '진실하다고 여겨지는' 이야기들이다. 민담은 둘과 달리 '흥미롭게 꾸며진' 이야기들이다. 이런 구분 자체가 상당히 자의적이다. 사람들이 어떻게 받아들이느냐에 따라 달라지고, 시대와 문화에 따라서도 바뀔 수 있기 때문이다.

예를 들어, 〈그리스 로마 신화〉는 옛날 서양 사람들이나 '신화'로 여겼지 지금은 그저 다른 것들보다 조금 가치가 있는 재미있는 이야기 정도로 생각한다. 곧, 우리에겐 '신화'가 아니다. 마찬가지로 〈장자못 전설〉이 연못이 있고 그럴싸한 돌맹이가 있는 곳마다 전해지지만, 그걸 믿는 사람들에게나 '전설'이지 그렇지 않은 사람들에겐 '민담'일 수도 있다. 이를 조금 깊이 생각해보면, 그냥 꾸며낸 이야기라고 여겨지는 민담도 그 이야기가 처음 전해질 때는 신화였을 수도 있다는 것을 말해준다. 발생적 측면에서 모든 설화는 신화적 요소인 신화소神話素를 지니고 있고, 그 핵심 요소가 신화니, 전설이니, 민담이니 하는 모든 이야기에 담겨 있음을 알 수 있다. '전설'이지만 〈장자못 전설〉이 〈소돔과 고모라〉의 신화소를 지니고 있는 것이 이 때문이다.

참고자료

〈조선왕조실록〉DB

〈두산백과〉DB

〈한민족문화대백과〉DB

〈국립국어원 표준대사전〉DB

나심 탈레브, 차익종 옮김, 『블랙 스완』(동녘사이언스, 2008)

대한기독교서회 편, 『기독교사상』(대한기독교서회, 2016. 03~2017. 05)

명문당 편집부, 『고문진보』(명문당, 2003)

생명의 말씀사 편집부, 『개역개정 NIV 영한대조성경』(생명의말씀사, 2015)

성백효, 『논어집주』(전통문화연구회, 2010)

송우혜, 『윤동주 평전』(푸른역사, 2004)

유광수, 『고전, 사랑을 그리다』(한언, 2015)

유광수, 『문제적 고전살롱, 가족기담』(유영, 2020)

일연, 고전연구실 옮김, 『삼국유사』(신서원, 2004)

임형택, 『이조한문단편집 상·중·하』(일조각, 1997)

작자미상, 이강옥 옮김, 『청구야담 상·하』(문학동네, 2019)

한국학중앙연구원, 『한국구비문학대계』, 1980~1984